W0041453

Herausgeber: Georg E. Siebeneicher

HELMUT SNOEK

# Naturgemäße Pflanzenschutz- mittel

## Anwendung und Selbstherstellung

PIETSCH VERLAG STUTTGART

Einbandgestaltung: Siegfried Horn

Zeichnungen: vom Verfasser

ISBN 3-613-50009-4

2. Auflage 1988
Copyright © by Pietsch Verlag, Postfach 1370, 7000 Stuttgart 1.
Eine Abteilung des Buch- und Verlagshauses Paul Pietsch GmbH & Co. KG.
Sämtliche Rechte der Verbreitung, in jeglicher Form und Technik,
sind vorbehalten.
Satz und Druck: Röhm GmbH, 7032 Sindelfingen.
Buchbinderische Verarbeitung:
Verlagsbuchbinderei K. Dieringer, 7016 Gerlingen.
Printed in Germany.

# Inhalt

# Einleitung

Gehen wir heute über Märkte, durch Gemüse- und Obstabteilungen der Kaufhäuser und Einzelhandelsgeschäfte, so lesen wir seit einigen Jahren immer häufiger Anpreisungen wie „Biologische Äpfel" oder „Ungespritztes Gemüse", „Aus naturgemäßem Anbau", „Nicht gedüngt", „Aus organisch-biologischem Anbau" und dergleichen mehr. Schon in früheren Jahren waren diese Begriffe bei Reformhauswaren üblich, heute findet man dort den Hinweis „Rückstandsgeprüft".

Vergleicht man die Preise mit anderen Obst- und Gemüseständen, so wird so ausgezeichnete Ware stets ein wenig teurer angeboten, oft ist auch das Aussehen keineswegs makellos, aber – sie wird gekauft!

Fragt man nun die Käufer nach den Gründen, die sie zu dem teureren Obst und Gemüse greifen lassen, meint man dabei noch, es gebe doch gar keinen „unbiologischen" Apfel oder nicht gedüngtes, nicht gespritztes Gemüse, so erhält man fast ausnahmslos Antworten, die zeigen, daß der Verbraucher durchaus versteht, was mit solchen Begriffen gemeint wird. „Es schmeckt besser", „es enthält keine giftigen Spritzmittel", „es ist bekömmlicher, weil nicht so hoch gedüngt" und ähnliche Bemerkungen sind zu hören. Der Hinweis auf den höheren Preis wird mit der besseren Verträglichkeit und auch einem angeblich höheren Sättigungswert, längerer Haltbarkeit, beantwortet.

Es scheint, daß die zum Teil heftig geführten Diskussionen in Presse, Funk und Fernsehen, oft untermauert mit wissenschaftlichen Studien, den Verbraucher wenig beeindrucken; er bildet sich selbständig sein Urteil und handelt danach.

Und noch eine zweite Fragestellung: Abseits jeglicher Konjunkturkrise zeigt der Markt für Gartenartikel, Sämereien, biologische Düngemittel usw. einen stetigen Anstieg. Pro Kopf gibt jeder Bürger – also vom Säugling bis zur Großmutter – in der Bundesrepublik Deutschland heute 480 DM pro Jahr für seinen Garten aus. Eine erstaunlich hohe Summe! Fragt man die Gartenbesitzer nach den Gründen ihrer Arbeit im Gemüsegarten, oder Besitzer von Ziergärten, die jetzt ein Stück ihres Geländes umgraben, um darauf selbst Gemüse anzupflanzen, so hört man auch hier eine überraschende Meinung: „Ich will meinen eigenen Kohl, meine eigenen Tomaten haben, sie schmecken doch ganz anders, als aus dem Geschäft. Außerdem weiß ich, was ich hier esse, was ich von dem sonst angebotenen Gemüse, besonders wenn es aus dem Ausland kommt, nicht sagen kann."

Hier findet also eine stetige Abstimmung statt, zu Gunsten einer nicht mehr „industriell" hergestellten Nahrung. Eine erstaunliche statistische Zahl sagt, daß in den Sommermonaten im deutschsprachigen Raum über 50 % des gegessenen Obstes und Gemüses aus eigenem, meist kleinem, häuslichen Anbau stammt. In den Wintermonaten sinkt dann diese Zahl auf unter 20 %. Aber auch diese Zahl wird ständig größer; kleine, preisgünstige Gewächshäuser verbessern die Möglichkeiten, selbstgezogenes Gemüse auch im Winter ernten zu können.

Nun heißt „biologischer Anbau", oder welchen Namen man immer dieser regelrechten Volksbewegung geben will, ja nicht, daß man nur Samen in die Erde setzt und dann alles dem lieben Gott überläßt. Auch hier muß die Pflanze gedüngt, gepflegt und selbstverständlich auch geschützt werden, denn unsere heutigen Kulturpflanzen sind ja nicht mehr die robusten Wildpflanzen von einst, sie brauchen unsere Fürsorge und auch Hilfe.

Dieses Buch soll *nicht* die biologische Bodenbearbeitung, Düngung, Pflanzenauswahl, Kulturarten usw. beschreiben – hier wird auf andere Fachbücher verwiesen –, sondern es will sich ausschließlich mit dem Thema des *biologischen Pflanzenschutzes* beschäftigen. Dieses Gebiet ist dem Hausgärtner, im Nebenerwerbsbetrieb, aber auch im kleinen gewerblichen Betrieb noch recht unbekannt. Oft gelten die Mittel als geheimnisvoll, altmodisch, wenig hilfreich.

Berufsmäßige biologische Anbauer dagegen sind vielfach Erzeugergemeinschaften angeschlossen und erhalten dort eine fachliche Beratung, die sich nach den Richtlinien gerade dieses Erzeugerverbandes richtet.

Staatliche Hilfe steckt noch in den Kinderschuhen. Bayern fängt an, Baden-Württemberg wird folgen, andere Länder der Bundesrepublik werden nachziehen müssen. Wer in der Schweiz Auskünfte einholen möchte, erhält sie über privat organisierte Verbände. Auch in Österreich gibt es Gruppen begeisterter biologischer Anbauer und Anbauvereine. Österreich ist im übrigen, mehr noch als die Bundesrepublik Deutschland, ein der Landwirtschaft sehr verbundenes Land; „man" kennt seinen Anbauer und fährt mitunter weit, um von ihm Grundnahrungsmittel, Obst oder Wein zu holen.

Dieses Buch soll Klarheit schaffen, was es mit den sogenannten biologischen Pflanzenbehandlungsmitteln auf sich hat: wie sie wirken, wann sie wirken, was sie leisten können, aber auch ihre Grenzen aufzeigen; mancherlei Geheimnisse um die Mittel, die in Wirklichkeit gar keine sind, werden erläutert. *Es möchte den möglichen Anwender zum eigenen Denken in diesem Bereich anleiten.* Es beschreibt, welche Mittel er selbst herstellen kann, wie er das macht und welche er doch lieber vom Hersteller beziehen sollte.

Das Buch erhebt keinen Anspruch auf Vollständigkeit. Dazu ist die Zahl der einsetzbaren biologischen Produkte zu groß. Genannt werden aber alle die Erzeugnisse, die erprobt sind, sich bewährt haben und bei Beachtung der Verwendungsvorschriften eine gute Wirkung erwarten lassen.

Der Verfasser arbeitet seit fast einem viertel Jahrhundert auf dem Gebiet der Pflanzenschutzmittel und hat sich seit annähernd zehn Jahren ausschließlich dem biologischen Anbau zugewendet. Er ist ein aktiver Hausgärtner und berät Nachbarn, Vereine und Verbände, betreut selber einen großen Weingarten und „erfindet" auch seit Jahren neue Produkte, die in diesem Bereich eingesetzt werden können – er weiß also, um was es geht.

Wenn das Buch den Leser davon überzeugt, es einmal mit biologischen, natürlichen Pflanzenschutzmethoden zu versuchen, anstatt mit schnell und radikal wirkenden chemischen Produkten zu arbeiten, dann hat es seinen Zweck erfüllt. Dann weiß aber auch die Hausfrau, die „biologisch erzeugtes Gemüse" einkauft, etwas mehr um den Sinn dieser Anpreisung, und auch der Skeptiker versteht die Zusammenhänge und beginnt aufzumerken.


Helmut Snoek, Opfenbach, Sommer 1984

# KAPITEL 1

# Gesunde und kranke Pflanzen

Wir erklären „krank sein" damit, daß man im körperlichen und auch im geistigen Wohlbefinden beeinträchtigt, gestört ist, mithin also nicht über den Vollbesitz seiner Kräfte und Leistungsfähigkeit verfügt. Diese Definition gilt sinngemäß auch für Tiere und im eingeschränkten Sinne auch für Pflanzen.

Pflanzen, besonders die höher entwickelten, mit denen wir es ja zu tun haben, sind uns ähnlicher als wir glauben. Auch sie verfügen über ein ganz ähnliches Zellsystem wie die Tierwelt, haben einen Säftestrom, besitzen ein ausgeprägtes Fortpflanzungs-, ja sogar Liebesleben und verfügen auch durchaus über Intelligenz, wenn man darunter die Möglichkeiten versteht, sich auf neue, andere Lebensverhältnisse schnell einzustellen, sich anzupassen. Ihr Ausdrucksvermögen für „krank sein" oder auch „sich wohlfühlen" ist in vielen Fällen noch ausgeprägter als das von Tieren, man muß es nur zu deuten verstehen.

Ein Beispiel hierfür: Ist ein Igel krank, so wird er nicht fressen, seine Augen sind trübe, seine Nase trocken, er rollt sich zusammen. Wir stellen nur fest: Der Igel ist krank, wir lassen ihn in Ruhe – ein Tierarzt wird gegebenenfalls weiterhelfen.

Ein Rosenstrauch, ein Apfelbaum sagt uns mehr: Er teilt uns recht genau mit, ob ihm der Boden nicht behagt, ob bestimmte Stoffe, die er nötig zum Leben braucht, fehlen, ob es zu naß, zu kalt oder zu warm ist. Wir sehen deutlich an Zweigen und Blättern, ob er krank ist und können auch an vielen Symptomen die Gründe seiner Krankheit erkennen. Und genau wie wir einem kleinen Igel gut zureden, so spricht auch der erfahrene Gärtner mit „seinem Baum" – und dieser versteht ihn. Sicherlich nicht die Worte, aber er fühlt die Zuneigung und Sympathie. Es ist längst kein Geheimnis mehr, daß solchermaßen angesprochene Pflanzen schneller wieder gesunden, als wenn wir sie nur als seelenlose Objekte betrachten. Einige im Anhang empfohlene Bücher sagen hierüber mehr.

Pflanzen werden krank durch falsche Bodenverhältnisse, falsche Ernährung, ihnen nicht zusagende Temperaturen und Witterungsverhältnisse, falsche Standortwahl. Hier greifen wir mit unseren Grundkenntnissen über den *Pflanzenanbau* ein und sorgen dafür, daß diese Zustände abgestellt werden oder helfen ihnen, sie zu überbrücken.

Sie werden aber auch krank durch zu hohen Befall von Insekten, Schadpilzen, Bakterien oder Viren; und hier versuchen wir nun, mit unseren speziellen Kenntnissen über den *Pflanzenschutz* zu helfen.

Auch wenn grundsätzlich diese Krankheitserreger bevorzugt bereits geschwächtes Pflanzengut befallen (durch Überdüngung, zuviel oder zuwenig Wasser, falsche Anpflanzung usw.), so ist es uns doch möglich, *diese* Pflanzenkrankheiten zu mildern oder gar kurzfristig zu beheben, um so unseren Baum, unseren Strauch, unser Gemüse, zu retten. Dann aber sollten wir überlegen, *wodurch* die Pflanze eigentlich krank geworden ist. War es vielleicht die übergroße Hitze während vieler Tage und die dadurch verursachte starke Läuseplage? Hat es 14 Tage lang geregnet, sodaß die Blätter gar nicht richtig assimilieren konnten? Nun gut, dann wissen wir, es sind vorübergehende schädliche Einflüsse.

Ist der Baum aber jedes Jahr krank, muß ihm also immer wieder geholfen werden, so sind die Ursachen in den grundsätzlichen Dingen zu suchen, die bereits oben angesprochen wurden. Hier muß dann die kurzfristige Therapie mit langfristiger Umstellung Hand in Hand gehen, um einen dauerhaften Erfolg zu bekommen.

Geholfen werden kann – fast – immer. Es liegt an uns und daran, welche Arbeit wir auf uns nehmen wollen.

Stets jedoch bemühen wir uns, Krankheiten gar nicht erst entstehen zu lassen, *durch Kräftigung der Pflanze und Erhöhung ihrer Widerstandsfähigkeit sowie ihres eigenen Abwehrpotentiales,* das höher ist, als man gemeinhin glaubt, damit sie allein mit Schädlingen oder Krankheitserregern fertig wird.

*Hier liegt der eigentliche Sinn der biologischen Behandlungsmittel: Gesunderhaltung, vorbeugender Schutz, Pflanzenkräftigung, das ist ihre Hauptaufgabe!*

11

Als nächstes müssen sie bereits eingetretene Schäden so stoppen, daß diese sich nicht weiter ausbreiten können. Auch dazu sind sie in der Lage. Krankheiten heilen, und das auch noch spontan, aber können sie nicht. Hierzu bedarf es der langfristigen gärtnerischen Tätigkeit einschließlich der Düngung, der Bodenbearbeitung und vielleicht eines besonderen Schnittes, anderer Pflanzmethoden u. ä. Maßnahmen. Biologische Mittel wirken also selten spontan, sondern eben „biologisch", das heißt *gemeinsam* mit der Natur und somit in längeren Zeiträumen.

Biologische Pflanzenbehandlungsmittel wirken also anders als chemische. Hier heißt es nicht: „Man nehme", sondern zunächst: „Man denke einmal nach".

Vergleiche der Produktgruppen zur menschlichen Medizin sind frappant: Auch hier gibt es ja die schnellwirkenden chemotherapeutischen Präparate und die Naturheilmittel, die homöopathischen Produkte, die Hausmittel, Kuranwendungen usw.

# KAPITEL 2

# Ursachen und Verursacher von Pflanzenkrankheiten

Wie schon im vorigen Kapitel beschrieben, sind die *Ursachen* von Pflanzenkrankheiten *überwiegend* im Grundsätzlichen zu suchen: falscher Standort, falsche Bodenverhältnisse, falsche Ernährung. Wenn wir Menschen in Kellerwohnungen, feucht, kalt, ungelüftet, einseitig ernährt, lebten, so würden wir auch krank werden.

Die *Verursacher* von Pflanzenkrankheiten, also Schädlinge und Schadorganismen aller Art, sind der nächste Grund der Erkrankungen. Wir sollten uns jedoch einprägen, daß diese Verursacher ganz bevorzugt solche Pflanzen befallen, die schon von den Ursachen her kränklich und damit anfällig geworden sind! Eine Weinpflanze, die warmes, trockenes Klima liebt, tiefgründig wurzeln möchte, gedeiht sicherlich nicht in einem schweren Lehmboden, mit hohen Niederschlägen und niedriger Jahrestemperatur, wie sie an der Meeresküste üblich sind. Umgekehrt wird eine Alpenrose aus Hochgebirgslagen niemals im feuchten, schwülen Klima des Rheintales gedeihen. Auch bei Einsatz aller möglichen Pflanzenschutzmittel werden wir durch die *falsche Standortwahl* keine Freude an diesen Pflanzen haben; es treten Erkrankungen auf oder sie werden einfach eingehen.

Die Verursacher von Krankheiten breiten sich auch dort aus, wo *wir* Fehler gemacht haben. Bohnen oder Erbsen etwa, die tüchtig mit wasserlöslichen Stickstoffdüngern versorgt werden, Obstbäume, die viel zu reichlich

13

gewässert werden – hier züchten wir förmlich Läusezuzug und Pilzerkrankungen!

Es sei an dieser Stelle betont, daß wir für einen großen Teil aller Schäden und Schädlinge selber verantwortlich sind: durch Überdüngung, schlechte Bodenarbeit, Zusammenpflanzung von Gewächsen, die sich einfach nicht miteinander vertragen, und ungenügende Kulturmaßnahmen während der Vegetation.

Wer gärtnert und nun mit Pflanzenkrankheiten zu tun bekommt, dem sei grundsätzlich angeraten, zunächst einmal seine allgemeinen gärtnerischen Kenntnisse zu überprüfen, zu erweitern und gute Bücher zu lesen, mit denen er sich fortbilden kann. Das alleinige Behandeln von Erkrankungen ist also immer nur das letzte Mittel.

Wir dürfen ruhig zugeben, daß uns die chemischen Präparate ungewöhnlich verwöhnt haben. Ein Schorffleck am Apfel? Läuseplage? Es wurde augenblicks gespritzt und das *Symptom* war beseitigt. Aber, wir haben eben nur Symptombekämpfung ausgeübt und sind nicht an die Ursachen gegangen. *Und welchen Aufwand haben wir getrieben, um einen Schorffleck beim Apfel zu verhindern, um ein paar Läuse zu töten – was haben wir dafür alles in Kauf genommen!*

Biologisch richtige Pflanzenbehandlung setzt also ein anderes Verständnis für die Pflanzen und ihren Lebensrhythmus voraus, weil sie die Ursachen und keinesfalls etwa nur die Symptome bekämpfen will. Wer glaubt, dieses Mit- oder Vorausdenken nicht mitmachen zu können, der lasse lieber die Finger vom biologischen Pflanzenschutz und seinen Mitteln und bleibe bei chemischen Produkten. Er wird nämlich keinen Erfolg haben und dann die Schuld selbstverständlich bei der angeblich mangelnden Wirksamkeit der Präparate suchen.

Das ist ein harter Ausspruch, er ergibt sich jedoch aus der Praxis. Wer nämlich gewohnt ist, und auch zukünftig verlangt, daß nach Einsatz eines gewissen Mittels die Läuse von seiner Bohnenpflanze gewissermaßen herunter fallen, sie schon nach ganz kurzer Zeit völlig schädlingsfrei dasteht, der wird selbstverständlich mit der langsamen Wirkung einer Brennesseljauche, einer Gesteinsmehlpuderung, völlig unzufrieden sein, insbesondere wenn man ihn auffordern würde, weniger zu düngen oder den Boden um die Bohnenpflanze herum besser zu lockern. Er begreift einfach nicht die Zusammenhänge, sondern denkt nur in Symptomen und ihrer möglichst schnellen Abstellung. Hier geht es zunächst um die persönliche Entscheidung eines jeden Gärtners, die aber getroffen werden muß. *Denn ein „bißchen biologisch" und etwas Chemie – das geht einfach nicht, es verträgt sich nicht.* Entweder ganz oder gar nicht heißt es also. Diese Entscheidung fällt zweifelsohne – selbst auch noch „alten" biologischen Gärtnern – mitunter

14

schwer. Die Versuchung wird manchmal sehr groß sein, sich zwischendurch doch einmal mit einem hochwirksamen Gift schnell von Schädlingen zu befreien. Jedoch sollte man bedenken: Nur *einmal* mit chemischem oder pflanzlichem Gift gespritzt, und alle gutgemeinte Tätigkeit im biologischen Gartenanbau ist zumindest für die laufende Saison unterbrochen; das Gleichgewicht zwischen Nützlingen und Schädlingen ist gestört und wird sich erst nach einer längeren Frist wieder einstellen. An uns liegt also die Entscheidung, und sie ist grundsätzlich und endgültig. Wollen wir biologisch pflanzen, schützen und behandeln, so nur mit der von vorneherein auferlegten Verpflichtung, nicht schwach zu werden, nicht aufzugeben, auch auf die Gefahr hin, daß es Fälle gibt, wo diese Mittel nicht ausreichend wirken, eine Frucht kaputt geht!

Zu jeder biologischen Pflanzenbehandlung gehört zudem Geduld und daher auch Zeit sowie ein gewisses „Abwartenkönnen". Andererseits sei auch festgestellt, wie beglückend es ist, zu erleben, wie die Natur sich selber hilft, gefördert noch durch unsere Maßnahmen, und wie verblüffend es für uns moderne Menschen ist, auch in einem kleinen Garten wie auch in der Landwirtschaft erleben zu dürfen, wie schnell sich die Natur regeneriert und dabei gesundet.

# KAPITEL 3

# Übersicht der Pflanzenkrankheiten

Ähnlich wie bei Tieren oder Menschen, so ist es auch bei Pflanzen. Wir kennen direkte Verursacher der Erkrankungen, müssen aber oft zurückgehen auf die wirklichen Gründe der Krankheiten. Sie sollen der Reihe nach genannt werden.

## a) Luft

Durch das uns alle alarmierende Thema des „Waldsterbens" erfahren wir, wie sehr heute die Luft verantwortlich gemacht wird für viele Pflanzenerkrankungen. Sei es, daß der Schwefelgehalt als zu hoch angesehen wird, schädliche Stickstoffgase die Luft belasten, sei es aber auch, daß direkt giftige Gase aus den Industrieschornsteinen herauskommen. Unsere Luft ist heute leider befrachtet mit Abfällen aller möglichen Art. Wie konnte es zu einer so verheerenden Situation kommen? Besonders die emissionsstarken Industriefirmen und Stromerzeuger wurden aufgefordert, ihre Schornsteine immer höher zu bauen, damit die schädlichen Abgase der Verbrennung möglichst innig verwirbelt und schnell mit der Luftströmung davongetragen werden. Die hohen Industriekamine Englands schädigen heute die Wälder und Seen Norwegens, Schwedens, ja sogar Finnlands. Und auch die Abgase unserer Industriefirmen wandern oft hunderte von Kilometern weit, ehe die Schadstoffe langsam auf die Erde niedergehen. So kommt es, daß in industriefernen Gebieten die Auswirkungen dieser Luftverschmutzung genauso stark, wenn nicht sogar stärker sind, als in den Industriegebieten selber. Der Laie erkennt zunächst gar nicht, wie massiv dabei die Luftbefrachtung wirklich ist. Sieht man aber einmal auf einer Ausstellung z. B. einen großen Sack voll Schwefel hängen mit der Unterschrift, daß diese Schwefelmenge jährlich auf nur einen Hektar heruntersinkt, dann wird einem sehr wohl bewußt, welch fast unglaubliche Mengen an schädlichen Stoffen unsere Pflanzen zu verkraften haben.

Mit Luftverschmutzung müssen wir leider alle leben. Sie ist aber auch die Ursache dafür, daß es heute im Grunde kein Obst und Gemüse mehr gibt, das nicht mit irgendwelchen chemischen Stoffen behaftet ist. Ein „rückstandsfreies" pflanzliches Nahrungsmittel gibt es also nicht mehr. Werden in Lybien die Frühkartoffeln noch mit einem chlorhaltigen Insektizid gespritzt und ist die Luftströmung entsprechend, so befinden sich Teile dieses Giftstoffes 2 Tage später in Sizilien und verunreinigen die Zitrusfrüchte, ja, in wenigen Tagen überfliegen die Restbestände sogar die Alpen und sinken auf unsere Äcker hernieder.

Wie umfassend diese Luftverschmutzung sein kann, erlebten wir beispielsweise im Frühjahr 1983, als ganz Süddeutschland mit Staub aus der Sahara bedeckt wurde. Bis zu einem halben Millimeter hoch waren diese Niederschläge!

Es muß nicht immer giftig sein, was von oben herunter weht; in den Stäuben befinden sich natürlich auch wertvolle Spurenelemente, also Düngestoffe, befindet sich Staub aus Vulkanausbrüchen, ja Staub aus dem Weltenraum – aber eben auch Staub von Pestiziden oder schädlichen Verbrennungsrückständen. Wir können als Einzelne, Betroffene, hiergegen nichts tun. Auch Gewächshäuser, Folien und überdeckte Beete sind nur eine Teillösung. Dieser Schmutz scheint das Opfer zu sein, das wir der Zivilisation bringen müssen, obgleich es in unserer Hand liegt, wenigstens einen Teil dieser Niederschläge, durch bessere Staubfilterung beim Verursacher, einzufangen.

## b) Wasser

Das nächstgroße und von uns nicht beeinflußbare Problem stellt das Niederschlags- oder Oberflächenwasser dar. Der im vorigen Absatz erwähnte Staub wird durch den Regen gewissermaßen gebunden und mit ihm nun auf die Pflanzen gebracht. Es ist unglaublich, wie schmutzig Wasser, das vom Himmel fällt, heute sein kann. Man lege einmal bei beginnendem Regen ein größeres Stück Kreppapier, ein weißes Tuch, aus und betrachte es dann nach einigen Stunden. Egal, ob im Ruhrgebiet oder im Bayerischen Wald – es wird immer grau-schwarz geworden sein. Viele schädlichen Stoffe der Luft befinden sich in diesem Regen! Auch hiermit müssen die Pflanzen fertig werden.

Regen hat aber noch weitere negative Eigenschaften: regnet es länger als 2 bis 3 Tage, so stört er empfindlich die Nahrungsaufnahme der Pflanzen aus dem Boden. Diese beruht ja auf einem einfachen Prinzip: durch das Blattwerk verdunstet eine dem Laien kaum vorstellbare große Menge an Wasser. Bei einem normal großen Apfelbaum handelt es sich beispielsweise um 100 bis 1500 l pro Tag, je nach Jahreszeit und Temperatur. Durch diese Verdunstung wird ein ständiger Saftstrom aus der Erde zum Blatt hin angeregt, durch den die Pflanze über ihre Wurzeln auch die im Bodenwasser gelösten Nährstoffe aufnimmt. Regnet es, so wird dieser Kreislauf unterbrochen. Eine Verdunstung findet nicht mehr statt, gleichermaßen entfällt auch die Nahrungsaufnahme. Einige Tage hält das eine Pflanze durch, dann aber sieht man durch hängendes Blattwerk, kraftloser werdende Triebe, wie sehr sie doch unter dem Dauerregen und damit dem Nahrungsentzug leidet.

Weiterhin hat langdauernder und insbesondere starker Regen die fatale Eigenschaft, das Bodengefüge zu verschlämmen. Luft ist jedoch für die Pflanzenwurzeln und das Bodenleben genau so wichtig wie für die oberirdischen Triebe – in einem verschlämmten, luftundurchlässig gewordenen Boden gehen alle Lebensprozesse langsamer vor sich, hören sogar gänzlich auf.

Wenn wir in beiden Fällen nicht möglichst bald eingreifen, sei es durch die Blattdüngung, die für eine spontane Nährmittelzufuhr sorgt, sei es durch Bodenlockerung, die wieder ein luftiges Gefüge der oberen Bodenschicht gewährleistet, so werden unsere Pflanzen anfällig, sie kümmern, lassen die Blätter hängen, der Triebaufbau ist schlecht, das Fruchten verzögert sich oder stockt gänzlich, mit Insektenbefall oder Pilzerkrankungen ist zu rechnen.

Im Sinne dieser Ausführungen meinen es viele Hausgärtner auch mit der künstlichen Bewässerung oft zu gut: Fast jeden Tag wird gesprengt und gegossen, anstatt lieber in größeren Zeitabständen kräftig zu wässern, evtl. sogar mit einer Bodenlanze, wobei anschließend wieder für gute Bodenlockerung gesorgt wird. Sicher ist Wasser *das* Lebenselement jeder Pflanze, sie kann aber Trockenperioden eigentlich besser überstehen als Regenzeiten, denn sie ist ja befähigt, durch ihr Blattwerk Luftfeuchtigkeit aufzunehmen und sich im gewissen Maße auch hierdurch zu versorgen.

### c) Witterungsunbilden

Unter Witterungsunbilden verstehen wir alle Abweichungen vom normalen Wetter bis hin zu Gewitterschäden. Sie sind in hohem Maße der Verursacher von späteren Pflanzenkrankheiten. Anders aber als bei Wasser oder Luft sind wir hier schon in der Lage, mit entsprechenden Behand-

18

lungsmitteln helfend einzugreifen.

Hitze, lange Trockenzeiten, begünstigen Insektenschäden. Wasser wird hier zu einem Behandlungsmittel. Aber auch gegen die Schädlinge können wir auf verschiedenste Weise vorgehen und so die Pflanzen entlasten.

Frostschäden, besonders in der Übergangszeit im Frühjahr, können wir wirksam mit Stammanstrichen begegnen. Nach langen Regenzeiten, Hagelschlag, haben wir die Möglichkeit, der Pflanze eine „Noternährung" mittels Blattdüngemitteln zuzuführen, wie auch mit Präparaten, die die späteren Auswirkungen eines Hagelschlages vermindern können.

Gerade gegen Schäden durch Witterungsunbilden haben sich die biologischen Pflanzenbehandlungsmittel hervorragend bewährt, da sie ja neben einer speziellen Wirkung auch gleichzeitig zur Pflanzenstärkung dienen.

**d) Größere Tiere**

Hasen, aber auch Feldmäuse, fressen im Winter die Rinde an; hier setzen sich Krankheiten fest und der Saftstrom des Baumes wird gestört. Wir helfen durch Wundverbände oder auch vorausschauend durch einen Baumanstrich. An Schäden, die Wühlmäuse anrichten, können Gartenbesitzer an Wald- oder Wiesenrändern mitunter verzweifeln. Aber auch hier gibt es sehr wirksame Abhilfen. Sie werden in Kapitel 7 und 8 genannt.

Und die Schneckenplage? Der biologische Anbauer kennt eine Reihe erprobter Mittel und Methoden, die allerdings allesamt etwas mehr Arbeit bereiten als das Ausstreuen der Gift enthaltenden Schneckenkörner. Hier müssen wir also etwas tun, wenn wir ernten wollen, denn nach feuchten Herbsten oder milden Wintern ernten sonst die Schnecken mehr als wir selber.

Auch Vögel können zu Plagegeistern werden, speziell im Frühling, durch Ab- oder Anknabbern der aufbrechenden Knospen. Besonders der hübsche Dompfaff, Gelbfinken wie auch die anpassungsfähigen Spatzen machen sich hier unliebsam bemerkbar. Wer erleben mußte, wie seinem Weinstock am Hause gerade die schönsten Knospen abgeknabbert wurden, wird sich im nächsten Jahr hiergegen schützen wollen.

Insgesamt darf aber festgestellt werden, daß Schäden durch größere Tiere, Schnecken ausgenommen, sich doch in Grenzen halten und nur dann, wenn man gar nichts gegen einen erkannten Schädling tut, zu wirklichen Verlusten führen.

**e) Insekten**

Insektenschäden galten noch bis vor einiger Zeit als Hauptursache kranker Pflanzen, schlechter Erträge. Inzwischen kennen wir aber durch Erforschung ihrer Lebensumstände, Freßgewohnheiten, Vermehrungsvoraussetzungen usw. diese Tierwelt gut und beherrschen ihre möglichen Schäden durch einen andersartigen Pflanzenanbau und Förderung ihrer natürlichen Feinde, nämlich der Nutzinsekten und Vögel. Es ist viel zu wenig bekannt, daß diese sogenannten Nützlinge, besonders Nützlinge unter den Insekten, bei normalen Verhältnissen mit 70 %, ja sogar bis zu 90 % der Schadinsekten fertig werden. Der verbleibende Rest richtet kaum noch Schaden an; man sollte ihn auch um der Erhaltung der Nützlinge willen am Leben lassen! Denn wovon sollten diese sich ernähren, wenn alle Schädlinge tot wären?!

Selbstverständlich wird es immer Pflanzen geben, die bevorzugt befallen werden, man denke z. B. an hochgezüchtete Rosenarten; oder wir machen Fehler durch Überdüngung; oder es treten Witterungserscheinungen auf, die die Schädlingsvermehrung übermäßig begünstigen. Die Nutzinsekten kommen in ihrer Entwicklung nicht schnell genug nach, hier also müssen wir nun mit entsprechenden Behandlungsmitteln eingreifen. Aber auch bei den biologischen Behandlungsmitteln gibt es abwehrende und vertreibende Produkte genug, um unseren Pflanzen wirksam zu helfen – ohne gleich mit Giften zu töten.

Kurz, die Insektenschäden sind heute nach den Pilzerkrankungen an die zweite Stelle gerückt, sie sind fast immer beherrschbar, und wir brauchen nicht mehr zur Giftspritze zu greifen.

Ganz besonders brauchen wir nicht prophylaktisch, also im Voraus, zu spritzen. Wir sehen sie ja kommen, auf den Blättern sitzen, beobachten wie stark sie sich entwickeln und welche Schäden nun langsam beginnen. Wir haben also Zeit einzugreifen und sollten uns angewöhnen, lieber etwas zuzuwarten als sofort zu behandeln. Wer diese Geduld aufbringt, wird oft mit Erstaunen feststellen, wie wirksam sich die Pflanze selber helfen kann oder auch wie energisch beispielsweise Marienkäferchen und besonders deren Larven mit Läusen aufzuräumen vermögen. Spritzt man, und zwar auch mit ungiftigen biologischen Mitteln, so werden die Nützlinge zwar nicht getötet, aber ebenfalls vertrieben, und sie „arbeiten" nicht mehr in unserem Sinne. Dies muß man stets bedenken.

### f) Schadpilze

Diese Krankheitserreger richten heute die größten Schäden an! Das war keinesfalls immer so, und wir müssen leider erkennen, daß wir an dieser Entwicklung mit schuldig sind. Einmal durch immer stärkeren Anbau sogenannter Monokulturen, also *einer* Pflanzenart auf großem Raum. Verständlich, daß ein gerade diese Pflanze liebender Pilz hier eine explosionsartige Vermehrungsmöglichkeit hat. Zum zweiten aber auch durch die jetzt angewendeten Behandlungsmittel. Waren es ursprünglich nur natürliche

20

und mineralische Stoffe, wie z. B. Kupfer, Schwefel, Kalkbrühen, Steinmehle u. ä., so wurden ab Ende der 20er Jahre und besonders nach dem Zweiten Weltkrieg chemische Mittel gegen die verschiedenen Schadpilze eingesetzt. Es sind komplizierte Verbindungen, die durchaus in der Lage waren, den Schaden einzudämmen, ja, bei prophylaktischer Anwendung sogar zu verhüten. Seit über einem Jahrzehnt haben wir nun auch sogenannte systemische Fungizide als Mittel, die sich in den Saftkreislauf der Pflanze einbauen und gewissermaßen von innen her Schadpilze, die sich ja stets *im* Blattwerk entwickeln, bekämpfen. Sie erzielten zunächst erstaunliche Ergebnisse. Aber – die gleichen Schadpilze, die uns so hohe Ausfälle bringen, gibt es immer noch, nur haben sich inzwischen immer neue, immer resistentere Arten herausgebildet! Dem Verfasser ist noch gut in Erinnerung, wie vor etwa 15 Jahren eines dieser neuen systemischen Spritzmittel aus den USA zu uns herüber kam und man nun glaubte, gegen den Botrytispilz endgültig die entscheidende Waffe gefunden zu haben. Zwei, drei Jahre hat es nur gedauert und dann war es nichts mehr mit diesem teuren Produkt. Mit unvorstellbarer Geschwindigkeit hatten sich neue Stämme herangebildet, die immun waren gegen dieses Gift. Dabei mußten wir aber noch mit Entsetzen erleben, wie die Regenwürmer eingingen, wenn sie im Herbst die herabgefallenen Blätter fraßen, die mit diesem Mittel vorher behandelt waren. Man rottete also einen der besten „Pilzbekämpfer" aus, denn wenn Regenwürmer mit Schadpilzen behaftete Blätter fressen, so verzehren sie ja gleichzeitig die Sporen, die im nächsten Jahr den Pilz wieder verbreiten.

Neueren Mitteln ging es ebenso, nur daß auch hier Nebenwirkungen nicht ausblieben. Im Weinbau beispielsweise werden durch modernste Fungizide die Hefen so geschwächt oder gar abgetötet, daß der Most heute mit künstlich gezogenen Hefen zur Gärung gebracht werden muß, die lagetypischen Hefen sind vernichtet, geschwächt, können ihre Funktion nicht mehr erfüllen. Ein Beweis dafür, daß es in der Agrochemie keine Wirkung ohne gleichzeitige Nebenwirkungen gibt.

Um es vorweg zu sagen: Biologische Pflanzenbehandlungsmittel haben es gegen diese Gruppe von Krankheitserregern ebenfalls schwer. Aber gemeinsam mit anderen Anbaumethoden, einer pflanzengerechten Düngung, einer sinnvoll ausgeübten Pflanzenstärkung mit den verschiedensten Präparatgruppen, wirken auch die im biologischen Anbau verwendeten Produkte ausreichend, erhalten die Pflanze und sichern die Ernten.

### g) Bakterien, Viren, Bodenschädlinge

Gegen diese Gruppe von Krankheitserregern gibt es keine ausreichend wirksamen biologischen Pflanzenbehandlungsmittel. Auch chemische Präparate, z. B. starke Desinfektionsmittel, spezielle Nematodenmittel, wirken entweder nur bedingt oder sind hochgiftig für Boden, Bodenleben und Mensch.

Ist eine Pflanze von diesen Krankheitserregern befallen, so muß sie entweder selber damit fertig werden, wobei wir ihr durch geeignete Düngung, Bodenpflege, Nachbarschaftspflanzung usw. sehr helfen können, oder aber die Natur fordert ihr Recht. Zum Glück sind Erkrankungen durch diese Verursacher selten und können durch aufmerksame Beobachtung unter Kontrolle gehalten werden. Im schlimmsten Falle trennt man sich lieber von einer stets kränkelnden Pflanze oder baut eine bestimmte Pflanzenart gar nicht erst an, als daß man Jahr für Jahr mit den gleichen Erscheinungen rechnen muß. So viel kann eine bestimmte Frucht, ein besonderes Gemüse, gar nicht wert sein, als daß man dur dieserhalb ständig mit Präparaten und Spritze beschäftigt sein müßte.

Soviel zu den Verursachern von Pflanzenkrankheiten. In den Kapiteln 7, 8 und 9 wird ausführlich dargestellt, wie man gegen sie vorgeht und welche Mittel der biologische Pflanzenanbau kennt.

# KAPITEL 4

# 1. Was versteht man unter „Behandlungsmittel"?

Im weitesten Sinne des Wortes eigentlich alles, was *wir* einer Pflanze angedeihen lassen, damit sie gesund und froh wächst und reiche Frucht trägt. Zu „Behandlungsmitteln" gehören also schon die richtige Anpflanzung oder Aussaat, der Schnitt, die Düngung, Humusversorgung, Bodenpflege usw.

Im engeren Sinne aber, und darüber soll dieses Buch berichten, verstehen wir hierunter sogenannte *Präparate*, seien sie selbst hergestellt oder fertig bezogen, die, auf die Pflanze gebracht, helfen sollen, erkannte Krankheiten zu verhüten, zu lindern oder zu heilen, so daß der ursprüngliche Zustand einer gesunden Pflanze wieder erreicht wird.

Es ist zulässig, hierbei Behandlungsmittel für Pflanzen mit Medikamenten für uns Menschen gleichzusetzen. Auch wir leben normalerweise im Zustand der Gesundheit. Wenn wir jedoch wissen, daß die Erkältungszeit naht, so können wir uns durch Bäder, Einreibungen oder ähnliches abhärten, Desinfektionsmittel einnehmen, um nicht in überfüllten Menschenansammlungen ansteckende Krankheiten zu bekommen, Vitamine zu uns nehmen, die unseren Körper stärken. Sind wir aber einmal krank geworden, so nehmen wir Medikamente zu uns. Je nach persönlicher Einstellung kann es sich dabei um pflanzliche, homöopathische, also Naturheilmittel handeln, oder aber auch um chemische, meist schnellwirkende Stoffe.

Wir selber wissen, daß die natürlichen, also auch hier „biologischen" Heilmittel langsamer und schonender wirken und man mitunter recht viel

23

Geduld aufbringen muß, bis sie uns wieder auf die Beine stellen. Andererseits erwarten wir von den chemischen Stoffen eine schnelle Heilung, nehmen dabei aber oft auch in Kauf, „noch lange mit der Sache zu tun zu haben", Nebenwirkungen akzeptiert man.

Die Kinder des Verfassers hatten allesamt mit schöner Regelmäßigkeit jeden Winter Halsentzündung, geschwollene Mandeln usw.; wie es damals üblich war, ging ein junger Arzt die Krankheit sofort mit einem stark wirkenden Sulfonamidpräparat an. Die Symptome verschwanden nach wenigen Tagen, aber wochenlang hingen die Kinder herum und kamen nicht wieder richtig auf die Beine.

Der später konsultierte alte Hausarzt verordnete Fliedertee, Halsumschläge, Schwitzpackungen und ähnliche Hausmittel. Die Hausfrau hatte natürlich mehr zu tun, die Kinder blieben auch einige Tage länger krank, danach aber waren sie immer wieder gesund und munter. Unschwer wohl zu erraten, für welche Behandlungsmethode sich die Eltern in späteren Jahren entschlossen.

Warum das so ausführlich erzählt wird? Weil es mit der Medizin und ihren unterschiedlichen Methoden bei den Menschen nicht anders ist als mit den Behandlungsmitteln für unsere Pflanzen.

Es liegt an uns und unserer Einstellung zu den Dingen, ob wir mit natürlichen Mitteln und Produkten arbeiten wollen, ungiftig und schonend, oder ob wir meinen, schnell und hart helfen zu müssen, unbeschadet der nachfolgenden Nebenwirkungen. *Biologische Pflanzenbehandlungsmittel entsprechen den pflanzlichen, naturgemäßen Arzneien für uns Menschen. Wer glaubt, daß diese ihm bei seiner Krankheit helfen, der kann auch voraussetzen, daß die biologischen Pflanzenbehandlungsmittel dort ihre Hilfe tun.*

Es kommt noch etwas sehr Merkwürdiges hinzu, das der Verfasser immer wieder bestätigt gefunden hat: Offensichtlich ist die pflanzliche Zelle wie auch das Gesamtlebewesen Pflanze den tierischen Zellen, dem Gesamtlebewesen Tier und damit natürlich auch dem Menschen, so nahe verwandt, daß auch die naturgemäßen Heilmittel eine sehr ähnliche Wirkung auf beide Lebensformen ausüben! Diese Hypothese konnte der Verfasser immer wieder bestätigt finden. Was uns Menschen gesund macht, dient auch der Pflanze oder umgekehrt. Vielfach sind es sogar die gleichen Mittel, die wir der Pflanze geben, die auch uns helfen, genauso wie es die gleichen Gifte sind, die eine Pflanze wie auch uns Menschen töten können. Die gleichen Mittel, die uns beruhigen, sedieren auch eine Pflanze, ja, können sie sogar zum Einschlafen bringen. Und wir bekämpfen Bakterien und Schädlinge auf unserer Haut mit den gleichen Mitteln, wie wir dies bei der Pflanze tun.

Und in völliger Übereinstimmung mit den Naturheilmitteln beim Menschen, die auch nur dann voll wirken, wenn die Lebensumstände mit be-

24

rücksichtigt werden, also die der Ernährung, der Lebensgewohnheiten, Arbeitsverhältnisse usw., entfalten auch die biologischen Pflanzenbehandlungsmittel ihre volle Wirkung nur dann, wenn sie *gemeinsam* mit der übrigen Pflanzenbehandlung, also der Düngung, der Bodenpflege usw., angewandt werden.

Biologische Pflanzenbehandlung beginnt also bei uns, unserer Einstellung! Die Eindringlichkeit, mit der der Verfasser auf diese Dinge verweist, kommt nicht von ungefähr. Zu oft mußte er erleben, daß gutwillige Gartenbesitzer, die, besonders ihrer Gesundheit zuliebe, nunmehr statt chemisch biologisch ackern wollten, dabei aber meinten, daß es damit getan sei, lediglich die Spritzmittel, also die Behandlungspräparate auszutauschen. Die Enttäuschung folgte auf dem Fuße und mit der Enttäuschung die Rückkehr zum Althergebrachten. Und das war schade, denn dieser Gartenbesitzer ist meist auf Dauer für den biologischen Gedanken verloren, wird mitunter zum direkten Gegner. Ein wenig mehr Vorkenntnisse jedoch, etwas mehr Hineinfühlen in biologische Zusammenhänge, und er wäre mit Sicherheit ein begeisterter „Biologischer" geworden. Muß es erst, wie in der überwiegenden Zahl der Fälle, ein persönliches Krankheitserlebnis bei sich oder seiner Familie sein, das zum Nachdenken, zum Umdenken anregt? Ein wenig Vorausdenken und Logik führt uns doch auch, und eigentlich zwangsläufig, zur biologischen Landwirtschaft.

# 2. Geschichtliche Entwicklung des Pflanzenschutzes.

Im Sinne des oben Gesagten ist der Pflanzenschutz uralt. Der Mensch benötigt ja die Pflanze, sei es direkt oder über die Tierernährung, als Nahrungsmittellieferant. Ohne pflanzliches Leben gäbe es kein tierisches Leben auf dieser Erde. Erst durch die Photosynthese der Pflanzenzellen, wobei mit Hilfe des Sonnenlichtes Stärke, zuckerartige Substanzen und, weitergehend, Eiweiß und komplizierte organische Verbindungen aufgebaut werden, ermöglicht es den Tieren zu leben, indem sie diese Produkte, die sie selber in ihrem Körper nicht herstellen können, verwerten.

Insektenschäden gab es schon immer – man denke nur an die sieben Plagen Ägyptens, die in der Bibel beschrieben werden. Aber auch Pilzschäden werden schon in den ältesten menschlichen Aufzeichnungen genannt. Ebenso aber auch, daß man mit bestimmten Mitteln wie beispielsweise Schwefelstaub hiergegen vorgehen kann; daß man die Pflanzen mit Aschen oder Gesteinsmehlen, Lavamehlen bestäubte, um sie zu stärken oder von Schädlingen freizuhalten. Das Bespritzen von Blättern mit laugehaltigem Wasser war schon seit jeher bekannt, ebenso auch die Verwendung von sogenannten Pflanzenjauchen, Pflanzentees oder Pflanzenbrühen, hergestellt aus Heilpflanzen oder solchen Gewächsen, von denen man wußte, daß sie eine besondere Wirkung gegen spezielle Krankheiten besitzen. Auch die berühmte „Drecksapotheke" des frühen Mittelalters, die mit allerlei unappetitlichen Mitteln arbeitete, war im Grunde eine Erfahrungswissenschaft. Spinnennetze, mit denen man früher Wunden verband, enthielten nun einmal *Aureomyzin,* und Hunde- oder Eselkot war gleichfalls reich an Strahlenpilzen. Wenn wir heute eine Schneckenbrühe verwenden, um diese Tiere von den Beeten fern zu halten, dann ist das gar nichts Neues, dieses Rezept gab es schon im frühen Mittelalter.

Kurz, gegen verheerende Katastrophen, Naturereignisse usw. war die Menschheit zwar früher wenig geschützt, mit den Unbilden des täglichen Lebens aber wurde man eigentlich ganz gut fertig. Es ist erstaunlich, welches Wissen uns modernen Menschen hier verlorengegangen ist. Ein Wissen zudem, dessen schriftlicher Darstellung keine besondere Bedeutung beigemessen wurde. Es war einfach als Selbstverständlichkeit vorhanden.

Glaubte man den Darstellungen der heutigen Wissenschaft und Chemie, so hätte in früheren Zeiten überhaupt kein gesundes Obst, gutes Korn oder Wein geerntet werden können. Pilze oder Insekten hätten die ganze Ernte vernichtet, für uns Menschen wäre nichts mehr übrig geblieben. Daß dem nicht so war, zeigen Bilder zeitgenössischer Maler, beweisen aber auch große Städte damaliger Zeit mit z. T. vielhunderttausenden von Einwohnern. Die Menschen mußten doch ernährt werden! Dies aus einem relativ geringen Umkreis um die betreffende Stadt. Das setzte eine funktionierende Landwirtschaft mit gutem Düngewesen voraus, und die damaligen Menschen müssen auch mit Krankheiten der Pflanzen, die ja in jedem Falle intensiv angebaut wurden, fertig geworden sein!

Pflanzenschutz also ist uralt und war für die jeweilige Zeit auch erfolgreich, also wirksam. Unser heutiger biologischer Pflanzenschutz und die hier verwandten Mittel sind also die Spitze einer großen und alten Erfahrungspyramide, sind durch die Jahrhunderte auf uns überkommen.

KAPITEL 5

# Gesetzliche Bestimmungen in Deutschland, Österreich und der Schweiz

### a) Deutschland

In Deutschland unterliegen alle Mittel, mit denen Pflanzen behandelt werden, dem Pflanzenschutzgesetz vom 10. Mai 1968 bzw. der Änderung des Pflanzenschutzgesetzes vom 16. 8. 1975. Dieses Gesetz regelt bis ins einzelne hinein, welche Stoffe ihm unterliegen, wie diese verpackt und beschriftet sein müssen, welche Herstellerpflichten notwendig und welche Kontrollen hierfür einzurichten sind. Zuständig für das Gesetz ist das Bundesinnenministerium, das in engster Zusammenarbeit mit der „Biologischen Bundesanstalt Braunschweig" tätig wird, die als eine selbständige Bundesoberbehörde die Forschung auf dem Gebiet des Pflanzenschutzes betreibt und für die Prüfung und Zulassung von Behandlungsmitteln, die Anwendungsverfahren usw. zuständig ist. Das Gesetz ist umfassend und bietet keine Lücke, es zu umgehen. Es war notwendig als eine Zusammenfassung aller früheren Bestimmungen und zum Schutze der Bevölkerung vor unwirksamen Mitteln, aber auch vor Auswüchsen immer giftigerer Produkte.

Die ersten zwei Paragraphen sind nachstehend abgedruckt:

## § 1

(1) Zweck dieses Gesetzes ist,
1. Pflanzen vor Schadorganismen und Krankheiten zu schützen (Pflanzenschutz),
2. Pflanzenerzeugnisse vor Schadorganismen zu schützen (Vorratsschutz),
3. die Lebensvorgänge von Pflanzen durch Stoffe zu beeinflussen, die nicht zur Ernährung von Pflanzen bestimmt sind, und
4. Schäden abzuwenden, die bei der Anwendung von Pflanzenbehandlungsmitteln oder von anderen Maßnahmen des Pflanzenschutzes oder Vorratsschutzes, insbesondere für die Gesundheit von Mensch und Tier, entstehen können.
(2) Zum Pflanzenschutz und zum Vorratsschutz gehören auch
1. die Verwendung und der Schutz von Tieren, Pflanzen und Mikroorganismen, durch die Schadorganismen oder Krankheiten bekämpft werden können, und
2. die Bekämpfung des Bisams (Bisamratte, Ondatra zibethicus L.)
Zum Bekämpfen gehört auch das Verhüten des Auftretens oder der Ausbreitung von Schadorganismen oder Krankheiten.

## § 2

Im Sinne dieses Gesetzes sind
1. Pflanzen: lebende Pflanzen und lebende Teile von Pflanzen einschließlich der Früchte und Samen;
2. Schadorganismen:
    a) tierische Schädlinge,
    b) pflanzliche Schädlinge, insbesondere Unkräuter, parasitische höhere Pflanzen sowie schädliche Moose, Algen, Flechten und Pilze,
    c) schädliche Mikroorganismen einschließlich schädlicher Bakterien und Viren in allen Entwicklungsstadien;
3. Pflanzenbehandlungsmittel: Pflanzenschutzmittel und Wachstumsregler;
4. Pflanzenschutzmittel: Stoffe, die dazu bestimmt sind, Pflanzen vor Schadorganismen oder Krankheiten oder Pflanzenerzeugnisse vor Schadorganismen zu schützen; ausgenommen sind Wasser, Düngemittel im Sinne des Düngemittelgesetzes und Stoffe, die dazu bestimmt sind, die Widerstandsfähigkeit von Pflanzen gegen Schadorganismen oder Krankheiten zu erhöhen, ohne toxisch zu wirken;
5. Wachstumsregler: Stoffe, die dazu bestimmt sind, die Lebensvorgänge von Pflanzen zu beeinflussen, ohne ihrer Ernährung zu dienen; ausgenommen sind die in Nummer 4 aufgeführten Stoffe;
6. Stoffe:
    a) chemische Elemente, chemische Verbindungen sowie deren Gemische und Lösungen,
    b) bearbeitete oder unbearbeitete Pflanzen, Pflanzenteile und Pflanzenbestandteile,

c) Mikroorganismen, Viren sowie ihre Bestandteile oder Stoffwechselprodukte;

7. Einfuhr, Durchfuhr oder Ausfuhr: jedes Verbringen in oder durch den Geltungsbereich oder aus dem Geltungsbereich dieses Gesetzes;

8. Vertreibung: das Anbieten, Feilhalten und jedes Überlassen an andere.

Zu den Pflanzenschutzmitteln und Wachstumsreglern gehören auch Stoffe, die dazu bestimmt sind, diesen Mitteln bei ihrer Anwendung zugesetzt zu werden, um ihre Eigenschaften oder ihre Wirkungsweise zu verändern.

Lediglich im § 2 Abs. 4 sind also bestimmte Ausnahmen genannt, nämlich Wasser, Düngemittel und „Stoffe, die dazu bestimmt sind, die Widerstandsfähigkeit von Pflanzen zu erhöhen ohne giftig zu wirken."

Dem Gesetz unterliegen also auch biologische Pflanzenbehandlungsmittel, soweit sie nicht zur Pflanzenstärkung eingesetzt werden. Andererseits unterliegen dem Gesetz aber nur die *gewerbsmäßig* gehandelten Pflanzenschutzmittel; es nimmt nicht Bezug auf die Möglichkeiten, solche Produkte selber herzustellen und dann auch *in seinem eigenen Bereich* anzuwenden. Stellt jedoch ein Landwirt Mittel für sich selber her und veräußert er sie zugleich – auch wenn es nur an den Nachbarn ist –, so unterliegt der Stoff wiederum dem Gesetz, denn dann ist er gewerbsmäßig tätig geworden.

Die Biologische Bundesanstalt Braunschweig veröffentlicht in Gemeinsamkeit mit den Länderinnenministerien jährlich Listen über die zugelassenen Pflanzenschutzmittel bzw. solche, deren Zulassung gestrichen wurde.

Wer sich über den gesamten Fragenkomplex näher unterrichten will, wendet sich zweckmäßigerweise an die „Pressestelle der Biologischen Bundesanstalt Braunschweig" mit Anschrift:

Biologische Bundesanstalt für Land- und Forstwirtschaft, Abteilung Pflanzenschutzmittel und -Geräte, Messeweg 11/12, 3300 Braunschweig. Telefon 05 31 / 39 91.

Wenn auch die gesetzlichen Bestimmungen pflanzliche und biologisch wirksame Behandlungsmittel mit einschließen, so ist das Gesetz doch ganz wesentlich auf chemische Erzeugnisse abgestellt. Dieses geht recht eindeutig aus den „Vorsichtsmaßnahmen beim Umgang mit Pflanzenschutz- und Schädlingsbekämpfungsmitteln", einem Merkblatt der Biologischen Bundesanstalt von 1970, hervor, in dem es bereits im allerersten Satz heißt: „Pflanzenschutz- und Schädlingsbekämpfungsmittel im Sinne dieser Richtlinien sind *chemische Stoffe und deren Zubereitungen* . . ."

Und noch etwas bleibt festzustellen: Es muß irgendwie in unseren menschlichen Gehirnen verankert sein, daß all das, was uns schädigt, uns feindlich gesonnen ist, unsere eigene Entwicklung stört, „bekämpft" wird, wobei unter diesem Wort ausschließlich „getötet" verstanden wird. Genauso auch bei den Pflanzenschutzmitteln. Sie sind gemäß der Philosophie des Gesetzgebers, aber auch des allgemeinen Verständnisses zumindest bei den modernen chemischen Produkten, allesamt *Tötungsmittel*. Dies geht schon aus der lateinischen Übersetzung der Silbe „. . . zid", der Endsilbe von beispielsweise *Insektizid* oder *Fungizid*, hervor. „Zid" kommt aus dem lateinischen Wortstamm *-cidere*, gleich *töten*. Nach der Philosophie des Gesetzgebers unterliegen damit im wesentlichen nur die Tötungsmittel dem Pflanzenschutzgesetz. Produkte, die, ohne giftig zu sein, lediglich schützen oder einen Schädling vertreiben, gelten gar nicht als „richtige" Pflanzenschutzmittel, sie werden mehr oder weniger toleriert; im ähnlichen Sinne wie auch das Arzneimittelgesetz beispielsweise Kräutertees, die sich jeder selber zusammenstellen kann, toleriert.

War die Biologische Bundesanstalt bis vor einigen Jahren eine Behörde, bei der man auch mit den giftigsten Stoffen vorsprechen konnte und die harmlose, weil in ihren Augen eben nicht wirksame Mittel, nicht einmal der Überprüfung für wert hielt, so hat sich dieser Zustand erfreulicherweise doch in den letzten Jahren gewandelt. Man merkt sehr wohl, daß der bisherige Weg irgendwo ein Ende findet und ist alternativen Behandlungsmethoden und deren Produkten heute sehr viel aufgeschlossener.

Ein Hinweis hierfür ist beispielsweise eine vorgenommene Untersuchung, ob ein wässeriger Brennesselauszug Insekten wirksam vertreiben kann. In der noch derzeitigen Vorstellungswelt der Mitarbeiter dieses Amtes konnte er das natürlich nicht. Aber allein die Tatsache der Überprüfung ist bereits bemerkenswert. Der Verfasser ist sicher, daß eine in einer späteren Zeit vorzunehmende Überprüfung des gleichen Mittels, dann aber unter anderen, richtigen biologischen Voraussetzungen, auch zu einer anderen Beurteilung führen wird.

**b) Österreich**

In der Bundesrepublik Österreich ist der Verkehr mit Pflanzenschutzmitteln etwas anders geregelt. Hier bestimmt eine „Verordnung, betreffend ‚Genehmigung von Pflanzenschutzmitteln' " (Pflanzenschutzmittelverordnung vom 25. Mai 1949), daß derjenige, der ein Pflanzenschutzmittel *in den Verkehr bringen* will, dieses zunächst von der „Bundesanstalt für Pflanzenschutz" in Wien untersuchen lassen muß. Wird es für wirksam und einsatzfähig gehalten, so erhält das Produkt eine Zulassung mit entsprechenden Gebrauchsanweisungen. Diese Zulassung muß auf der Verpackung aufgedruckt sein. Desweiteren regelt ein Erlaß des „Bundesministeriums für soziale Verwaltung" vom 1. März 1971 eine jeweilige Zusammenstellung von Pflanzenschutzmitteln, die giftige oder gifthaltige Stoffe gemäß der Giftverordnung enthalten. Diese Zusammenstellung wird in regelmäßigen Zeitabständen im Bundesgesetzblatt bzw. den Mitteilungen der österreichischen Sanitätsverwaltung veröffentlicht. Die Zulassungsnummer, Name und Herstellerfirma sowie das Zulassungsdatum sind dabei mit aufgeführt.

Wenn auch der Instanzenweg in Österreich etwas anders ist, für die Praxis ist dies unerheblich; alle Produkte, die in irgend einer Form giftig sind oder giftig wirken, unterliegen also gesetzlichen Regelungen. Ähnlich wie in Deutschland sind sogenannte biologische, natürliche Produkte gar nicht vorgesehen, gemäß seinerzeitigem Verständnis konnten sie auch gar nicht helfen, waren also unwirksam, mithin keine Pflanzenschutzmittel. Dieses seitherige Verständnis für die Wirksamkeit der Produkte reicht bis in die heutige Zeit, das heißt also, man dürfte es schwer haben, in Österreich ein rein biologisches, natürliches Präparat als „Pflanzenschutzmittel" genehmigt zu bekommen. Was aber nicht heißt, daß nicht diese Produkte trotzdem eingesetzt werden können, zumal, wenn sie der einzelne Anwender nach den Hinweisen dieses Buches selber zusammenstellt oder sogar herstellt. Gerade für diesen Personenkreis soll ja das Buch eine Lücke schließen, Namen, Adressen und Möglichkeiten nennen, so daß man sich unbeschadet behördlichen Denkens (das ja in starkem Maße von den Vorstellungen der Industrie mit beeinflußt wird) sich eben doch der biologischen Möglichkeiten bedienen kann. Anders also als in Deutschland, wo es durchaus bereits einige biologische Produkte mit behördlicher Zulassung gibt, „kennt" man diese in Österreich nicht, sie existieren für die Behörden überhaupt nicht.

Man sollte hier keine Behördenwillkür annehmen, sondern eher die Unmöglichkeit einer Behörde, einmal gegebene Gesetze den veränderten Verhältnissen anzupassen oder auch alternativ zu denken.


### c) Schweiz

Selbstverständlich müssen auch in der Schweiz die als Pflanzenschutzmittel bezeichneten Erzeugnisse ein Zulassungsverfahren durchlaufen. Dieses beinhaltet die praktische Erprobung auf Wirksamkeit unter Einschluß der Pflanzenverträglichkeit bei der Eidgenössischen Forschungsanstalt in CH – 8820 Wädenswil, die Bestätigung der gesundheitlichen Unbedenklichkeit für Mensch und Tier durch beizubringende Unterlagen aus Forschung und Klinik und, darauf aufbauend, die Einstufung des Produktes in eine der fünf bestehenden Giftklassen. Ebenfalls bedürfen die Texte von Verpackung und Druckschriften der behördlichen Genehmigung.
Federführend im Genehmigungsverfahren ist die oben genannten Eidgenössische Forschungsanstalt in Wädenswil, das auch die Zulassungsnummern festlegt, unter denen die Mittel in den Verkehr gelangen.

Zuwiderhandlungen gegen das Zulassungsverfahren oder der eigenmächtige Verkauf wird geahndet und hoch bestraft.

Ausnahmeregelungen gelten für Haushaltsprodukte, Rasen- und Zierpflanzenpflege.

Jedoch auch in der Schweiz versteht man unter Pflanzenschutzmittel offiziellerseits vorwiegend starkwirkende, meist giftige Stoffe, zumeist aus chemischer Fertigung stammend.

Wer ungiftige, rein natürliche Substanzen verarbeitet, die in der Werbeaussage nicht als „Pflanzenschutzmittel" mit exakt beschriebener Wirkung aufgeführt werden, kann mit stillschweigender Tolerierung rechnen.

So kommt es, daß in der Schweiz die pflanzlichen oder pflanzlich-mineralischen Produkte der biologischen Landwirtschaft problemlos erhältlich sind und auch verwendet werden.

Man muß sogar feststellen, daß von allen deutschsprachigen Ländern der Gedanke des biologischen Landbaues in der Schweiz den größten Widerhall findet. Dies nicht infolge Unterstützung durch die Behörden, sondern durch ungewöhnlich erfolgreiche Initiativen der Bürger, entsprechender Verbände und Vereine. Diese leisten Vorbildliches, auch für die breite Öffentlichkeit.

Kontaktadressen sind in der Anlage genannt.

Zusammenfassend ist also festzustellen, daß in allen drei deutschsprachigen Ländern behördlicherseits noch eine ganz bestimmte Definition des Begriffes Pflanzenschutzmittel besteht, die unter diesen Produkten vorwiegend chemische und giftige Stoffe versteht. Unter dem Eindruck des Umweltschutzgedankens und neuerer medizinischer Erkenntnisse und auch dank einer immer aufgeklärteren Bevölkerung beginnt sich in Deutschland die bisherige Einstellung zu ändern.

In der oft so toleranten Schweiz herrscht erstaunlicherweise behördlicherseits ein noch starreres Denken und eine strengere Verfolgung gegen Verstöße vor, als in Deutschland. Unbeeinflußt jedoch von dieser offiziellen Meinung ist die Aufklärung der Bevölkerung dort weiter vorgeschritten als in Deutschland. Bei der größeren Bevölkerungsnähe der schweizerischen Gesetzgebung ist zu erwarten, daß hier sehr bald ein behördliches Umdenken folgen wird.

Anders in Österreich. Eine Gesetzgebung hinkt in diesem Lande oft viele Jahre hinter den Realitäten her – eine viel größere Toleranz überbrückt jedoch die bestehenden Differenzen.

Das Eis in allen drei Ländern ist mithin gebrochen, der Gedanke, daß man seine Pflanzen auch anders, als offiziell vorgeschrieben, pflegen und gesund erhalten kann, hat sich durchgesetzt, wird respektiert.

# KAPITEL 6

# Systemvergleich zwischen chemischen und biologischen Pflanzenschutzmitteln

Beide Präparategruppen beruhen auf einer jeweils vollständig anderen geistigen Einstellung zum Thema Pflanzenschutz! Die chemischen Produkte sind fast ausnahmslos starke Gifte, die schnell, radikal *und 100 %ig* die Vernichtung des Schädlinges bewirken sollen, wobei selbstverständlich vorausgesetzt wird, daß die behandelte Pflanze und auch der Anwender, wenn die gegebenen Vorschriften richtig befolgt werden, nicht geschädigt werden.

Bei biologischen Pflanzenschutzmitteln dagegen wird unterstellt, daß eine gesunde Pflanze auch mit Krankheiten und Schädlingen fertig wird. Sie sollen also zunächst eine optimale Pflanzengesundung zu erreichen suchen, wollen dazu abwehrend oder vertreibend wirken, gehen jedoch nicht davon aus, daß die Produkte den Schadorganismus töten müssen. Sie wirken also unterstützend bei den natürlichen Regulationsverhältnissen, greifen nicht in die Pflanzen- bzw. Pflanze-Tier-Ökologie ein und gestatten auch, daß eine begrenzte Zahl von Schaderregern auf oder im Umfeld der Pflanze vorhanden bleiben, *damit die jeweiligen Pflanzen ihre natürlichen Abwehrfunktionen behalten und nicht verweichlicht werden.*

Biologische Pflanzenbehandlungsmittel arbeiten also grundsätzlich mit der Natur zusammen und bedürfen deshalb auch, wenn sie eine volle Wirkung entfalten sollen, eine biologisch intakte Umwelt. Sie sind kaum oder nur wenig geeignet, lediglich im Austausch gegen ein vorher gebrauchtes chemisches Produkt angewendet zu werden. Wer bis dahin seine mit Kunstdünger versorgten Rosenstöcke, die er mit hochwirksamen chemischen Insektiziden gegen Läuse besprühte, beispielsweise nunmehr mit einer Brennesseljauche behandelt, der wird enttäuscht sein. Wer aber ein Jahr lang nur zurückhaltend organische Düngestoffe verwendet, der wird überrascht sein, wie eine gleiche Brennesselbrühe die – durch die Ernährungsumstellung im übrigen vermutlich viel geringere Läusezahl – sicher vertreibt!

Die beiden nachfolgenden Abschnitte mögen diese Gedanken verdeutlichen.

## A) CHEMISCHE PRODUKTE

## 1. Geschichtliche Entwicklung

Rechnet man den Schwefel, wenn er bearbeitet, pulverisiert oder zu Netzschwefel ausgefällt wird, zu den chemischen Erzeugnissen, dann ist eine Pflanzenbehandlung durch „Chemie" schon uralt. Andererseits dagegen ist der Schwefel ein natürliches Mineral, zählt dadurch zum Bereich der biologischen Pflanzenbehandlungsmittel. Streiten wir uns jetzt nicht um diese Anschauungen. Die Verwendung von Schwefel im Weinbau – der ältesten und auch heute noch größten Monokultur der Welt – wird schon in den römischen Schriften zu Beginn unserer Zeitrechnung als ein wirksames Mittel empfohlen. Man vermahlte ihn fein, mischte ihn mit Wasser und spritzte ihn dann mit Reisigbesen auf die Blätter. An windstillen Tagen verbrannte man mitunter auch Schwefelstückchen unter den Pflanzen, so daß die giftigen Dämpfe in das Blattwerk gelangten und dort Insektenschädlinge töteten.

Dies aber zu den Ausführungen, die weiter oben gemacht wurden, daß die Menschheit sich nämlich schon immer zu helfen wußte.

Der wirkliche Beginn eines chemischen Pflanzenschutzes, sofern man selbst den Schwefel hier hinzu rechnet, beginnt aber erst 1793, als zum ersten Mal empfohlen wurde, Weinstöcke mit pulverisiertem Schwefel und auch mit ungelöschtem pulverisiertem Kalk zu behandeln, um Pilze und Insekten zu vertreiben. Als Geburtsstunde wird ferner das Jahr 1845 genannt, als ein englischer Gärtner namens *Tucker* in seinen Gewächshäusern an Weinpflanzen den aus USA hereingeschleppten sogenannten echten Mehltau *(Oidium)* bemerkte und ihn nun anhand dieser alten, ausgegrabenen Vorschrift behandelte. Was man damals noch nicht wußte: Feinst pulverisierter Schwefel wird von den Pilzzellen aufgenommen, es entsteht dann *in* der Zelle Schwefelwasserstoff, eine hochgiftige Verbindung, die die Pilzzelle abtötet. Des weiteren entsteht *auf* den Blättern durch Luft, Wärme und Feuchtigkeit in ganz schwachen, aber ausreichenden Mengen das ebenfalls hochgiftige Gas Schwefeldioxid ($SiO_2$), das ebenfalls Pilze tötet und auch tierische Schädlinge vertreibt.

Der echte Mehltau wanderte sehr schnell von England nach Frankreich und in die südeuropäischen Länder und war zu Beginn der zweiten Hälfte des vorigen Jahrhunderts so verheerend, daß Frankreich beispielsweise zu einem Wein-Importland wurde. Fast in jeder Region gab es einen Apotheker oder Gärtner, der sich rühmte, Schwefel gegen den Mehltau erfunden zu haben. Ebenso tauchten ab dieser Zeit, statt des bisher üblichen Besprizens mit Reisigbesen, die ersten Rückenspritzgeräte auf. Im Oberetscher Weinmuseum nahe Kaltern/Südtirol kann man die Entwicklung dieser Geräte, anhand der alten Muster dargestellt, finden.

Schon wenige Jahre später machte ein neuer, ebenfalls aus den USA herüber kommender Schadpilz, der falsche Mehltau, auch amerikanischer Mehltau oder Blattfleckkrankheit genannt (*Peronospora*), den Winzern zu schaffen. Hier erfand der Franzose A. Millardet aus Bordeaux 1885 die Kupferkalkbrühe, auch Bordelaiser-Brühe oder Bordeaux-Brühe genannt, als ein wirksames Gegenmittel. Sie wird hergestellt aus gelöschtem Branntkalk und Kupfervitriol – auch Vitriol und Kalkanth genannt. Sie wird bis in die heutigen Tage benutzt. Man sieht es daran, daß an Pflanzen, den Rebpfählen oder Hauswänden ein typischer blau-grüner Belag zu erkennen ist.

Zum Teil schwere Vergiftungen bei der Anwendung der Kupferkalkbrühe waren die Folge eines unachtsamen Hantierens hiermit. Sie waren der Anlaß zu ständiger Suche nach neuen, weniger giftigen pilzwirksamen Mitteln.

Der Verfasser setzt daher den eigentlichen Beginn des chemischen Pflanzenschutzes in die zweite Hälfte des vorigen Jahrhunderts. In dieser Zeit entstanden zugleich die ersten wirklich gut ausgestatteten und leistungsfähigen chemischen Laboratorien, die mehr oder weniger alle auf die Vorstellungen des berühmten Chemikers *Justus von Liebig* zurückgeführt werden können.

Man verwendete dann, und zwar ebenfalls ausgehend vom Weinbau, Arsenprodukte, Zink- und Quecksilberverbindungen, kurz, man setzte alle möglichen bekannten giftigen Stoffe ein, um der Schädlinge Herr zu werden. Das war auch durchaus notwendig, denn wenn man alte Berichte liest, so wurden damals in manchen Jahren beim Wein, bis zu 90 % der Ernte durch „den Wurm" vernichtet. Die Bauern seinerzeit wußten eben nicht genügend Bescheid um richtige Düngung, Bodenpflege und geeignete Mischkulturen, sondern glaubten, der immer stärkere Anbau von Monokulturen sei notwendig. Sie sahen also gar nicht, worin eigentlich der Grund des ganzen Übels zu suchen war. Das hat sich heute grundlegend geändert.

Bis zum 1. Weltkrieg ging es mit diesen relativ simplen, oft aber ungewöhnlich giftigen Pflanzenschutzmitteln noch recht einfach zu. Im Weltkrieg selber setzte dann eine lebhafte chemische Forschung, ausgehend von den Giftgasen, ein. Man erkannte sehr bald, daß diese hochgiftigen Stoffe auch im Pflanzenschutz eine Verwendung finden können, wenn man sie nur etwas abwandelte. Schon sehr bald aber, etwa Mitte der 20er Jahre, kam man dahinter, wie stark auch Mensch und Tier von diesen Mitteln angegriffen werden und bemühte sich nun, Formulierungen zu finden, die auch auf unsere Gesundheit Rücksicht nahmen. Und trotzdem, bis zu Beginn des 2. Weltkrieges steckte der chemische Pflanzenschutz doch noch in den Kinderschuhen. In Großbetrieben wurden zwar entsprechende Produkte eingesetzt, in den Gärten aber kaum. Der Verfasser erinnert sich noch gut, wie vor dem 2. Weltkrieg sein Vater Läuse an Pfirsichbäumen, Obstspalieren usw. mit Seifenwasser, Wasserglas oder auch Nikotinbrühe zu bekämpfen versuchte – und durchaus damit Erfolg hatte. Womit nicht etwa gesagt sein soll, daß die Nikotinbrühe ungiftiger sei als ein heutiges chemisches Pflanzenschutzmittel!

Erst nach dem 2. Weltkrieg, etwa ab den 50er Jahren, begann dann der rapide Aufbau einer ganzen Industrie für Pflanzenschutzmittel. Erst ab dieser Zeit also darf man von einer regelrechten „Agrochemie" sprechen. Sie entwickelte sich im Gefolge auch anderer Bodenbearbeitungsmethoden und eines immer stärkeren Einsatzes künstlicher Düngemittel. Es entstanden in rascher Folge immer neue, immer wirksamere und immer spezialisiertere Produkte gegen Schäden und Schädlinge aller Art. Es darf auch festgestellt werden, daß man sich bemühte, die Erzeugnisse auch pflanzenverträglicher und für Mensch und Tier harmloser zu machen. Bis dieser Gedanke jedoch richtig Fuß faßte, waren einige satte Skandale aufgetreten. Erst als nämlich die fast unglaublich große und leichtsinnige Verwendung von DDT und anderen chlorhaltigen Verbindungen Tiere und Umwelt massiv schädigte und man feststellte, daß auch der Mensch hiervon gesundheitlich beeinflußt wurde, begann man nachdenklicher zu werden, zum Teil strenge Verbote wurden behördlicherseits erlassen.

Heute weiß man, daß jeder Mensch, in seinem Fettgewebe eingelagert, eine nicht einmal kleine Menge dieser chlorhaltigen Pflanzenschutzmittel –

wie auch anderer, ähnlicher Produkte – mit sich führt, und daß es praktisch kein Lebewesen auf dieser Welt gibt, das nicht auch mit diesen Stoffen „versorgt" ist. Immer mehr wird man sich der Größe der Gefahr bewußt, hätten nicht zunächst Idealisten, dann Biologen und Mediziner Alarm geschlagen.

Aber immer noch werden Chlor-Kohlenwasserstoffprodukte verkauft und in großen Mengen verwendet! Als wenn es nicht schon vor 20 Jahren das Buch „Der stumme Frühling" von *Rachel Carson* gegeben hätte, das auf die der Menschheit drohenden Gefahren durch solche Produkte hingewiesen hat.

Statt der stabilen, langlebigen, mitunter gar nicht abbaubaren Chlor-Kohlenwasserstoff-Produkte forcierte man nun die Verwendung der auch schon seit langem bekannten, jedoch teueren Erzeugnisse auf Basis hochgiftiger Phosphorverbindungen. Man stufte sie infolge ihrer schnelleren Abbaubarkeit als harmloser ein, soweit es die Rückstände auf den hiermit behandelten Pflanzen betraf.

Dieser Vorteil war jedoch bei vielen Produkten nur ein scheinbarer. Aus den recht reaktionsfreudigen Materialien entstanden *nach* ihrer Anwendung auf den Pflanzen bei vielen Stoffen sogenannte *Metabolite.* So bezeichnet man chemisch leicht variierte Stoffe mit zum Teil anderen Eigenschaften. Keineswegs ist jedoch gesagt, daß diese Metabolite nun grundsätzlich harmlose Verbindungen darstellen, das Gegenteil ist mitunter der Fall!

Erfährt man in Veröffentlichungen seitens der Behörden oder Industrie, daß ordnungsgemäß gespritzte Nahrungsmittel keine oder höchstens „tolerierbare" Rückstände der chemischen Wirkstoffe enthalten – von Metaboliten oder gar einer Untersuchung auf *diese* Stoffe, ist nie die Rede. Das Problem ist auch gar nicht mehr erfaßbar bzw. analysierbar. Man untersucht doch nur nach 5 – 10 der bekanntesten Mittel, nicht aber nach vielmal mehr vorhandenen chemischen Pflanzenschutzverbindungen oder der noch vielfach größeren Zahl möglicher Umsetzungsprodukte – es ist doch gar nicht möglich, einen Salatkopf auf hunderte von chemischen Stoffen hin zu untersuchen, bevor man einen Verkauf zuläßt! *Das* ist die wirkliche Situation, sie wird verharmlost.

Aber nicht nur aus Gründen einer hohen Giftwirkung erfand man diese neuen und heute den Markt beherrschenden Präparate, sondern auch weil sich die Schädlingswelt in erstaunlich schnellem Maße an die Giftstoffe anzupassen wußte. Die seitherigen chlorhaltigen Präparate wurden also nach und nach unwirksam. Gleiches geschieht aber auch mit den neueren Produkten und dies sogar in viel kürzeren Zeiträumen. Man behauptet, daß heute ca. 450 der häufigsten und wichtigsten Schadinsekten gegen Pflanzenschutzgifte in ihrer normalen Anwendungskonzentration immun geworden sind. Ähnlich geht es mit den Produkten gegen Schadpilze.

Jedermann weiß aber inzwischen auch, daß es ein *harmloses* chemisches Gift gegen Schadpilze oder Insekten nicht gibt – irgendwo, auf irgend einem Gebiet, hat es stets Nebenwirkungen. Es ist ähnlich wie mit den hochwirksamen Arzneimitteln: auch hier gibt es keine ohne zugleich auch schädliche Nebenwirkungen.

Man spricht von „Toleranzwerten" oder „Wartezeiten" auf Grund deren eine Frucht, ein Gemüse bedenkenlos verzehrt werden kann, hält man sie nur ein. Aber wie viele Toleranzwerte und nicht eingehaltene Wartezeiten addieren wir eigentlich im Laufe eines Tages, wie viele verschiedene Pflanzenschutzprodukte nehmen wir zu uns? Das ist der Punkt, an dem die Ärzte heute anfangen, Alarm zu schlagen. Von der angeblichen Harmlosigkeit dieser Präparate, hält man nur die genauen Anwendungsvorschriften ein, wollen sie nichts mehr hören. Es ist längst erwiesen, daß die fortgesetzte, ständige Zusichnahme kleinster, unterschwelliger Dosen, von der wir annehmen müssen, daß eine Einzeldosis wirklich harmlos ist, eben doch *durch die Summierung* zu gesundheitlichen Schäden führen. Sinngemäß sind es daher auch derzeit die Ärzte, besonders wenn sie in der Lebensmittelkunde Bescheid wissen, die zunächst einmal die Frage stellen, welche Lebensmittel man zu sich nimmt, wo man sie einkauft. Immer häufiger wird dann die Frage gestellt, ob es nicht möglich sei, im eigenen Garten selbst anzubauen, natürlich ohne alle Pflanzenschutzgifte.

Betrachtet man diese Entwicklung, so müssen sich heute auch die Verfechter des chemischen Pflanzenschutzes eingestehen, daß einfach übertrieben wurde. Ob aus Begeisterung darüber, was alles möglich und machbar ist, ob aus Geschäftsinteresse, mag dahingestellt bleiben. Wir haben ja in den letzten zwei Jahrzehnten nicht nur auf dem Gebiet des Pflanzenschutzes gesündigt und müssen nun sehen, wie wir die Dinge wieder ins richtige Lot hineinbekommen. Wichtig scheint dem Verfasser nur, daß eine Besinnung begonnen hat, die zu einem anderen Denken führt. Er ist sich dabei völlig sicher, daß wir in 10 oder gar 20 Jahren Produkte haben, die nicht mehr der heutigen „Tötungstheorie" folgen, sondern in viel weiterem Maße den natürlichen, den biologischen Gegebenheiten Rechnung tragen.

Schon der seit einem guten Jahrzehnt immer beliebter werdende sogenannte „Integrierte Pflanzenschutz" ist ja ein Weg des Umdenkens. In diesem, heute auch von staatlichen Stellen empfohlenen Pflanzenschutz werden zunächst biologische Maßnahmen eingesetzt, helfen sie nicht, so wird mit möglichst ungiftigen Mitteln versucht, weiter voran zu kommen; und erst wenn all das keinen Erfolg hat und eine sogenannte „Schadenschwelle" überschritten wird, also ein Zustand, der doch einen großen Teil der Ernte

38

vernichten würde, greift man zu chemischen Präparaten, beginnt aber auch hier mit milden Mitteln und setzt nur noch in Extremfällen stark wirkende Produkte ein.

Der Verfasser glaubt auch, daß dieses zudem noch eine Frage der Käuferschaft ist: Solange sie unaufgeklärt war und die Verhältnisse gar nicht kannte, verlangte sie ja auch keine „ungespritzten" Produkte. Je größer aber das Einkaufsverlangen danach ist, um so mehr wird sich der Landwirt danach richten und dieser wiederum wird seine Forderung an seine Berater weitergegeben. Kurz, *das Umdenken beginnt beim Verbraucher!* Er hat es durchaus in der Hand, hier ganz stark regulativ auf die zukünftigen Verhältnisse einzuwirken. *Tun wir es doch!*

## 2. Wirkungen

Wie schon weiter oben gesagt, wirken chemische Pflanzenschutzmittel fast ausschließlich tötend. Nun ist es fast unmöglich, ein Gift so speziell herzustellen, daß es nur auf einen ganz bestimmten Schädling wirkt. Es wird also stets nicht nur die einzelne, uns gerade störende Art, z. B. eine Bohnenblattlaus, vernichtet, sondern auch viele andere Insektenarten, die die gleiche oder ähnliche Konstitution aufweisen. Zwar bemüht man sich heute, sogenannte „selektive" chemische Präparate herzustellen, der Großanwender setzt diese auch durchaus richtig ein; merkwürdigerweise ist es aber gerade der Kleinbetrieb, wie auch der Hausgärtner, der ein Universalmittel fordert, mit dem er alle bei ihm üblicherweise vorkommenden Insekten auf einen Schlag töten kann. Wir dürfen davon ausgehen, daß bei den Insekten, ganz grob gerechnet, aber nur die Hälfte aller Arten Schädlinge für unsere Nahrungspflanzen darstellen, die andere Hälfte aber aus Nützlingen oder sogenannten neutralen Arten besteht. Nützlinge sind in diesem Zusammenhang Insektenarten, die von uns als Schädlingsinsekten bezeichnete Arten entweder selber fressen oder zur Aufzucht ihrer Nachkommen benötigen. Töten wir die Schädlinge, so töten wir fast automatisch auch die Nützlinge und berauben uns damit unserer besten Helfer! Dieses komplizierte Wechselspiel wurde eingehend im Buch des Verfassers „Nützlinge im Garten und Gewächshaus" (s. Literaturverzeichnis) beschrieben.

Nicht ganz so kraß, aber doch ähnlich ist es bei den Pilzmitteln, den Fungiziden. Zwar wirken diese schon recht spezifisch – ein Mittel gegen den echten Mehltau wirkt schlecht gegen den falschen Mehltau oder die Botrytis –, so haben aber auch sie unerwünschte Nebenwirkungen, indem sie andere für uns nützliche Hefe- oder Bakterienarten vernichten, aber auch das Bodenleben schädigen.

Im besonderen Maße trifft dieses auch für die Unkrautvernichtungsmittel, die sogenannten Herbizide, zu.

Wenn auch nicht so ausgeprägt wie bei der Insektenbekämpfung, so bewirken auch die chemischen Fungizide eine Resistenz, das heißt, es bilden sich neue Arten der betreffenden Schadpilze heraus, die gegen die einzelnen Präparate dann immun sind. Dies mag im übrigen mit ein Grund sein, warum gerade im Weinbau heute mancher Winzer reuig zum alten Kupfer- oder Schwefelspritzmittel zurückkehrt.

Die Tötungsphilosophie unserer chemischen Pflanzenschutzmittel hat also in zweierlei Hinsicht höchst negative Auswirkungen: sie stört das ökologische Gleichgewicht in der Natur und sie fördert die Resistenzbildung. *Biologische Pflanzenbehandlungsmittel haben diese Nachteile nicht.*

Bei aller Kritik darf man jedoch nicht vergessen, daß chemische Produkte in bestimmten Fällen und bei jeweils gezieltem Einsatz der Menschheit auch Segen gebracht haben. Viele, kaum zu bekämpfende Krankheiten, man denke an Malaria oder die Schlafsucht, wären ohne sie nicht beherrschbar gewesen; auch epidemiehafte Ausbreitungen von Schädlingen, wie sie immer wieder vorkommen, können mit biologischen Pflanzenbehandlungsmitteln nicht erfolgreich genug bekämpft werden. Jeder vernünftig denkende Mensch wird also gegen derartige Verwendungen nichts einzuwenden haben; die Kritik beginnt erst dort, wo durch viel Werbung erklärt wurde, daß wir diese Mittel nun überall und ständig und vor allen Dingen auch *vorbeugend* einsetzen müssen, damit Schäden gar nicht erst entstehen. Erst der *ständige* Gebrauch dieser Mittel über viele Jahre hinweg, ihre Verwendung zu einem Zeitpunkt und auf einem Gebiet, wo es möglicherweise gar nicht nötig war, also die vollkommen überzogene Anwendung, haben die Nachteile so deutlich werden lassen.

## 3. Einteilung der Produkte

Die Einteilung der Erzeugnisse erfolgt üblicherweise nach der Art der zu bekämpfenden Schadorganismen. Wir kennen:

*Herbizide* = Pflanzenvernichtungsmittel,
speziell gegen Unkräuter

*Fungizide* = Pilzgifte gegen die verschiedensten
Schadpilze auf den Nutzpflanzen

*Insektizide* = Mittel gegen Insekten aller Art und in ihren
verschiedenen Lebensformen
(Vollinsekt, Puppe, Larve, Eier)

40

| *Molluskizide* | = Mittel gegen Schnecken |
|---|---|
| *Akarizide* | = Mittel gegen Spinnentiere und Milben |
| *Rodentizide* | = Mittel gegen Nagetiere |
| *Bakterizide* | = Mittel gegen Bakterien |

Soweit nur zu den Hauptpräparategruppen, die Reihenfolge bedeutet zugleich ihre Umsatzposition. Rechnet man alle Pestizide bzw. Biozide, wie die Sammelbegriffe lauten, als 100 %, so machen die Herbizide über 50 % aus, die Fungizide ca. 35 % und die Insektizide weniger als 10 %; alle anderen „zide" teilen sich den Rest. Alles in runden Zahlen, als Querschnitt für Deutschland, Österreich und Schweiz zusammengefaßt.

Innerhalb der Anwendungsgebiete unterscheidet man die Produkte nach ihrer chemischen Zusammensetzung, die durchaus verschieden sein kann. Es würde ein ganzes Buch füllen, wollte man hierauf eingehen.

Neben der Einteilung nach der chemischen Zusammensetzung gibt es noch eine Einteilung bezüglich der Giftwirkung der Präparate auf Mensch und Tier. Diese erfolgt in sogenannten „Giftklassen". In Deutschland kennen wir drei derartige Giftklassen. Die giftigsten Präparate unterliegen der Giftabteilung 1, die Grundfarbe der Verpackung, des Etikettes ist schwarz, die Schrift darauf weiß. Die Verpackungen müssen als Warnzeichen einen Totenkopf mit zwei gekreuzten Knochen tragen, und die Warnung Gift ist auf dem Etikett wie auch auf dem Deckel bzw. Verschluß und noch an einer dritten Stelle des Behältnisses aufgedruckt. Die Abgabe erfolgt nur gegen polizeilichen Erlaubnisschein, auch hinsichtlich der Lagerung dieser Gifte sind strenge Vorschriften zu beachten.

Die Giftabteilung 2 hat stets eine weiße Grundfarbe der Verpackung, die Aufschrift ist rot. Auch hier muß ein Totenkopf mit gekreuzten Knochen und dreimal das Wort „Gift" aufgedruckt sein. Gifte dieser Einteilung werden nur gegen Empfangsbescheinigung und Eintrag in ein Giftbuch des Händlers abgegeben.

Bei der Giftabteilung 3 ist die Grundfarbe des Etikettes ebenfalls weiß, der Totenkopf ist nicht mehr aufgedruckt, dagegen enthält die Verpackung in deutlicher Schrift die Warnung „Vorsicht", sowie einen vorgeschriebenen Text hinsichtlich Benutzung, Aufbewahrung usw. Bildliche Darstellungen sind unstatthaft.

Zu diesen deutschen Vorschriften gibt es noch neuere EG-Richtlinien und zusätzlich hierzu sind noch spezielle Versandvorschriften zu beachten.

Es sei an dieser Stelle ausdrücklich erwähnt, daß fast alle chemischen

Pflanzenschutzmittel auch dann, wenn sie keiner ausgesprochenen Giftklasse angehören, Gifte sind!

(Haushaltsdesinfektionsmittel, Spülmittel, konzentrierte Essigsäure, und viele andere Produkte im Haushalt sind auch „Gifte“, wenn man sie falsch benutzt oder in Kinderhände gibt; auch sie unterliegen keiner Giftklasseneinteilung.)

Die gesetzlich vorgeschriebenen Warnhinweise oder auch die Warnhinweise der Hersteller stehen nicht zum Vergnügen auf den Packungen. Die Bedenkenlosigkeit mancher Anwender, besonders wenn es sich um Kleingärtner handelt, beim Abfüllen, Umfüllen, Hantieren, späteren Säubern usw., läßt einem Fachmann oft die Haare zu Berge stehen. Giftigste Produkte kommen mit den Händen in Kontakt, Reste werden in Lebensmittelflaschen umgefüllt, Gefäße zum Ansetzen der Spritzbrühen werden ohne gründliches Ausspülen für andere Zwecke weiter benutzt.

Am schlimmsten ist jedoch die leider immer noch verbreitete Meinung, daß „viel auch viel hilft“. Vorgeschriebene Konzentrationen, die genauestens eingehalten werden sollten, werden glatt verdoppelt oder verdreifacht, weil man glaubt, „es den Läusen einmal ordentlich zeigen zu müssen“.

*Ein nicht geringer Teil der schädlichen Auswirkungen chemischer Pflanzenschutzmittel ist auf diesen unsachgemäßen Umgang zurückzuführen!* Es kann nicht eindringlich genug erwähnt werden, daß es sich stets und immer *um Gifte* handelt und die vorgeschriebenen Sicherheitsmaßnahmen in jedem Fall auch befolgt werden müssen. Dazu gehört auch das gründliche, mehrmalige Waschen *mit Seife* von Händen und Gesicht bzw. sonstigen bloßen Körperstellen nach beendeter Spritzung, wie auch das Wechseln der Kleidung und deren gründliches Auswaschen.

## 4. Kritische Bemerkungen über chemische Mittel

### a) Zur Pflanzengesundheit

Die Pflanze selber wird durch chemische Produkte, hält man sich an die Anwendungsvorschriften, selten beeinträchtigt oder geschädigt. Dies ist eine Grundvoraussetzung der Zulassung überhaupt, bevor alle weiteren Prüfungen erfolgen. Die Schädigung, soweit man das so nennen kann, ist eigentlich eine indirekte, sie besteht aus einer langsamen „Verweichlichung“ der Pflanze gegen den Schaderreger! Wenn ihr ständig die Abwehr gegen die Schädlinge abgenommen wird, nun, so baut sie auch ihr Abwehrpotential ab! Im Obstbaumbereich haben wir heute Baumarten, es handelt sich stets um Neuzüchtungen, die ohne permanente Spritzung nicht mehr gedeihen könnten, so gering ist ihr Abwehrpotential geworden. Pflanzt man hingegen von der gleichen Apfelsorte beispielsweise eine sogenannte „alte Sorte" an, die unbehandelt bleibt, so stellt man voll Verblüffung fest, daß ein solcher Baum gut und gesund über den Sommer kommt, obgleich er durchaus auch mit Pilz- oder Insektenschäden zu tun hatte.

## b) Zum Abbau der Produkte nach ihrer Anwendung – Metabolite

Es wurde bereits weiter oben erwähnt, daß Schwefel, spritzt man ihn auf mit Schadpilzen befallene Blätter, von diesen aufgenommen wird, worauf dann innerhalb der Blätter Schwefelwasserstoff entsteht und sich auf den Blättern Schwefeldioxid bilden kann. Beide Nachfolgeprodukte sind Metabolite des Schwefels. Es sind also Umwandlungsprodukte, die durch natürliche Verhältnisse wie Sonne, Feuchtigkeit, Luft usw. entstehen.

Viele chemische Pflanzenschutzmittel wandeln sich im Laufe der Verweilzeit auf der Pflanze zu einem oder sogar vielen Metaboliten um. Die Reihenfolge, in der dies geschieht, ist dabei durchaus variabel, je nach den vorkommenden Verhältnissen. Ebenfalls kann dieser Abkömmling für Mensch und Tier nun eine harmlose chemische Verbindung geworden sein, unter Umständen ist er aber auch ähnlich giftig wie das Ausgangsprodukt. Auf diese Gefahr durch Metabolite wird erst seit einigen Jahren hingewiesen!

Wird also von sogenannten „Wartezeiten" gesprochen, das heißt also die Zeit, die man unbedingt verstreichen lassen muß von der letzten Behandlung bis zum Verzehr einer Frucht – meistens ist es bei chemischen Präparaten ein Zeitraum von 2 – 4 Wochen –, sagt dies nur aus, daß das *aufgetragene* Material nicht mehr nachweisbar ist bzw. die Mengen so gering geworden sind, daß man sie nach heutiger Erkenntnis tolerieren kann.

Vergrößert wird die Gefahr – und auch hier wieder speziell bei den privaten Anwendern –, weil kaum jemand sich wirklich Notizen macht, wann er die letzte Anwendung mit einem chemischen Produkt auf eine Nahrungspflanze vornahm. Der Kirschbaum hat Läuse, her mit der Spritze. Zwei Wochen später beginnen die Kirschen reif zu werden, man beginnt auch mit der Ernte. Kein Mensch denkt dann mehr daran, wann die letzte Spritzung war oder schaut auf dem Etikett nach, wie lange die Wartezeit ist. Soll man auch die schönen Kirschen nun am Baum überreif werden lassen, nur weil auf dem Etikett stand: 4 Wochen warten? Hand aufs Herz, wer tut denn das! Wer weiß denn auch 4 Wochen vorher, wie die Witterung abläuft und damit die Erntezeit beeinflußt.

Wie ist es mit den Tieren? Sie kennen doch nun den Begriff der Wartezeiten überhaupt nicht, sondern versuchen sich auch von frisch gespritztem Gemüse, Obst usw. zu ernähren. Fast die Hälfte aller noch vor 100 Jahren in Europa gezählten Vogelarten sind heute verschwunden – wegen der großräumigen Veränderung der Lebensräume, sicherlich aber auch als eine Folge des chemischen Pflanzenschutzes.

### c) Zur menschlichen Gesundheit

Wir wissen seit längerer Zeit durch Arbeiten von Wissenschaftlern in aller Welt, daß besonders das noch ungeborene Leben im Mutterleib sowie der Säugling in den ersten Lebensmonaten, speziell wenn er nicht mit Muttermilch versorgt wird, den Giften aller Art, also auch den Pestiziden fast hilflos ausgesetzt ist. In Deutschland waren es besonders die Arbeiten von *Prof. Gottschewski,* Freiburg, mit seinen aufsehenerregenden Fütterungsversuchen bei Kaninchen über lange Zeiträume, die diese Feststellungen ermöglichten. Er bewies, daß die *fortgesetzte* Zufuhr kleinster Mengen toxischer Substanzen – in diesem Falle waren es Pestizide – sich schädigend auf die Vererbung auswirkt. Die gleich wie die Eltern gefütterten Nachkommen bekamen Geburtsfehler, die Familie starb schließlich aus. Nun ist das Kaninchen eine Tierart, die sich bekanntlich sehr schnell vermehrt. Beim Menschen dauert es etwas länger. Wir werden erst seit ca. vier Generationen mit Pestiziden „versorgt", noch nicht einmal zwei Generationen intensiv. Auch bei den Kaninchenrassen dauerte es sechs bis acht Generationen, ehe Auswirkungen deutlich zutage traten. Danach hätten wir also sogar noch etwas Zeit zum Handeln. Aber jedem Einsichtigen ist heute schon klar, daß gehandelt werden muß, sollen nicht Gefahren für die noch ungeborene Nachkommenschaft heraufziehen.

Sicher, Gefahren drohen uns nicht nur durch Pestizide, sondern auch durch viele andere Dinge unseres modernen Lebens, so z. B. durch die völlig überzogene Anwendung von Desinfektionsmitteln aller Art, Ausdünstungen vieler Kunststoffe usw. Letztlich auch durch die Genußmittel. Aber das haben wir persönlich in der Hand, wir brauchen diese Produkte ja nur nicht zu benutzen. Nahrungsmittel aber müssen wir essen, und auch ein Selbstversorger kommt kaum darum herum, ab und zu chemisch behandelte Nahrungsmittel zu sich zu nehmen.

Man kann auch anders argumentieren: Wenn wir schon durch unser tägliches Leben mit so vielen Problemstoffen kontaktiert werden, sollte man sie doch wenigstens dort, wo *wir* es in der Hand haben, nicht mehr einsetzen. Zu diesen Stoffen gehören zweifelsohne auch die chemischen Pflanzenschutzmittel.

Und noch eine Überlegung: In Ländern mit starkem chemischen Pflanzenschutz haben wir eine kaum noch verkaufbare pflanzliche Überproduktion erreicht. Die natürliche Auslese der Frucht auf dem Felde entfällt, weil eben durch den chemischen Schutz *alle* Früchte verkaufsfähig werden.

Diese Überschußproduktion wird dann vernichtet oder anderen Verwendungszwecken zugeführt. Auch das ist wieder mit hohen Kosten verbunden.

## B. BIOLOGISCHE MITTEL

Wie – um der Eindringlichkeit willen, mit der der Verfasser dieses dem Leser nahe bringen möchte – im Buch schon mehrfach betont, stehen die biologischen Mittel im völligen Gegensatz zu den chemischen Pflanzenbehandlungsprodukten. Sie wollen nicht das Symptom bekämpfen, also die Insekten, die in Mengen auftreten, die Pilze, die die Blätter verderben, nein, sie gehen in erster Linie die Ursachen an. Zwar sollen die Symptome auch verschwinden, aber stets wird versucht, im Sinne eines *Ganzheitsdenkens* die Gesundheit der Pflanze an erste Stelle zu setzen. Um die Mittel und ihre Wirkungen zu verstehen, muß man sich dieses Denken zu eigen machen und im gewissen Sinne *alles vergessen, was man vom chemischen Pflanzenschutz her gewohnt war.* In diesem andersartigen Denken liegen die Erfolge der biologischen Pflanzenbehandlungsmittel begründet, aber auch nur dadurch werden Enttäuschungen vermieden.

## 1. Geschichtliche Entwicklung biologischer Pflanzenbehandlungsmittel:

Schon weiter oben wurde darauf hingewiesen, daß die Menschheit früherer Zeiten, als es noch keine chemische Industrie gab, Pflanzenkrankheiten und Schädlingen durchaus nicht hilflos gegenüberstand. Man probierte, reihte Erfahrungen aneinander und baute auf dem Wissen der Vorfahren auf. Nehmen wir nur wieder ein Beispiel aus dem Weinbau. Bei den mitunter verheerenden Wurmkrankheiten war es laut behördlichem Erlaß Pflicht der Winzer, „Würmer" abzusammeln und öffentlich zu verbrennen. Im Buch von *Bassermann-Jordan* „Geschichte des Weinbaues" Band 1, ist anschaulich hiervon berichtet. Die Asche dieser verbrannten Würmer aber sprühten die Winzer auf ihre Reben! Intuitiv wurde hierbei eine Methode angewendet, die wir heute als höchst modern wiedererfinden, die von dem Begründer der Antroposophie, *Dr. Rudolf Steiner,* angeregt wurde: In der Asche der Schädlinge befinden sich Stoffe, die die lebenden Schädlinge abstoßen. Sie wandern nicht mehr zu oder verlassen die Wirtspflanze. Jedermann kann diesen Versuch in seinem Garten wiederholen: Man sammelt Läuse von einem Zweig ab, röstet sie in einem Pfännchen, verreibt die Asche und fertigt aus diesem Pulver eine Spritzbrühe, indem man etwa zwei

Teile Pulver mit 98 Teilen Wasser vermischt, und spritzt diese nun auf die Bäume. Der Effekt wird überraschen: vorhandene Läuse wandern ab, neue ziehen nicht mehr zu.

Man kann das Wirk-Prinzip aber noch einfacher beweisen. Verreibt man lebende Läuse auf einem Blatt, einer Triebspitze, mit den Fingern, tötet sie also, so werden sich an dieser Stelle über mehrere Wochen keine neuen Läuse mehr ansammeln.

Denken wir dann noch an die viel propagierte Schneckenbrühe, so sehen wir, daß auch bei diesem Präparat tote Schnecken, in entsprechender Präparation, lebende Tiere abhalten, ein hiermit begossenes Bodenstück zu überqueren.

Unterzieht man sich der Mühe, in Bibliotheken alte Bücher über Gartenpflege und Landwirtschaft zu studieren, so findet man in Mengen derartige Rezepte. Zum Teil wirken sie heute überspannt, wie ja viele Rezepte aus dem Mittelalter; z. T. aber muten sie auch höchst modern an und entsprechen unseren derzeitigen Erkenntnissen.

Auch hier wieder drängen sich die Parallelen mit der Geschichte der Medizin förmlich auf. Wir entdecken ja gerade wieder die Wirkungen mittelalterlicher Medizinen, die Pflanzenheilkunde, und bieten pflanzliche Wirkstoffe, nur etwas anders präpariert, in modernsten Arzneimitteln wieder an.

Die weiter unten beschriebenen biologischen Pflanzenbehandlungsmittel basieren also auf Erfahrungswissen. Mit heutigen chemischen und physikalischen Methoden lernen wir ihre Wirkungsweisen verstehen, können sie analysieren und haben jetzt ein größeres Verständnis dafür, *warum* sie wirken. Fortlaufend werden in diesem Bereich neue Mittel entdeckt. Man denke hier an Gesteinsmehle, Lavaaschen, Algenpräparate und vieles mehr. Wenn sie heute wieder neu entdeckt werden, so bedeutet das keine Kritik an der „Neuentdeckung", sondern eigentlich nur eine Bestätigung der Wirksamkeit.

Noch einmal sei darauf hingewiesen, wie verblüffend ähnlich sich Rezepturen von menschlichen Heilmitteln und Pflanzenschutzmitteln sind: In einem alten Manual ist zu lesen, daß man bei Wurmbefall des Weinstockes eine Abkochung aus Rainfarn, versetzt noch mit etwas Aloe und Bittersalz, anwenden möge, indem man dieses Gemisch, mit gehöriger Menge Wasser verdünnt, mittels eines Reisigbesens auf die Weinpflanze spritzt. Ein fast identisches Rezept findet sich in Medizinbüchern zur Behandlung des Spulwurmes im Darm! (Nebenbei – ein gutes und wirksames Rezept!)

Man soll unsere Vorfahren nicht für dumm halten. Hätten die Rezepte in beiden Anwendungsfällen nicht nachhaltig Erfolg gebracht, so wären sie sicherlich nicht weiter angewendet und in gar keinem Fall schriftlich niedergelegt worden.

Und was tun wir heute? Wir machen höchst wirksame Abkochungen oder Jauchen aus Rain-, Adler- oder Wurmfarn und besprühen damit unsere Pflanzen, um Läuse, Würmer oder andere Insekten fern zu halten. Dieses mag als ein Beispiel dafür dienen, wie die alten Mittel auf uns überkommen sind, ja, wie wir sogar unsere heutigen Mittel noch verbessern könnten.

## 2. Wirkungsvoraussetzungen

Wie schon mehrfach hervorgehoben, wirken die Mehrzahl der biologischen Präparate milde, umstimmend, regulierend, und nur in ganz seltenen Fällen als „Bombe". Sie greifen im Sinne der Wiederherstellung einer gesunden Pflanze nur schonend und für manchen Anwender dabei etwas langsam ein. Ihre Wirkung wird stets um so größer sein, je besser alle *Voraussetzungen* für ein richtiges Pflanzenleben bereits erfüllt sind.

Es ist daher fast unerläßlich, daß sich der Anwender dem Problem der Bodenbearbeitung, der Humusbildung, anhand *neuerer* Literatur über die biologischen Anbaumethoden, vertraut macht. Er muß die vielen Möglichkeiten der *Bodenbedeckung* anwenden, die Regeln der *Mischkultur* beherrschen, er muß aber auch eine neue Art von *Toleranz* aufbringen. Diese im Hinblick darauf, daß jeder Garten, jedes Feld, kein isoliertes Stück Natur ist, sondern nur zusammen mit seiner Umgebung – und sei sie noch so eng begrenzt – gesund gehalten werden kann. Er toleriert ruhig einige Unkräuter, in der klaren Erkenntnis, daß es sich hier um natürliche Pflanzen handelt, die mit zur Bodengare und Bodenbeschattung beitragen, und er weiß, daß auch etwas „Ungeziefer" für die Nützlinge unter den Insekten und für die Vögel lebensnotwendig ist. Halten wir unseren Garten steril sauber, wovon sollen dann die Schlupfwespen, Marienkäferchen usw. leben? Was sollen dann die Meisen fressen? Sie sterben aus oder wandern ab und zwingen uns nun geradezu, bei einem erneuten Insektenbefall, doch zu härteren Mitteln zu greifen.

Toleranz auch hinsichtlich des Aussehens unseres Gartens. Wir lassen nun einmal vom abgeernteten Salat die äußeren Blätter an Ort und Stelle liegen, lassen auch abgeknipste Geiztriebe der Tomaten am Boden des Stockes. Dieses Liegenlassen dient der Bodenbedeckung, fördert die Bodengare und damit auch das Bodenleben. Das sieht dann natürlich nicht so ordentlich aus. Wer also bisher einen Paradegarten vorwies, in dem auch jedes Blättchen weggeharkt war, muß seinen Ordnungsdrang bremsen, ohne daß dabei der Garten nun gleich wie ein Urwald auszusehen braucht. Im Herbst bleiben eben die Blätter unter den Bäumen liegen, die Regenwürmer brauchen doch Winterfutter! Auch die Frühjahrsbestellung auf den

Beeten sieht anders aus, denn wir pflanzen die junge Saat mitten hinein in die schon ausgerottete Gründüngung des Herbstes, so daß das Bodenleben durch den immer noch bedeckt gehaltenen Boden sich voll bis an die Oberfläche hin entwickeln kann.

Als nächstes versuchen wir, durch Einsatz biologischer Präparate die Pflanze zu kräftigen, ihre arteigenen Widerstandskräfte zu mobilisieren und greifen erst an letzter Stelle zu symptombekämpfenden Mitteln.

Ein Neuling auf diesem Gebiet wird stets voll Verblüffung feststellen, daß, wenn er beispielsweise die Baumscheibe seines Kirschbaumes über zwei, drei Jahre mit Humus düngt, dazu noch Kresse anpflanzt, der Läusezuzug verschwindend gering wurde, daß seine Erdbeeren, pflanzt er ab und zu einen Salatkopf, eine Kapuzinerkresse, eine Zwiebel dazwischen, kaum noch unter Fäulniserscheinungen leiden; daß, wenn er seine Tomaten zukünftig luftiger setzt, Sellerie dazwischen pflanzt oder auch hier noch ab und zu einen Knoblauch dazu gibt, diese kaum noch krank werden. Besprüht er sie nun noch mit bestimmten Pflanzenjauchen, so wird man Schädlinge oder Krankheiten suchen müssen.

Diese Anwendungen gehören mit zum biologischen Pflanzenschutz, sind ein wichtiger Teil desselben und haben oft zur Folge, daß man Behandlungspräparate gar nicht mehr benötigt!

Der Stellenwert behandlungsbedürftiger Erkrankungen liegt mithin viel niedriger als bei der Agrochemie, sie kann in gut geführten Betrieben bis zur Bedeutungslosigkeit sinken!


## 3. Wirkungsweisen:

Gifte sollen also Schadorganismen nicht töten, sondern möglichst naturnahe Produkte sollen die Pflanze befähigen, ihre eigenen Widerstandsmechanismen zu stärken.

Dem mit diesen Gedanken noch unvertrauten Leser muß gesagt werden, daß die Pflanze genauso wie tierische Lebewesen über ganz erhebliche, natürliche Abwehrpotentiale verfügt. Diese gilt es zu stärken und zu mobilisieren. Wieder drängt sich ein Vergleich zur menschlichen Medizin auf: Statt in einer überheizten Wohnung jedes Jahr auf den Herbstschnupfen gewissermaßen zu warten, ist es ja ebenso möglich, durch viel Bewegung, frische Luft und Wechselduschen den Körper abzuhärten, wie auch durch eine gesunde Ernährung, viel Obst, auch von dieser Seite her das Abwehrpotential in uns zu stärken.

Ist die Pflanzenstärkung alleine nicht ausreichend, so sollen spezifisch wirkende Mittel dazukommen. Hier sind es Gerbstoffe, ätherische Öle, oder, denken wir an die Brennessel, sogenannte „Brennstoffe", Spiritus, Seifenlösungen u. ä., die den Insekten das Leben auf den hiermit behandelten Pflanzen ungemütlich machen. Sie ergreifen die Flucht und kehren nicht zurück, solange die Schutzwirkung dieser Präparate anhält.

Eine andere Wirkungsweise, beispielsweise bei Wasserglas, alkalisch wirkenden Gesteinsmehlen, besteht darin, daß das Oberflächenmilieu des Blattes, das ja üblicherweise schwach sauer bis neutral eingestellt ist, nunmehr zur alkalischen Richtung hin verschoben wird. Läuse, als eine unserer Hauptplagegeister, sind aber in dieser Hinsicht sehr empfindlich reagierende Tiere. Sie halten sich nicht auf Blättern auf, die ihnen nicht zusagen und suchen sich lieber einen neuen Aufenthaltsplatz.

Eine weitere Wirkungsweise besteht darin, die Tiere nun auch direkt zu belästigen, so durch Aschen, Ton- oder Mineralmehle. Die feinen Partikel dieser Stoffe verkleben die Sichtorgane und Nervenenden, verstopfen mitunter auch die Atemöffnungen der Insekten, so daß ihre Lebensfunktionen eingeschränkt werden. Getötet werden sie dadurch kaum, aber es wird ihnen der Aufenthalt auf den so behandelten Pflanzen höchst ungemütlich gemacht. Im übertragenen Sinne formuliert: Auch der Leser würde sich sicherlich nicht gerne mit Staub und Dreck bewerfen lassen, er macht, daß er davon kommt, genauso wenig wie er auf einem zwar sonst sehr schönen, aber nun dick mit Staub belegten Platz einen Aufenthalt wählen würde. Das mag für manchen etwas kurios klingen – aber auch Insekten sind höchst empfindliche Tiere und wählen sich ihren Lebensraum sehr genau aus.

Erst die allerletzte Gruppe von insektenbekämpfenden Mitteln tötet diese Tiere. Es handelt sich um pflanzliche Insektizide, wie sie schon seit Jahrtausenden von der Menschheit benutzt werden, gegen die sich bis heute, trotz höchster Wirksamkeit, noch keine Resistenz gebildet hat.

Ähnlich wirken Produkte gegen Pilzerscheinungen: Zunächst wird versucht, mit meist kieselhaltigen Präparaten – Ackerschachtelhalm, Gesteinsmehlen, Wasserglas, eine Kräftigung der Blattstruktur, speziell der Epidermis, zu erreichen, so daß durch die nun härter gewordene Oberfläche die Sporen schwerer eindringen können. Verstärkt wird diese Wirkung durch den oft filmartigen Charakter der Produkte, die damit auch eine mechanische Sperre darstellen. Dies gehört noch zum Thema der Pflanzenkräftigung. Sind solche Schutzprodukte nun gleichzeitig noch alkalisch, so schädigt dieses alkalische Milieu die Pilzsporen direkt und schwächt sie. Die Pflanzen haben es dann leichter, mit trotzdem noch eingedrungenen Sporen selbst fertig zu werden.

Die Gruppe der mineralischen Mittel, wie Schwefel oder Kupfer, wirken dagegen auf Pilzzellen direkt tötend, besonders in ihrer schon weiter vorn beschriebenen Metabolitenform als Schwefelwasserstoff oder Schwefeldioxid. Mit diesen beiden Produkten nähert sich im übrigen der biologische Pflanzenschutz bereits dem chemischen, denn auch hier werden diese Produkte in hohem Umfange verwendet, wenngleich sie im chemischen Pflanzenschutz in wesentlich stärkeren Konzentrationen eingesetzt werden.

## 4. Mitteleinteilung

Die Mitteleinteilung ist gleich, wie weiter oben bei den chemischen Produkten aufgezeigt. Auch hier kennen wir also Erzeugnisse mit spezifischer Wirkung gegen Schadpilze, gegen Insekten usw. Hinzu kommt aber die große Gruppe der sogenannten *Pflanzenstärkungsmittel*, die unspezifische Eigenschaften haben. Hinzu kommt ebenfalls die heute immer größer werdende Gruppe der für den Pflanzenschutz extra *gezüchteten Nützlinge*, die in jedem Fall den biologischen Pflanzenbehandlungsmitteln zugerechnet werden müssen. Und letztlich müssen auch moderne *physikalische Methoden* noch diesem Bereich zugeordnet werden, die sich in den kommenden Jahren einen ganz neuen Markt erobern werden.

Bei aller spezifischen Wirkung auch der biologischen Pflanzenbehandlungsmittel muß festgehalten bleiben, daß die *Pflanzenstärkung* überragende Bedeutung besitzt. Im Sinne eines auch auf diesem Gebiet möglichen integrierten Pflanzenschutzes steht sie also an erster Stelle, erst danach kommen die spezifischen Mittel.

Für biologische Pflanzenbehandlungsmittel gibt es einige Generalregeln:

1. Sie müssen ungiftig sein für Warmblüter, das heißt für Mensch und alle Haustiere.
2. Sie müssen verträglich sein für das tierische Bodenleben, Insekten, Vögel und auch größere Tiere.
3. Sie müssen verträglich sein für Pflanzen, auch wenn einmal in der Dosierung Fehler gemacht werden.
4. Sie müssen dem „Reich der Natur" entstammen, das heißt also, es darf sich nicht um eine künstliche chemische Verbindung handeln.
5. Die Produkte sollten auch nicht chemisch bearbeitet sein. Also z. B. keine Extrakte, die durch chemische Lösungsmittel ausgezogen wurden.

Der Verfasser teilt die Behandlungsmittel nach folgenden Kriterien ein:

### 1. Produkte, die töten
Sie sollen nach Möglichkeit nicht angewendet werden, da ja die Natur nicht wie wir Menschen nach Nützling und Schädling unterscheidet, son-

dern wir immer Gefahr laufen, mit Tötungsprodukten auch nützliche Lebensformen zu vernichten.

Ein Beispiel: Pyrethrumextrakt zur Insektenvernichtung.

## 2. Produkte, die vertreiben

Der Verfasser vertritt seit Jahren die Philosophie, daß es doch vollständig unnötig ist, Lebewesen, auch wenn wir sie als Schädlinge deklarieren, zu töten, wenn es doch genügt, sie von der von uns zu schützenden Pflanze zu vertreiben.

Beispiel: Bestimmte Pflanzenjauchen, Gesteinsmehle, Geruchstoffe.

## 3. Produkte, die schützen

Hier ist an einen mechanischen Schutz gedacht, den schädliche Lebewesen nicht durchdringen, der sie abwehrt.

Beispiel: Feinste Gesteinsmehle, Wasserglas.

## 4. Produkte, die die Widerstandskraft der Pflanze erhöhen

Diese größte Gruppe unter den biologischen Pflanzenbehandlungsmitteln umfaßt Nährstoffe, pflanzeneigene Wirkstoffe, pflanzeneigene Abwehrstoffe und vieles andere mehr. Sie wirken pflanzenphysiologisch, gesundmachend, gesunderhaltend, kräftigend, und im Sinne dieser Eigenschaften abwehrend auf pflanzenschädigende Einflüsse.

Beispiel: Pflanzenjauchen, Algenextrakt, Humuswirkstoffe.

Diese Klassifizierung der Produkte hat nichts mit ihrer Wirksamkeit zu tun. Richtig eingesetzte Erzeugnisse nach Ziffer 4 können, über das Jahr hin gesehen, erfolgreicher sein als Produkte nach Ziffer 1, also solche, die töten.

Wir unterscheiden auch im biologischen Pflanzenschutz:

**A) Mittel gegen Viren und Bakterien.**

**B) Mittel gegen Schadpilze.**

**C) Mittel gegen Insekten, Würmer usw.**

**D) Mittel gegen größere Tiere,** mit Unterteilung in Mittel gegen Schnecken, Nagetiere, Vögel, Hasen usw.

**E) Sondermittel, Sondermethoden.** Hierunter fallen Erzeugnisse, die wir beispielsweise bei Hagelschlag verwenden, aber auch Anbaumethoden wie die Mischkultur, die ja nicht nur zum Zwecke des besseren Pflanzenanbaues, sondern bewußt auch für den Pflanzenschutz entwickelt wurde.

Aber auch Saatbeizen und die Beachtung bestimmter Aussaatzeiten dienen dem Pflanzenschutz, ebenso physikalische Methoden, wie Kalt- und Heißwasserspritzungen oder Anwendung von Wasserdampf.

# KAPITEL 7

# Die biologischen Mittel –
# ihre Zusammensetzung und Wirkung

## Allgemeine Hinweise, Handelsnamen

Gemäß der zuletzt besprochenen Einteilung in Kapitel 6/B/4 folgt nachstehend, ebenfalls unter den Buchstaben A – D, die Nennung der gebräuchlichen Präparate. Dabei wird innerhalb der einzelnen Kapitel gemäß den Kriterien des Verfassers unterschieden in die Produktgruppen 1 – 4, das heißt also Produkte, die töten, vertreiben, schützen, oder die Widerstandskräfte der Pflanzen erhöhen.

Es werden zunächst lediglich die Mittel genannt, mit jeweiliger Anwendungsform, Konzentration usw., wobei jedes Mittel eine *Nummer* erhält. Im Abschnitt F dieses Kapitels ab Seite 100 findet der Leser dann eine genaue Beschreibung der Mittel, ihre Zusammensetzung, Gewinnung usw. In Kapitel 8 werden, und zwar unter der gleichen Mittelnummer, Herstellungsanweisungen für alle selbst herstellbaren Präparate mitgeteilt.

Der Leser kann sich nun anhand der Schäden innerhalb der Gruppen A bis D und dann, gemäß seiner eigenen Einstellung zu Tötungs-, Schutzoder Stärkungsmitteln, über die Möglichkeiten informieren. Er kann weitere Einzelheiten über diese Präparate im Absatz F nachlesen, auch gemäß den Herstellmöglichkeiten laut Kapitel 8 entscheiden, ob er die Präparate selber herstellt.

Aus den Anwendungsempfehlungen des Kapitels 9 sind noch zusätzliche Hinweise zu entnehmen. Stets tragen alle aufgeführten Mittel die gleiche jeweils für sie festgelegte Nummer.

## A. MITTEL GEGEN VIREN UND BAKTERIEN

Allgemein: Diese Krankheitserreger treten zum Glück im Garten oder bei kleineren Flächen infolge der doch sehr gemischten Anbauart recht selten auf. Haben wir mit ihnen jedoch zu tun, so ist die radikale Empfehlung immer noch die beste: Baum verpflanzen bzw. roden und eine neue, virusfeste, robustere Sorte anbauen. Bei Gemüsen sofortiger Beetwechsel, weiterer Anbau des gleichen Gemüses in möglichst großer Entfernung vom seitherigen Beet und den alten Standort mindestens 5 Jahre lang mit dieser Frucht nicht mehr bebauen. Eine Unterteilung der Mittel in Tötungs-, Vertreibungs- oder Stärkungsmittel ist gegenstandslos. Nachfolgend werden die Möglichkeiten genannt, die zur Eindämmung bzw. Ausrottung dieser Schaderreger zur Verfügung stehen.

### Wasserdampf (1)

Sowohl in Gewächshäusern wie auch auf Beetflächen wird von der Sterilisierung des Bodens gegen Viren und Bakterien mit Wasserdampf vielfältig Gebrauch gemacht. In Erwerbsgärtnereien ist es das Mittel der Wahl, um Erkrankungen durch diese Krankheitserreger auszuschließen. Auch dem Hausgärtner dürfte es unter Umständen möglich sein, in einer benachbarten Gärtnerei entsprechende Geräte auszuleihen, um seinen Boden hiermit zu behandeln. In Intensivanlagen erfolgt jährlich eine Behandlung, sonst alle 2 bis 3 Jahre. Berufsgärtner sind der Meinung, daß sie ohne eine solche Wasserdampfbehandlung des Bodens wesentlich mehr Probleme bei der Aufzucht ihrer Pflanzen hätten.

Meinung des Verfassers: Nur wo in Hausgärten *ständig* Probleme mit Virus- oder bakteriellen Erkrankungen auftreten, sollte man sich ein entsprechendes Gerät aus einer Gärtnerei ausleihen und gemäß den dort gegebenen Anweisungen seinen Boden behandeln. Dieses Verfahren ist bestimmt schonender als Desinfektion mit chemischen Produkten.

### Spiritus (2)

Die Verwendung von verdünntem Brennspiritus (20- bis 30 %ig in Wasser gelöst) gegen bakterielle Schäden an Pflanzen ist altbekannt. Die Lösung wird mit einem Pinsel aufgestrichen, die Anwendung zwei- bis dreimal wiederholt. Beliebt ist auch die Beimischung von Flüssigseife – 2 % –, um ein noch tieferes Eindringen und längere Haftung dieser Desinfektionsbehandlung zu erreichen. Versuche, diese beiden Produkte auch gegen Krebswucherungen einzusetzen, haben keinen Erfolg.

## Kaliumpermanganat (3)

Auch eine Kaliumpermanganatlösung in Wasser, 0,1 – 0,5 %, wird mit Erfolg gegen bakterielle Erkrankungen eingesetzt. Die Befallsstellen werden hiermit bestrichen oder satt eingesprüht. Kaliumpermanganat ist ein Desinfektionsmittel, das durch seine Sauerstoffabgabe wirksam ist. Die violettbraune Verfärbung der Rindenteile, der Pflanzenteile ist belanglos, sie verschwindet nach einiger Zeit von allein. Kaliumpermanganat wirkt gleichzeitig pilzfeindlich. Auf grüne Pflanzenteile dürfen aber höchstens Konzentrationen bis 0,2 % aufgesprüht werden, alle stärkeren Lösungen dienen der Rindenbehandlung.

## Chemische Desinfektionsmittel (4)

Chemische Desinfektionsmittel werden im biologischen Pflanzenschutz toleriert. Bewährt hat sich beispielsweise das altbekannte *Chinosol*®. Es wird sowohl zur Saatbeize angewendet, wie aber auch, um bakteriell oder von Virus befallene Stellen an Zweigen, Rinden usw. zu behandeln. Es wird eine hochverdünnte, wässerige Lösung nach Gebrauchsanleitung angefertigt – meist 0,01- bis 0,005 %ig – und die Befallsstellen damit eingepinselt bzw. naß eingesprüht.

## Verbrennen (5)

Gegen Viruserkrankungen hilft im allgemeinen nur das Verbrennen ganzer Pflanzenteile. Befallene Zweige, Äste oder ganze Pflanzen werden abgeschnitten und – *so bald wie möglich* – verbrannt. Die gleiche Pflanzenart darf dann auf dem befallenen Beetstück nicht wieder ausgepflanzt oder angesät werden, für mindestens 5 Jahre ist ein Beetwechsel erforderlich!

## B. MITTEL GEGEN SCHADPILZE

Allgemein: Die Schäden, die echter und falscher Mehltau sowie Schimmelpilze anrichten, können bei Unachtsamkeit erheblich sein und die der Schäden durch Insekten weit übersteigen. Das Problem besteht darin, daß man Insekten sieht und entsprechend handeln kann, eine Schadpilzinfektion aber nicht bemerkt, es sei denn, man besitzt genügend gärtnerische Erfahrung, um aus den Wetterabläufen und Temperaturen die Infektionsbeginne einigermaßen zu kennen. Aber auch ein ungeübter Gärtner kann sich ja nach den Warnmeldungen des amtlichen Pflanzenschutzdienstes richten.

Vereinfacht dargestellt, überwintern die Sporenträger im Boden, im alten Blattwerk, im Bast, in der Rinde der Stämme, und werden nach den ersten warmen Regenfällen in der Zeit von Mitte April bis Mitte Mai bereit, auszuschwärmen. Begünstigt wird die Entwicklung durch feuchtwarmes Wetter, also Temperaturen über 15 – 18° und Sonnenschein. Teils springen sie aus ihren Sporenträgern direkt auf die Pflanzen, oder sie werden von der Luftbewegung mitunter weiter geweht. In dieser ersten Infektionszeit ist in jedem Fall die Luft voll von Pilzsporen aller möglichen Art. Findet eine solche Spore ein aufnahmebereites Blatt, so wird sie durch die Atemöffnungen dieses Blattes in das Innere gelangen, um sich dort zum Schadpilz auszuwachsen. Erst wenn sich dieser Schädling gewissermaßen voll etabliert hat, er geschlechtsreif wurde, bemerken wir an den Sporen, die nunmehr wieder an die Blattoberfläche treten und einen grauen Pilzrasen oder gelbe Flecke bzw. den typischen Schimmel zeigen, die schon vorhandene Infektion – dann ist es aber zur Behandlung dieses Blattes zu spät, es ist bereits vernichtet. Wir bemühen uns also um den Schutz der nächsten Blätter, der ganzen Pflanze und versuchen, eine Sporeninfektion von vornherein zu verhindern.

So weit die grobe Darstellung – die Verhältnisse ändern sich natürlich von Pilzart zu Pilzart, und es herrschen mitunter geradezu raffinierte Verhältnisse, wie sich diese Schädlingsgruppe fortpflanzt.

Den echten Mehltau – *Oidium* – erkennen wir daran, daß er die ganze Frucht, das ganze Blatt überzieht, beginnend an der Blattoberseite. Der Pilzrasen ist hell- bis schmutzig grau. Der falsche Mehltau – *Peronospora* – beginnt vorwiegend an der Blattunterseite, während man an der Blattoberseite nur sogenannte Ölflecke, rundliche, gelblich aussehende, etwa Fünfmarkstück große Einfärbungen, bemerkt. Auf Früchten hinterläßt er einen schmutzig- bis schwarzgrauen Belag, läßt sie eintrocknen.

Die *Botrytis* dagegen, weithin gefürchtet bei Erdbeeren und Wein, überzieht ebenfalls, und das oft mit Windeseile, die ganze Frucht, das ganze Blatt, mit einem grauen bis schwarz-braunen, sehr dichten und hochstehenden Pilzrasen.

Die sonstigen Schadpilze, wie Rost, Schrotschußkrankheit, Rußtau u. ä. haben eine geringere Bedeutung, sie erscheinen oft auch erst nach vorangegangener Besiedelung durch Läuse.

Bei Äpfeln und Birnen stören auch im Hausgarten Schorfpilze, besonders wenn sie tiefe, rissige Schorfflecken an den Früchten verursachen, die dadurch weitgehend ihre Lagerfähigkeit verlieren.

Jede Pilzart ruft auf jeder Pflanzenart ein etwas anderes Erscheinungsbild hervor. Dieses sollte man sich einprägen, denn die Behandlungsmittel richten sich recht individuell gegen die verschiedenen Schaderreger, sie wirken also nicht universal. Gartenbücher zeigen den Schadensverlauf bzw. unterrichten über die Pilzerkennung anhand von Bildmaterial.

Während in Jahren mit normaler Witterung in einem biologisch gut gepflegten Garten die Stärkungsmittel ausreichend sein können, um Pilzinfektionen unter Kontrolle zu halten, gibt es immer wieder Fälle, die uns zu schnellem Handeln zwingen. Die nachfolgend genannten Mittel, mit ihrer Differenzierung in Tötungs-, Schutz- und Stärkungsmittel, sollen helfen, die Schäden gering zu halten.

## 1. Pilzvernichtungsmittel

**Schwefel** (6)

Verwendet wird ausschließlich der sogenannte *Netzschwefel,* der weiter unten beschrieben wird. Die Anwendung erfolgt 0,4- bis 0,1 %ig, je nach Jahreszeit und Temperatur. Die höchsten Dosierungen werden im Frühjahr gespritzt, in der Zeit ab Ende März bis Mitte Mai. Bei den beginnenden höheren Temperaturen, ab Ende Mai, wird 0,3 und, sinkend 0,2 % gespritzt, im August kann die Dosage auf 0,1 % herabgesetzt werden. Die Selbstherstellung von Netzschwefel ist nicht möglich, man verwendet ein Markenpräparat eines anerkannten Herstellers.

Wichtigstes Qualitätsmerkmal ist eine solche Feinheit des Produktes, daß man es zwischen den Fingern nicht mehr als eine körnige, sandige Substanz empfindet, sondern sich mehlweich anfühlt und in der Spritzbrühe lange schwebefähig bleibt. Es wird feucht, aber nicht tropfnaß, mit mittelfeiner Düse und hohem Druck gespritzt. Schwefel ist bienenungefährlich, kann also auch während der Blütezeit verwendet werden. Im übrigen sind die Herstellerangaben zu berücksichtigen, wenngleich die Einsatzmenge im biologischen Landbau um rund ein Drittel erniedrigt wird gegenüber den Empfehlungen der Hersteller.

**Schwefelleber** – *Hepar sulfuris* (7)

Ein Schwefelprodukt, bestehend aus Kaliumkarbonat und Schwefel. Trotz der im Fertigprodukt geringeren Schwefelmenge wird es gleich hoch dosiert wie Netzschwefel. Es wirkt milder und weniger blütestörend als der reine Netzschwefel.

Schwefelleber gilt vielfach als besonders wirksam, da es mehrere Schwefelverbindungen enthält. Besonders gerne wird es gegen die Kräuselkrankheit des Pfirsich eingesetzt – unter Umständen gemeinsam mit Kupfer – und zwar *vor* der eigentlichen Austriebszeit, das heißt also, in regelmäßigen Spritzungen ab Anfang März bis zum Stadium „Mäusohr".

Netzschwefel und Schwefelleber haben eine spezifische Wirkung gegen echten Mehltau – *Oidium* – und sind sowohl im biologischen wie im agrochemischen Landbau bis heute das Mittel der Wahl bei *echtem Mehltau, Schrotschußkrankheit, Schorf und Rußtauerkrankungen.* Die im biologischen Landbau geringer eingesetzte Dosierung bedingt unter Umständen häufigere Spritztermine. Angestrebt wird ein geschlossener Belag des Spritzmittels auf Zweigen, Knospen und Jungtrieben während der Hauptinfektionszeit.

**Kupfermittel** (8)

Kupferspritzmittel in den verschiedenen Kupferverbindungen oder auch in Mischungen, z. B. die bekannte Bordeaux-Brühe (*9*), sind altbekannte Pilzgiftmittel mit spezieller Wirkung gegen den amerikanischen Mehltau – *Peronospora.* Noch in einer Verdünnung von 1:1 000 000 wirken die Kupferbestandteile tötend auf Pilzzellen, stören jedoch das Pflanzenwachstum wenig. Während die meisten biologischen Anbaurichtlinien Kupfer als Spritzmittel zulassen, wird es von der biologisch-dynamischen Wirtschaftsweise abgelehnt. Der Verfasser empfiehlt trotzdem den Einsatz, insbesondere in den weiter unten genannten Mischungen. Als Einsatzmenge wird, analog zum Schwefelgebrauch, nur die Hälfte der üblicherweise auch im chemischen Pflanzenschutz eingesetzten Spritzmittelkonzentrationen verwendet. Während der Hauptinfektionszeit mithin also max. 0,1 %, in der übrigen Jahreszeit 0,05 %. Auch hier ist bei den durch *Peronospora* gefährdeten Pflanzen auf einen gleichmäßigen, geschlossenen Spritzmittelbelag zu achten. Wiederholungsspritzungen sind 14tägig, längstens 4wöchig vorzunehmen. Die Spritzung erfolgt feucht, sind jedoch *Peronosporainfektionen* festgestellt, so tropfnaß. Bei diesen Spritzungen ist besonders Wert auf die Benetzung der Blatt*unterseite* zu legen.

## Schwefel-Kupfer-Spritzungen

Der biologische Pflanzenschutz besitzt zur Zeit noch kein spezifisches Mittel gegen Botrytis. Schwefel-Kupfer-Kombinationen schädigen jedoch auch diesen Pilz und hemmen ihn in seiner Entwicklung. Die in den beiden vorigen Absätzen angegebenen Schwefel- und Kupfermengen werden in der Spritzbrühe addiert und gemeinsam ausgebracht. Die Wirkung der Spritzbrühe erfährt eine Steigerung gegen diesen Schadpilz durch Zufügung von 0,5 % Algenflüssigextrakt. (16)

## Ackerschachtelhalm (13)

Das altberühmte „Zinnkraut", das bis heute als Putzmittel für Zinngeschirr verwendet wird, ist eines der bekanntesten Pilzmittel im biologischen Landbau. Das Kraut hat einen ungewöhnlich hohen Kieselanteil – bis zu 10 % –, der biologisch festgelegt ist und dadurch milde, aber doch sehr nachhaltig wirkt.

Ackerschachtelhalm wächst als Unkraut in Feuchtgebieten, gesammelt wird nur das eigentliche Kraut, und zwar zu jeder Jahreszeit. Man kann ohne weiteres auf Vorrat sammeln und das Kraut dann trocknen, wobei gewichtsmäßig vom durchgetrockneten Kraut nur ein Fünftel vom Gewicht des frischen Krautes verwendet wird.

Ackerschachtelhalm ist vielseitig einsetzbar. Man verwendet ihn

a) gegen *Bodenpilzerkrankungen.* Ca. 1 kg frisches Kraut oder 200 g getrockneter Ackerschachtelhalm wird während 24 Stunden in 10 l kaltem Wasser ausgezogen. Die erhaltene Lösung seiht man durch, verdünnt sie mit der fünffachen Menge Wasser und begießt damit die Bodenflächen, auf denen Pflanzen stehen, die gerne von Pilzerkrankungen befallen werden. Besonders also bei Erdbeeren, Erbsen, evtl. Bohnen, wie aber auch Kartoffeln. Hat man reichlich Ackerschachtelhalm, so ist es durchaus angebracht, die gesamte Gartenbeetfläche mit der Brühe zu begießen.

b) Als *Schutz- und Vorbeugungsmittel* gegen Pilzerkrankungen auf den Pflanzen stellt man eine *Brühe* her, die zur Anwendung noch mit der fünffachen Wassermenge verdünnt wird. Verwendete Drogen- und Wassermenge menge gleich wie unter a).

Sie wird bei regelmäßiger Anwendung eine hohe Wirksamkeit gegen echten und falschen Mehltau, Schorf, Blattfleckenkrankheiten bei Tomaten und Kartoffeln, Rost, Rußtau u. ä. besitzen. Gegen Schimmelpilz, also *Botrytis* in allen Formen, dagegen weniger.

Die Wirkung dieser Brühe kann durch Zugabe von Wasserglas 1 %ig, also 10 ml pro Liter, noch verstärkt werden.

c) Wird aus Ackerschachtelhalm eine *Jauche* bereitet, so dient diese vorwiegend der *Pflanzenstärkung,* aber natürlich auch gleichzeitig der Pilzabwehr. Drogen- und Wassermenge wie unter a). Sie hat eine Nebenwirkung gegen Läuse, Spinnmilben und Ameisen. Auch diese Jauche wird nur fünffach verdünnt eingesetzt. Die Wirkung gegen tierische Schädlinge wird verstärkt, wenn man ihr entweder 3 % Brennspiritus oder/und 1 % Schmierseife hinzufügt.

Alle Anwendungsformen des Ackerschachtelhalmes sollten, gleich ob gegossen oder gespritzt, 10-, längstens 14tägig wiederholt werden. Die Anwendung erfolgt während der gesamten Vegetationszeit.

**Wasserglas** (14)

Wasserglas, ein Kalium- oder Natriumsilikat, besitzt ähnliche Wirkungen wie Ackerschachtelhalm, muß jedoch, da es kein biologisches Erzeugnis ist, mit größerer Vorsicht eingesetzt werden. Je nach vermutetem Infektionsdruck wird dieses Präparat zwischen 0,5- und *max.* 2 %ig in Wasser gelöst auf die grünen Pflanzenteile aufgesprüht, um ähnliche Wirkungen zu erzielen wie mit dem Ackerschachtelhalmprodukt. Wasserglas hat sich besonders im Obstbau gut bewährt. Spritzungen dürfen nicht bei Sonnenschein erfolgen, sie sollten auch *nicht in die Blüte* gespritzt werden, da sonst Blattverbrennungen befürchtet werden müssen.

**Gesteinsmehle** (15)

Ultrafein vermahlene Gesteinsmehle, wie sie weiter unten näher beschrieben werden, bzw. Tonmineralien mit einem betont hohen Silikatanteil ($SiO_2$), sind ebenfalls zur Pilzabwehr hervorragend geeignet. Ihr Wirkungsmechanismus ist ähnlich wie von Ackerschachtelhalm bzw. Wasserglas, nur noch kompakter, noch vollständiger, wenn man es versteht, sei es durch Puderung oder Spritzung, ganzjährig einen geschlossenen Film auf Zweigen, Blättern und Früchten zu erhalten. Die Einsatzmenge richtet sich nach den verwendeten Präparaten. Bei reinen Gesteinsmehlen wird eine Spritzbrühenkonzentration zwischen 1 und 3 % max. ausreichend sein, bei Spezialgesteinsmehlen für den Pflanzenschutz Konzentrationen zwischen 0,5 und 1 %. Gespritzt wird mit mittlerer Düsenöffnung und geringem Druck und nur schwach feucht, die Spritzbrühe soll nicht ablaufen, sondern sofort haften.

Besonders wertvoll sind alkalische Gesteinsmehle mit einem pH-Wert über 10.0. Stehen solche nicht zur Verfügung, so kann man die Brühe durch Seifenzusatz – bis zu 1 % – oder durch Zusatz von Wasserglas – 0,5 bis 1 % – alkalisch machen. Wird Gesteinsmehl gepudert, so nur auf feuchtes Blatt- oder Strauchwerk, das heißt also in den frühen Morgenstunden, nach Regen oder nach Gartensprengen. Auf trockenen Pflanzen haften die Gesteinsteile schlecht.

**Gesteinsmehl-Schwefel- oder -Kupferkombination**

Mischungen der vorerwähnten Gesteinsmehle mit Schwefel oder Kupfer haben sich hervorragend bewährt! Der Einsatz ist gleich wie vor beschrieben, die Schwefel- oder Kupfermengen können halbiert werden gegenüber der im vorangegangenen Absatz genannten Konzentration. Diese Kombinationsprodukte fördern sich in ihrer Wirkung gegenseitig, sie sollten im biologischen Anbau gegenüber reinen Schwefel- oder Kuferprodukten bevorzugt eingesetzt werden, um die Schwefel- oder Kupfermenge geringer halten zu können.

60

**Algenextrakt** (16)

Es handelt sich um die aus den Braunalgen des Atlantik und der Nordsee gewonnenen *flüssigen* Extrakte. Sie werden unter verschiedenen Handelsnamen angeboten. (Algifert, Fa. Cohrs; Algan, Fa. Neudorff u. a., s. Lieferantenverz.)

Die Erkenntnis, daß diese Extrakte, in hoher Verdünnung gegossen oder gespritzt, auch eine pilzfeindliche Wirkung besitzen, ist relativ neu. Ob es sich hier um eine direkte Wirkung der Inhaltsstoffe oder um eine indirekte Wirkung über eine starke Pflanzenkräftigung handelt, ist noch nicht erwiesen. Nicht anzuzweifelnde Berichte vieler Anwender wie auch eigene Versuche des Verfassers bestätigten jedoch diese Eigenschaften besonders bei *Botrytis*infektionen. Algenextrakte werden mit 0.05 bis 0.1 % den üblichen Spritz- oder Gießbrühen zugegeben, in Fällen starker Infektion kann die Dosage auf 0.5 % erhöht werden.

Algenextrakte sind infolge ihres ungewöhnlichen Spurenelementanteiles, ihres Mineralstoffreichtums und hohen Gehaltes an Aminosäuren ideale Blattdüngemittel, sie mildern zugleich die Wirkungen aggressiver Spritzmittel und sollten daher allen Spritzbrühen grundsätzlich zugegeben werden. Diese Extrakte dürfen nicht mit Algenkalk oder algenhaltigen Bodenverbesserungsmitteln verwechselt werden, die ja für die Bodenversorgung ebenfalls immer beliebter werden.

**Mischkultur** (17)

Wie schon an verschiedenen Stellen erwähnt, dient die Mischkultur nicht nur der besseren Pflanzenkultur, sondern ganz besonders auch dem Pflanzenschutz.

Alle zwiebelartigen Pflanzen, wie Zwiebeln, Knoblauch, Schnittlauch, Lauch, **mitten zwischen die Kulturpflanzen oder Blumen eingesetzt,** schützen sehr wirksam vor Pilzinfektionen. Pro m² zwei bis drei Zwiebeln oder Knoblauch oder Lauch, beispielsweise unter Rosen eingesetzt, zwischen Salate, Erdbeeren, ja auch unter Obstgehölzen auf deren Baumscheibe gepflanzt, vermindern die Gefahr der Pilzinfektion, beseitigen sie sogar bei sonstigen guten Gartenverhältnissen! Den Versuch kann jeder selber machen und sich danach ein Urteil bilden: Zwiebeln bzw. Lauch längs der Erbsenreihen gepflanzt, mitten unter Erdbeeren angesiedelt, auch zwischen die Kartoffelreihen gesetzt, lassen in vielen Fällen Pilzerkrankungen vergessen. Pflanzt man dazu noch Heilkräuter oder Gewürzkräuter wie Dill, Boretsch, evtl. auch noch die bekannten Studentenblumen oder Astern, so wird das Ergebnis noch einmal verbessert. Ungläubig ablehnen? Nein, ausprobieren! Der Verfasser kennt durch Einhaltung des Mischkulturenanbaus seit Jahren keine Pilzkrankheit mehr in seinem Gemüsegarten!

## 3. Stärkungsmittel

Wie ein roter Faden zieht sich durch dieses Buch die immer wiederkehrende Bemerkung, daß eine gesunde Pflanze widerstandsfähig genug ist und auch reichlich eigene Abwehrkräfte besitzt, um mit den normalen, üblichen Pilzerkrankungen allein fertig zu werden. Nun haben wir nicht überall normale Verhältnisse, können aber trotzdem durch sogenannte Pflanzenstärkungsmittel erreichen, daß wir diesen möglichst nahe kommen.

Alle im vorangegangenen Kapitel genannten Schutzmittel wie Ackerschachtelhalmpräparate, Steinmehle, Algenprodukte und Mischkulturenanbau dienen selbstverständlich gleichzeitig auch der Pflanzenstärkung. Wendet man über die gesamte Vegetationsperiode hin diese Präparate bzw. Maßnahmen an, so wird im allgemeinen ein besserer Effekt erreicht, als wenn man bei aufgetretener Krankheit die Schutz- oder Vernichtungsmittel einsetzt!

Die nachstehend aufgeführten Zubereitungen wie auch industriell hergestellte Fertigprodukte stellen keine vollständige Aufzählung der Möglichkeiten dar. Es handelt sich hierbei um seit vielen Jahren eingesetzte Präparate, die sich für diesen Zweck besonders gut bewährt haben. Liest man jedoch in Fachzeitschriften des ökologischen Landbaues Leserbriefe, so wird ständig von neuen Zusammenstellungen, neuen Pflanzen, die hierzu verwendet werden, berichtet.

Da selbstverständlich anzunehmen ist, daß diese Berichte nicht erfunden wurden, bestärkt dies den Verfasser in seiner Hypothese, daß es gar nicht einmal so sehr wichtig ist, *welche* Pflanze man im einzelnen für die Herstellung von Stärkungsmitteln heranzieht. Immer wird *Lebenskraft* übertragen, die die behandelte Pflanze für sich auszunutzen vermag. In diesem Sinne sind also die Produkte auch als Anregung zu betrachten, einmal selbst zu experimentieren.

### Brennesseljauche (18)

Das bekannteste Stärkungsmittel überhaupt dürfte wohl die Brennesseljauche sein. Ihre Herstellung wird an anderer Stelle ausführlich beschrieben. Das Jauchenkonzentrat wird 1:10 verdünnt, mit ihm werden die Pflanzen wöchentlich bis längstens 14täglich überbraust. Neben allgemeiner Pflanzenstärkung ist gleichzeitig eine schwache biologische Stickstoffdüngung vorhanden. Das abtropfende Wasser fördert die Bildung von Krümelstrukturen auf dem Boden. Wird Brennesseljauche auf Baumscheiben eingesetzt, so ist es zweckmäßig, vorher im Bereich der Kronentraufe mit der Grabegabel eine größere Reihe von Löchern in den Boden zu stoßen. Man sticht bis zum Anschlag hinein und ruckelt ein klein wenig, so daß die Löcher dadurch vergrößert werden. In diese Löcher gießt man dann die ebenfalls 1:10 verdünnte Jauche. Die Anwendung erfolgt vierwöchentlich, gleichmäßig über die Vegetation hin verteilt.

### Comfrey-Jauche (19)

Über Comfrey, auch „Beinwell" genannt (*Symphytum officinale*), werden wahre Wunderdinge berichtet. Zweifelsohne ist die Pflanze ähnlich universell verwendbar wie das Brennesselkraut, sie stellt also eine Alternative dar. Herstellung und Anwendung ist genau wie bei der Brennesseljauche. Fest steht in jedem Fall, daß die Pflanze im eigenen Hausgarten natürlich leichter anzubauen ist als Brennesseln, so daß man sich nicht erst lange auf die Suche nach diesen begeben muß.

### Farnjauchen (20)

Alle Farne, also Adler-, Wurmfarn usw., eignen sich neben den später besprochenen Spezialanwendungen gegen Läuse, auch hervorragend als Pflanzenstärkungsmittel. Auch sie werden verjaucht, selten jedoch alleine, sondern besser in Kombination mit Brennessel oder Comfrey.

### Zwiebeltee, Knoblauchtee (21, 22)

Beide Lauchpflanzen in Tee verwertet, dienen der Pflanzenstärkung zur Pilzabwehr. Die Eigenschaften treten besonders bei Erdbeeren, Johannisbeeren, Stachelbeeren und Himbeeren hervor, auch bei Kartoffeln wird ihr Einsatz gelobt, speziell in der Jugendzeit der Pflanze, also vor und beim ersten Anhäufeln. Teepräparate werden sinnvoller aus der Rückenspritze eingesetzt, um mit möglichst geringen Produktmengen viele Pflanzen behandeln zu können. Gesprüht wird nur feucht, besonders auf die Blattunterseite.

### Magermilch, Molke (23)

Die möglichst frischen Erzeugnisse werden noch jeweils mit der vierfachen Menge Wasser verdünnt und anschließend mit der Spritze auf die zu behandelnden Pflanzen aufgetragen. Die Anwendung erfolgt besonders im Frühjahr und Frühsommer wöchentlich einmal. Das Präparat kommt wohl nur für den in Frage, der billig die Grundstoffe erhält, denn eine bessere Wirkung als die der Pflanzenerzeugnisse ist nicht zu erwarten.

### „S P S" (24)

Der Name entstand aus der Abkürzung von „*S*chumachers – *P*flanzen – *S*chutz", ein seit vielen Jahren bewährtes, hochaktives Pflanzenmittel, hergestellt nach einem von Herrn *Schumacher* erfundenen Verfahren, aus verschiedenen Wildkräutern. Es ist zugleich ein vorzügliches Saatbeizmittel und fördert die Bewurzelung bei Jungpflanzen und Stecklingen.

SPS ist für den, der sich mit der Herstellung einer Pflanzenjauche nicht abgeben möchte, eine gute Alternative. Angewendet wird das Konzentrat im allgemeinen als 2 %ge Lösung. Für Saatbeizen und zur Bewurzelung der Jungpflanzen richte man sich nach der Gebrauchsanweisung.

### Oscorna-Pilzvorbeuge, Algifert, Eco-Rosenspritzmittel, Ledax-Bio, Ledax rosal, Ledax-San u. a. (12)

Diese bekannten Erzeugnisse, um nur eine Auswahl zu nennen, sind in ihrer Zusammensetzung speziell auf die Pflanzenstärkung gegen Pilzinfektionen ausgerichtet. Sie enthalten pflanzliche Auszüge, aber auch Schwefel und Mineralstoffe. Wer nur über eine kleinere Gartenfläche verfügt und wem die Selbstherstellung der Produkte nicht liegt, hat hier eine, wenn auch mitunter nicht billige, Alternative.

### Humus (25)

Reifhumus, *und nur der*, also ein mindestens drei Jahre gelagertes Produkt, *vollkommen durchgerottet*, ist ein ganz hervorragendes Pflanzenstärkungsmittel, wenn es mit Gießkanne oder Spritze direkt den Grünteilen zugeführt wird. Besonders aktiv wirkt hierbei Humus, der aus gerbsäurehaltigen Pflanzenteilen entstanden ist, beispielsweise Humus aus Weinlaub oder Tresterrückständen, Humus aus Hainbuchenheckenschnitt, Humus aus Heilkräutern und Wildkräutern. Es lohnt sich, für diesen Einsatzzweck solcher Art Humus auch in kleinen Partien herzustellen, denn die benötigten Mengen sind gering! Für 10 l Spritzmittel werden 500 g Humussubstanz benötigt. Diese zerhackt man vorher in einem Mixer partienweise allerfeinst und gibt das zu Pulver gewordene Material in einen Eimer mit 10 l Wasser. Dann wird es über Nacht, längstens jedoch 24 Stunden lang ausgezogen, die Brühe vorsichtig in das Spritzgefäß abgegossen oder durch ein Tuch filtriert. Anschließend werden alle grünen Pflanzenteile feucht hiermit eingesprüht.

Die Wirkung des Präparates kann verstärkt werden, wenn man 0,1 % Algenflüssigextrakt hinzufügt. Sie ist in jedem Falle überraschend hinsichtlich einer sehr schnell einsetzenden und lange vorhaltenden Pilzfestigkeit der damit behandelten Pflanzen. In diesem Humus haben sich in der Lagerzeit viele sogenannte „phenolische Verbindungen" wie auch Wachstumsauxine entwickelt, die die Pflanzen in ihren eigenen „chemischen Fabriken", also in ihren Blattzellen, entweder direkt verwerten oder in pflanzeneigene Produkte umwandeln können. Diese Prozesse beginnen sofort nach der Spritzung, sie sind schon in wenigen Tagen abgeschlossen und die

64

Schutzwirkung hält ca. 4 bis 6 Wochen vor. Längstens alle 4 Wochen sollten deshalb Wiederholungsspritzungen erfolgen.

Der Verfasser hat viele Jahre lang an diesem Phänomen gearbeitet und die Wirkung immer wieder, und zwar auf allen Pflanzen, einschließlich Blumen, bestätigt gefunden. Die wirkungsvollsten Präparate ergaben sich aus Tresterrückständen von Wein, also den Fruchtrippen, den Schalen und Kernen. Dieses Material erhält man in der Herbstzeit bei den Mostern, Winzergenossenschaften usw. meist kostenlos und es lohnt sich wirklich, mit ein, zwei Fässern hinzufahren, um dann zu Hause einen kleinen, aber sehr gepflegten Sonderkomposthaufen hierfür aufzusetzen.

Will man dieser Schutzspritzung gleichzeitig noch einen höheren Nähreffekt vermitteln, so sei die Zugabe von 1 % „Siapton" (s. Lieferantenverz.), einem hydrolisierten Eiweißprodukt, aus Aminosäuren bestehend, oder etwas Brennesseljauche, 1 – 2 l zu 10 l der Schutzbrühe, oder 1 – 2 l der nachstehend beschriebenen Mistjauche empfohlen. Im Falle einer solchen Kombinationsspritzung sollten die Spritzintervalle etwas kurzfristiger, also rund 14tägig, angesetzt werden, damit die düngenden Bestandteile auch den nötigen Effekt erzielen.

### Kuhmistjauche (26)

Wohl auch zur Pflanzenstärkung, mehr aber noch im Sinne eines Düngeeffektes, dient eine Kuhmistjauche. Hierzu werden auf einer Wiese die ruhig schon trockenen Kuhfladen gesammelt, in einen Eimer getan und mit Wasser übergossen. Etwa die Hälfte des Eimers sollte mit den Kuhfladen gefüllt sein. Diese Mischung läßt man 10 – 14 Tage im Freien stehen und rührt dabei täglich ein- bis zweimal kräftig um. Um einer Geruchsbelästigung entgegen zu wirken und das Produkt auch noch inhaltsreicher zu machen, fügt man alle 1 bis 2 Tage eine halbe Handvoll Gesteins- oder Tonmehl hinzu.

Nach dieser Zeit wird die Jauche vorsichtig abgegossen bzw. der Inhalt durch ein Tuch geseiht. Mit der fünffachen Menge Wasser verdünnt, wird es dann mit der Kanne oder der Spritze auf die grünen Pflanzenteile aufgebracht. Die Wirkung ist kräftiger als die einer Brennessel- oder Comfreyjauche, die Anwendung sollte deshalb 14tägig bis zu 4 Wochen geschehen, um keine Überdüngung zu bewirken. Diese Jauche wird grundsätzlich nur abends oder bei trübem, feuchtem Wetter ausgebracht, niemals während Sonnenschein.

Soweit einige bewährte Pflanzenstärkungsmittel. Die Auswahl ist eigentlich groß genug, daß jeder nach seinen Möglichkeiten das eine oder andere Produkt einsetzen kann.

Wenn auch die genannten Fertigerzeugnisse ihre hervorragende Wirksamkeit während vieler Jahre bestätigt bekamen, so empfiehlt der Verfasser trotzdem die Eigenherstellung. Nicht nur aus Preisgründen, die selbst hergestellten Produkte sind einfach frischer, lebensnäher, in jedem Falle unkonserviert und bringen mehr lebendige Kraft in den Garten.

Wer als Leser zum ersten Mal mit den vielen Möglichkeiten konfrontiert wird, wird vielleicht meinen, der Umstand des Sammelns, Umrührens, Durchseihens usw. sei zu groß. Das ist aber ein Irrtum. Auch eine Geruchsbelästigung ist kaum zu erwarten – tritt sie doch einmal auf, hilft etwas Gesteinsmehl augenblicklich. Der Vorteil liegt darin, daß man einfach mehr Kontakt zu den Produkten bekommt, die Beziehungen zu den Pflanzen noch enger werden. Es ist so ähnlich, als wenn man eine Hühnersuppe aus der Konservendose genießt oder eine nach allen Regeln hausfraulicher Küche selbst zubereitete. Diese ist und bleibt letztlich unnachahmlich.

## C. MITTEL GEGEN INSEKTEN UND WÜRMER

Für diese Schädlingsgruppe gilt noch mehr, wie auch akzentuierter, was der Verfasser als Vorwort gegen Pilzschädlinge meinte: Hören wir auf mit der Ansicht, daß die Insekten oder Würmer, die wir als Schädlinge betrachten, auf jeden Fall getötet werden müssen. Es genügt doch, wenn wir sie von den Nutz- und Zierpflanzen *vertreiben*, so daß sie dort keinen Schaden mehr anrichten! Jedes Tier hat seinen Platz in der Natur und dient dem ökologischen Gleichgewicht. Nur wir Menschen unterscheiden sogenannte Nützlinge, Schädlinge und indifferente Arten. Jeder Schädling ist aber zugleich ein Nützling, denn auch er dient beispielsweise der Nahrung von Vögeln, Nutzinsekten, oder dient sogar zur Fortpflanzung von Nutzinsekten, da diese oft ihre Eier *in* die Larven der Schädlinge hineinlegen.

Wer einmal diese andere Einstellung zur Ökologie seines Gartens bekommen hat und auch die Geduld aufbrachte zwei, höchstenfalls drei Jahre zuzuwarten – und dabei ruhig auch etwas Schäden bewußt in Kauf nahm –, der wird feststellen, daß auch im kleinsten Garten eine „Öko-Nische" entstehen kann, in der sich das natürliche Gleichgewicht wieder einpendelt. Er wird dann auch gelernt haben, daß ein paar Läuse gar nicht so schlimm sind, voll Freude jedoch feststellen, daß sie Marienkäferchen anziehen, die dann doch recht gründlich mit ihnen aufräumen. Er wird also nur dann einschreiten, wenn – durch extreme Witterungen, sehr lange und harte Winter, die die Nützlinge töten, und umgekehrt kurioserweise auch milde Winter, die die Schädlingspopulation begünstigen – ein *übermäßiges* Auftreten des einen oder anderen Schädlings festzustellen ist.

Grundsätzlich gelten aber auch hier die gleichen Behandlungsstufen wie

66

bei den Pilzerkrankungen, das heißt: die Pflanzen kräftigen, ihre Widerstandskraft erhöhen; sie schützen; nötigenfalls mit „Vertreibungsmitteln" arbeiten und erst in allerletzter Linie daran denken, Schädlinge zu töten.

Das völlige Vernichten eines Schädlings ist zwar bequem, es befriedigt auch gewisse Rachegefühle, die jeder Mensch mit sich trägt, und trotzdem gefällt diese Lösung im allgemeinen nicht. Freuen wir uns doch lieber an einer vielfältigen, intakten Natur, freuen wir uns über Schmetterlinge, auch wenn wir wissen, daß daraus eine Raupe entstehen kann, und lernen wir vor allen Dingen wieder das Staunen über die Vielfältigkeit einer noch intakten Umwelt.

## 1. Mittel, die töten

### Pyrethrum (27)

Pyrethrummittel gibt es als Extrakt zum Verdünnen für Spritzmittel, anwendungsfertige Pyrethrumpuderpräparate und anwendungsfertige Pyrethrumstreumittel gegen Bodeninsekten sowie Austriebspritzmittel als Ölemulsion. Bekannte Markenpräparate sind:

Spruzit, Parexan, Oscorna Insektenschutz, Detia Universallösung, Ledax-Bio und andere, s. Lieferantenverz.

Pyrethrumerzeugnisse sind universelle *Insektentötungsmittel,* sie wirken auf diese Tierarten ähnlich wie die hochwirksamen chemischen Produkte. Ihr Vorzug besteht darin, daß sie aus Pflanzen gewonnen werden, ihre Giftwirkung für Mensch und andere Warmblüter sehr gering ist und daß sie sich unter Einwirkung von Licht und Luft sehr schnell abbauen, mithin die Wartezeiten gering sind. Von den Packungsaufdrucken „Bienenungefährlich" lasse man sich nicht täuschen: Selbstverständlich können sie auch Bienen töten, wenn diese vom Sprühstrahl getroffen werden oder mit dem Puder in Berührung kommen. Dieser Unbedenklichkeitshinweis ist nur dadurch zustande gekommen, daß Bienen als fliegende Insekten sofort flüchten, da Pyrethrumprodukte neben ihrer Giftwirkung auch gleichzeitig eine hohe abschreckende, eine Repellentwirkung besitzen. Verfüttern aber Bienen innerhalb eines kurzen Zeitraumes Blütenpollen oder Nektar, der mit Pyrethrumspritzmitteln kontaktiert wurde, so kann auch hier die Brut in erheblichem Maße getötet werden! Der Verfasser hält daher den Aufdruck „Bienenungefährlich" für falsch, er verharmlost das Insektengift. Jeder Anwender muß sich darüber im klaren sein, daß die Biene ja keine Sonderstellung unter den Insekten einnimmt, sondern, wie alle anderen auch, bei falschem Einsatz des Mittels getötet werden kann.

Spritzmittel werden im allgemeinen 0,1 %ig dosiert, Frühjahrssprühöle

0,5 %ig, die Puderpräparate oder Streumittel sind anwendungsfertig dosiert.

Der überzeugte biologische Anbauer liebt diese Produkte nicht, wobei aber zugegeben ist, daß es Situationen gibt, in denen er auf ihre Hilfe nicht verzichten mag. Wenn aber ein Einsatz erfolgt, so z. B. bei völlig verlausten Apfelbäumchen, so sollte wirklich nur eine *punktuelle* Besprühung der Hauptbefallsstellen, vorwiegend also wohl der Triebspitzen, erfolgen und nicht im Sinne einer Ganzheitsanwendung der gesamte Baum besprüht werden. Ähnlich geht man bei Gemüsen, Rosen und Zierpflanzen vor, das heißt, man begrenzt den Einsatz doch weitmöglichst.

Prophylaktische Behandlungen der Pflanzen mit Pyrethrumpräparaten als Sprühmittel oder als Streumittel sind nicht möglich, da diese Produkte innerhalb von längstens 2 Tagen ihre Wirksamkeit verlieren.

**Derris (Rotenon)** (28)

Die Wurzeln einiger Leguminosenarten, besonders der in Asien wachsenden *Derris elliptica,* enthalten zwischen 6 und 8 % des insektiziden Wirkstoffes Rotenon. Erzeugnisse hieraus sind in Deutschland nicht, wohl aber in der Schweiz und in Österreich erhältlich. Rotenon wirkt ähnlich wie Pyrethrumextrakt, jedoch ist die Wirkungsdauer etwas länger und auf manche Insekten intensiver (Würmer, Erdinsekten, auf Tieren lebende Insekten, spez. die Dasselfliege).

Es wurden daher Kombinationsprodukte mit Pyrethrum entwickelt, die sich gut bewährten. Ihr Vorzug gegenüber reinen Pyrethrumprodukten ist jedoch gering, so daß sich für den üblichen Garten- und Landbau eine doppelte Vorratshaltung nicht empfiehlt.

**Nikotin** (29)

Das bis nach dem 2. Weltkrieg gegen Läuse verwendete Standardmittel war Tabakbrühe bzw. Nikotinextrakt, entsprechend verdünnt. Diese Produkte wurden dann durch die chemischen Mittel vollständig abgelöst – nicht ganz zu Unrecht, denn das Nikotin war sicherlich für den Menschen giftiger als manches chemische Erzeugnis. Der Kauf der reinen Nikotinbase ist heute nur noch Spezialbetrieben und gegen besonderen Erlaubnisschein möglich. Die Herstellung einer Tabakbrühe ist jedoch leicht, es ist eigentlich nicht einzusehen, warum dieses altbewährte Mittel in dieser Form nicht wieder eine größere Beliebtheit bekommt. Denn gegenüber chemischen Präparaten hat es doch einen großen Vorzug: Es baut sich rückstandslos innerhalb recht kurzer Zeit von den Pflanzen wieder ab. Diese Verdunstung wird beim Einsatz in Gewächshäusern geschätzt, da dann die nikotingeschwängerte Luft auch einen zusätzlichen Insektenschutz bewirkt. Die Herstellung einer Nikotinbrühe ist im Abschnitt F ausführlich beschrieben.

68

**Bazillus thuringiensis** (30)

Bazillus thuringiensis-Präparate, die unter den Namen Dipel, Biotrol, Thuricide, Bactucide o. a., im Handel erhältlich sind, haben sich im biologischen Landbau besonders gegen die Raupen des Kohlweißlings wie aber auch gegen sonstige Raupen und Maden hervorragend bewährt. Es wäre an der Zeit, daß auch kleinere Anbauer und Gartenbesitzer dieses für Mensch und Tier, ja auch für alle anderen Insektenarten, vollkommen ungiftige Präparat einsetzten. Befolgt man die genauen Gebrauchsanweisungen, vor allen Dingen hinsichtlich der Außentemperatur, während der gespritzt werden muß, so ist ein voller Erfolg zu erwarten. Eine nähere Beschreibung des interessanten Präparates erfolgt im Abschnitt F dieses Kapitels.

**Quassia** (31)

Brühen aus dem altbekannten Quassiaholz wirken ebenfalls insektentötend. Allerdings ist dieser Rohstoff in Europa kaum noch zu bekommen – er ist durch die modernen chemischen Mittel verdrängt worden. Trotzdem ist im Abschnitt F die Herstellung einer Quassiabrühe beschrieben.

**Seife** (32)

Auch die altbekannten Seifenbrühen, insbesondere wenn sie noch einen Spirituszusatz bekommen, zeigten eine insektentötende Wirkung. Verwendet wird ausschließlich Schmierseife bzw. Flüssigseife, wie sie im Abschnitt F eingehend erläutert wird. Die Brühen werden 2- bis 3 %ig hergestellt, wobei zunächst in einer kleineren, heißen Wassermenge die Seife gelöst und anschließend mit dem restlichen Wasser auf die vorgeschriebene Konzentration eingestellt wird. Die Mischung kann in ihrer Wirksamkeit verstärkt werden durch Zugabe von max. 3 % Brennspiritus oder 2 % Petroleum. Zugaben von Petroleum erfolgen selbstverständlich nur bei Spritzungen im Spätherbst bzw. Frühling und hier besonders für die Stammwäsche, um Überwinterungsformen der Insekten zu töten, an Stelle eines sonstigen Winterspritzmittels.

**Brennspiritus** (2)

Brennspiritus kann bis zu 5 % dem Spritzwasser beigefügt werden, üblich ist jedoch eine Dosage von 2 % im Zusammenhang mit Seife. Der Spiritus hat dabei die Funktion, die Wachsschicht, mit der sehr viele Insekten geschützt sind, anzulösen, um sie so für die anderen Wirkstoffe besser angreifbar zu machen.

**Theobald'sche Lösung** (33)

Die Zusammensetzung ist im Kapitel F erwähnt. Das Präparat wird eingesetzt ab Spätsommer, also nach der Ernte bis zum Knospenschwellen im

69

Frühjahr gegen die Überwinterungsformen aller Insektenarten. Es ist also ein Winter- bzw. Austriebsspritzmittel.

**Winterspritzmittel** (34)

Es handelt sich um Fertigpräparate, die vorwiegend aus Weißölen oder Paraffinen bestehen. Zwecks guter Wasserlöslichkeit sind sie emulgiert. Gleichzeitig wird damit ihre Spreitwirkung, darunter versteht man die feinste Verteilung des Filmes auf einer großen Oberfläche, erhöht. Diese Winteröle werden tropfnaß auf Stamm und Geäst aufgesprüht und dringen tief in die Baumrinde ein, erfassen dabei überwinternde Insekten, Larven oder Eier und töten sie dadurch, daß ihr feiner Überzug die Atmung der Tiere unmöglich macht. Aber: Winterspritzmittel sind ebenfalls Vollinsektizide, das heißt, sie töten auch Nützlinge! Der Verfasser empfiehlt ihren Einsatz deshalb nur, wenn nicht im Frühjahr regelmäßig mit den weiter unten beschriebenen Vertreibungs- oder Schutzspritzungen bzw. den Stärkungspräparaten gearbeitet wird.

**Heißwasserspritzungen** (1)

In Zukunft wird sich unter Umständen durch Verbesserung der Technik auch die Heißwasserspritzung durchsetzen. Hier geht man von der Tatsache aus, daß die Körperzellen der Insekten Temperaturen bis zu 45° aushalten, darüber zerplatzen sie. Pflanzenzellen dagegen halten Temperaturen bis knapp über 50° aus, ehe sie getötet werden. Versteht man es, Heißwasser innerhalb dieses geringen Temperaturintervalles auf die Insekten zu versprühen, so kann man punktuell und absolut ungiftig mit diesem System arbeiten. Der Verfasser hat die Möglichkeiten an Hand- oder Rückenspritzen ausprobiert und kam nach einiger Manipulation zu durchaus befriedigenden Ergebnissen. Einzelheiten wie auch technische Vorschläge findet der Leser im Abschnitt F dieses Kapitels.

**Pheromonfallen** (60)

Nachdem bekannt wurde, daß gewisse Sekrete weiblicher Insekten, speziell bei deren Geschlechtsreife, Insektenmännchen von weither anlocken können, hat man versucht, sowohl diese Sekrete direkt zu gewinnen, wie aber auch sie chemisch nachzuahmen. Beides gelang. Diese Art Wirkstoffe werden unter dem Namen „Pheromone" zusammengefaßt. Wir haben heute bereits eine große Gruppe dieser Lockmittel, jeweils für verschiedene Insektenarten. Für die Anwendung vermischt man sie mit Leimen, ähnlich wie sie auch für Leimringe verwendet werden, und streicht dann das Gesamtprodukt auf große Papptafeln, die gern noch farbig bedruckt sind und so die Männchen durch ihre Signalwirkung zusätzlich anlocken (gelb, rosa, violett). Die Männchen kommen von weither angeflogen – die Lockwirkung, verbreitet durch den Wind, wirkt bis zu 10 km! – und bleiben nun an dem Leim haften.

Verwendete man diese Pheromonfallen bis vor kurzem lediglich für den integrierten Pflanzenschutz, um hiermit Zählungen über den Insektenbefall einer bestimmten Art durchzuführen, so werden sie heute schon vom biologischen Anbauer benutzt, um möglichst alle schädlich werdenden Tiere einer bestimmten Art hiermit zu vernichten. Hierzu benötigt man allerdings für einen ausgewachsenen Baum mindestens drei, besser fünf solcher Fallen, um eine sichere Wirkung zu erzielen – eine heute noch recht kostspielige Art biologischer Insektenvernichtung. Getötet werden also nur die Männchen, fressen und schädigen können mithin die Weibchen. Da die Weibchen aber nicht befruchtet werden, legen diese auch keine Eier mehr, so daß keine Schädigung durch Eiablage erfolgt *und* eine erhebliche Verringerung dieser Art in nachkommenden Generationen erwartet werden kann.

Die Industrie arbeitet mit Hochdruck an der Vervollkommnung des Verfahrens und Ausarbeitung weiterer Lockstoffe. Wir werden zweifelsohne in Zukunft hier sowohl hinsichtlich Anwendungssicherheit wie auch Einsatzpreis Interessantes zu erwarten haben.

**Nutzinsekten, Nutzpilze** (59)

Schon seit Jahren werden bestimmte Nutzinsekten vermehrt und gegen bestimmte Schädlinge gezielt ausgesetzt. Das Verfahren hat sich in *beheizbaren Treibhäusern* bewährt und wird in Deutschland, Österreich, Schweiz, besonders aber in Holland, vielfach eingesetzt.

**1. Schlupfwespe** *(Encarsia formosa)*

Dieses Tier wird in speziellen Anstalten vermehrt, wobei man besonders Tomatenpflanzen wie einige Blumenarten als Wirtspflanze einsetzt. Die Wirtspflanze wird mit Schädlingslarven parasitiert. *In* diese Schädlingslarven legt nun die Schlupfwespe ihre Eier. Man wartet noch die Entwicklung ab, bis sich aus den Eiern wiederum die Larven der Schlupfwespe heranbilden und verschickt dann die gesamte Wirtspflanze an den betreffenden Abnehmer. Dieser stellt nun eine so behandelte Tomatenpflanze mitten unter die zu schützenden Nahrungspflanzen auf, heizt kräftig, und innerhalb weniger Tage treten die fertigen, neuen Schlupfwespen aus. Es sind winzige Tiere; nur wenige Millimeter groß, die sich nun sofort auf die Larven von Schädlingen im Gewächshaus stürzen, um hierin wieder ihre Eier abzulegen. Das Verfahren wird heute in weitem Umfang in Gurken- und

Auberginen-Gewächshäusern angewendet, um die gefürchtete „Weiße Fliege" (*Trialeurodes vaporariorium*) auszumerzen.

Hat sich ein Gärtner erst einmal mit dieser Methode vertraut gemacht, so ist er späterhin durchaus auch in der Lage, die Fortpflanzung dieses Nützlinges selber in die Hand zu nehmen.

## 2. Raubmilbe *(Phytoseiulus persimilis)*

Ebenfalls berühmt geworden ist diese kleine Raubmilbenart, die zur Bekämpfung von Spinnmilben (Rote Spinne) eingesetzt wird. Hier werden Eier der Raubmilbe in einer Art Pflanzenpulver verschickt, welches man nun auf jede dritte bis fünfte Pflanze aufstreut. Bei entsprechender Temperatur entwickeln sich dann die fertigen Raubmilben und stürzen sich gierig auf die schädlichen Milbenarten. Der Verfasser konnte sogar beobachten, daß selbst junge Läuse nicht verschmäht werden. Sind alle Schädlinge vernichtet und haben die Raubmilben keine richtige Nahrung mehr, so fressen sie sich anschließend gegenseitig auf!

## 3. Nutzpilze

Nicht nur tierische Nützlinge, sondern auch besondere Pilze können gegen Schadinsekten eingesetzt werden. Stellt man z. B. vom Pilz *Verticellium lecanii* eine Sporen-Suspension her, die im Ausland bereits im Handel ist, in Deutschland, der Schweiz und Österreich aber noch in der Zulassung steckt, und sprüht man ein anwendungsfertiges Produkt aus diesen Sporen auf blattlausbefallene Triebe, so überzieht dieser Pilz die Läuse und tötet sie ab. Auch gegen die „Weiße Fliege" kann er ähnlich erfolgreich eingesetzt werden. Ja, sogar bestimmte Schadpilze, wie Rostpilze, werden angegriffen und aufgezehrt!

Versender von Nutzinsekten und Nutzpilzen sind im Anhang genannt, hingewiesen sei auf das Buch des Verfassers „Nützlinge im Garten und Gewächshaus", siehe Literaturverzeichnis.

Vor jeder Spritzung mit diesen Tötungsprodukten sollte man sich angewöhnen, eine Kontrolle der zu behandelnden Pflanzen hinsichtlich etwa vorhandener Nützlinge durchzuführen. Befinden sich in den von Blattläusen eingerollten Blättern schon Marienkäferchen, oder, besser noch, sieht man schon ihre Larven herumlaufen? Findet man Florfliegen, oder, auch hier besser noch, ihre Larve, die als „Blattauslöwe" bezeichnet wird? Sind viele kleine Spinnenarten auf dem Baum? Entdeckt man Raubwanzen usw.

– und ist der Zuzug der Schadinsekten nicht übermäßig groß –, so warte man doch noch einige Tage, vielleicht schaffen es auch diese Nützlinge! Eventuell kann man sich auch dadurch helfen, daß man mit einem scharfen Kaltwasserstrahl aus dem Gartenschlauch zunächst einmal die Schädlinge einfach wegspritzt, um so den Nützlingen, die ja immer in ihrer Entwicklung etwas hinterher hinken, Zeit zu geben, sich genügend zu vermehren. Sie brauchen doch die Schädlinge für ihr Leben! Wenn man bedenkt, daß alleine ein Meisenpärchen mitsamt den Nachkommen eines Sommers etwa fünf große Säcke voll Insekten aller Art frißt, dann vermag man sich ein ungefähres Bild davon zu machen, wie stark die Natur sich selber hilft. Einige Meisenkästen vermögen mehr auszurichten, als viele Spritzungen während eines Sommers – das halte man sich stets vor Augen.

## 2. Mittel, die vertreiben

Hierunter werden solche Erzeugnisse verstanden, die durch ihre besondere Zusammensetzung innerhalb eines relativ kurzen Zeitraumes, der zwischen einigen Stunden bis zu zwei Tagen liegen kann, in der Lage sind, den Großteil schädlicher Insekten von unseren Nutzpflanzen zu vertreiben. Sie wandern also lieber ab, sei es in die Nachbarschaft, sei es auf den Erdboden, als die mit den betreffenden Mitteln behandelten Pflanzen weiter zu besiedeln. In den meisten Fällen werden sie aber auch gleichzeitig in ihren Lebensfunktionen gestört und erheblich geschwächt. Natürlich üben die Präparate auch die gleiche Wirkung auf Nützlinge aus, so daß man auch hier sagen muß: Sind bereits viele Nützlinge am Werk, so verzichten wir auch auf diese Produkte.

**Pyrethrum** (27)

Pyrethrumextrakt ist ein hervorragendes Repellent, d. h. ein Mittel, um Insekten *fernzuhalten*. Will man diese Eigenschaft ausnutzen, so wird vom Extrakt nur 1/10 der Menge verwendet, als sie zur Insektenvernichtung vorgeschrieben ist. Üblicherweise also 0,01 % = 1 ml auf 10 l Spritzbrühe. Auf so behandelte Pflanzen werden sich Insekten nicht niederlassen. Allerdings: die Spritzungen müssen alle drei bis vier Tage wiederholt werden, wenn man den Effekt längere Zeit ausnutzen will. Mit einer solchen Lösung kann sich übrigens auch der Gärtner Gesicht, Hände usw. einreiben, wenn es die Mücken einmal zu toll treiben, sie werden ihn nicht belästigen.

**Alaun** (35)

Der altbekannte Alaun, früher in Mengen zu Beizzwecken, zur Ledergerbung u. ä. benutzt, kann auch mit Erfolg im Pflanzenschutz eingesetzt werden. 50 g Alaun werden in 1 l kochendheißem Wasser aufgelöst, dem später noch weitere 9 l Wasser hinzugefügt werden. Diese Lösung wird speziell gegen Raupen und Blattläuse eingesetzt. Besprüht man hiermit den Erdboden reichlich, so meiden auch die Schnecken einen so behandelten Platz.

Der Einsatz von Alaunmitteln ist jedoch begrenzt: die nach der Verdunstung sich bildenden Alaunkristalle besitzen eine stark adstringierende Wirkung; damit behandeltes Obst und Gemüse muß also ungewöhnlich gründlich gewaschen werden, um es wieder genußfähig zu machen. Sehr gut bewährt sich dagegen das Produkt auf Ziergehölzen oder Hecken, um sie langfristig vor Läusen zu schützen. So genügte beispielsweise eine einmalige satte Besprühung einer Hainbuchenhecke, etwa Mitte Juni, um die auch hier mitunter vorkommende Läuseplage für den ganzen Sommer zu beseitigen.

**Kalium** (36)
Ähnlich wie Alaun ist auch Kalisalz ein gutes Insektenvertreibungsmittel. Auch dieses wird 0,5 %ig eingesetzt, es gelten jedoch die gleichen Vorbehalte wie oben bei Alaun gesagt. Verwendet werden hoch konzentrierte Kalidüngemischungen, z. B. Kaliumchlorid oder Kalisulfat, die etwa 50 % Kalianteil enthalten.

**Gesteinsmehl** (15)
Gesteinsmehl hoher Qualität und möglichst feiner Vermahlung, wie die Supergesteinsmehle allerfeinster Vermahlung, wie sie im Abschnitt F ausführlich beschrieben werden, sind ganz hervorragende Vertreibungsmittel von Insekten aller Art. Man kann sie spritzen oder auch verstäuben. Normale Gesteinsmehle werden in einer Konzentration von etwa 3 %, Supergesteinsmehle mit 0,5 – 1 % in der Spritzbrühe verwendet, eine Puderanwendung sollte über die üblichen Puderspritzen oder Zerstäuberapparate erfolgen, ein einfaches Überpudern „von Hand", mit einer Bürste, aus einem Stoffbeutel, usw. bringt wenig Effekt.

Die Wirkung beruht auf mehreren Faktoren: Einmal werden die lebenswichtigen Organe der Tiere wie Augen und Nervenenden durch die feinsten Staubpartikel förmlich blockiert, die Tiere können nicht mehr sehen und fühlen. Zum Zweiten werden auch die Atemöffnungen verstopft, die man bei den Insekten als „Tracheen" bezeichnet.

Drittens ändert sich durch eine Gesteinsmehlbepuderung, besonders wenn man die Spezialpräparate anwendet, das Säuremilieu der Blätter oder jungen Triebe. Ist es üblicherweise meist schwach sauer, so wird der pH-Wert nunmehr in den alkalischen Bereich hinein verschoben. Insekten

74

bevorzugen aber das normale Milieu, sie wandern ab, wenn sich die Verhältnisse ändern. Zum Vierten besitzen Gesteinsmehle die Eigenschaft, Gerüche an sich zu binden, sie wirken deodorierend. Jedes Insekt ist aber mehr oder minder auf einen bestimmten Geruch seiner Wirtspflanze eingestellt, nicht zuletzt gibt es daher ja die unendlich vielen verschiedenen Blumengerüche, weil fast jede Blume „ihr" Spezialinsekt zur Befruchtung benötigt. Wird nunmehr eine Pflanze durch das Gesteinsmehl geruchlos oder geruchsneutral, so kann man den Insektenzuzug wirksam verhindern und auch bereits auf ihr lebende Insekten wieder vertreiben.

### Tonminerale (Bentonit) (37)

Tonminerale haben eine fast gleiche Wirkung wie die oben aufgeführten Feinstgesteinsmehle. Da sie von Natur aus ungewöhnlich fein sind, sind sie in der Anwendung besonders ausgiebig.

Bei Gesteinsmehlen wie auch Tonmineralien wird man auf den behandelten Pflanzen niemals eine 100 %ige Vertreibung erreichen. Der Vertreibungseffekt beginnt auch langsam, erreicht erst in etwa 12 – 24 Stunden seinen Höhepunkt, behält dann aber eine langdauernde Wirkung. Die wenigen verbleibenden Tiere können im allgemeinen toleriert werden, sie sind auch in ihrer Funktionstüchtigkeit so gestört, daß der Schaden, den sie anrichten können, nicht mehr nennenswert ins Gewicht fällt.

Gesteinsmehl- und Tonanwendung hat sich auch bei Spinnentieren, das heißt also Milbeninfektion, hervorragend bewährt. Selbst die gefürchtete Rote Spinne kann unter Kontrolle gehalten werden. Dies ist insofern besonders wichtig, als sich diese Tierart ungewöhnlich schnell an Insektizide anpassen konnte und heute Arten entwickelt hat, die fast resistent gegen die bekannten Akarizide geworden sind. Man muß überhaupt feststellen, daß erst nach der Anwendung von Insektiziden und Akariziden die Milbengefahren größer geworden sind als früher, da ganz offensichtlich neben den schädlichen Milben auch ihre natürlichen Feinde, die Raubmilben, mitgetötet wurden. Jetzt war freie Bahn für neue, harte, widerstandsfähige Rassen, deren Bekämpfung immer schwieriger wird. Durch Gesteinsmehle und Tonmineralien können wir sie nicht vernichten, aber ihnen den Aufenthalt auf den Nutzpflanzen so unangenehm machen, daß sie lieber abwandern als in diesem „Milieu" weiter zu leben.

### Farnkräuter (20)

Farnkrautauszüge, sei es als Jauche oder Brühe, besitzen eine spezifische Wirkung gegen verschiedene Läusearten. Alle Farnkrautjauchen werden in einer Konzentration von ca. 1 kg frischen Krautes mit 10 l Wasser angesetzt und 10 Tage vergoren, worauf die Brühe dann unverdünnt gespritzt wird. Sie haben eine gute Wirkung gegen Blattläuse, aber auch gegen die schwerer bekämpfbaren Schild-, Schmier- und Blutläuse. Dabei wird der bekannte Adlerfarn (*Pteridium aquilinum*) mehr gegen die allgemeinen Blatt- läuse, der Wurmfarn (*Dryopteris filix-mas*) speziell gegen Schild-, Schmier- und Blutläuse eingesetzt. Farnjauchen wie auch -brühen sind deshalb so interessant, weil sie nicht, wie beispielsweise Brennesseljauche, auch die Pflanze gleichzeitig mit Stickstoff versorgen, sondern einen relativ hohen Kaligehalt aufweisen, den die Tiere zusätzlich nicht mögen. Dies ist besonders wichtig bei der Lausbekämpfung auf Leguminosen, speziell den Bohnen. Die schwierige Bekämpfung der Schild-, Schmier- und auch Blutläuse – durch ihren wolligen oder wachsartigen Überzug dringen die Wirkstoffe kaum an ihren Körper – sollte grundsätzlich mit einem Spiritus- oder Spiritusseifenzusatz erfolgen. Die Befallsstellen werden dann satt eingesprüht und auf Stämmen, am Astwerk, noch mit einer Bürste saubergeputzt. Sonst ist diesen Tieren – übrigens auch mit chemischen Mitteln – schwer beizukommen.

### Tomatenauszug (38)
Wässerige Auszüge von Tomatentrieben haben eine spezifisch gute Wirkung gegen die Raupen des Kohlweißlings, also die üblichen Kohlraupen. Man zerhäckselt hier die Triebe mit dem Mixer, durch den Fleischwolf, oder fein mit der Hand und gibt so viel Liter Wasser dazu, wie man Hände voll des Krautes verwendet hat (also bei zwei Händen = zwei Liter Wasser). Das Wasser sollte heiß sein. Nach etwa fünf Stunden wird der Auszug abgegossen, durch ein Tuch filtriert und kann nun zu Spritzungen auf Kohlpflanzen verwendet werden.

### Wermut (39)
Die Gerb- und Bitterstoffe der Wermutpflanze vertreiben mit hoher Sicherheit die üblichen Blattläuse, aber auch Raupen von den behandelten Pflanzen. Man kann das Kraut verjauchen, ebenso gut aber auch zu Tee oder Brühe verwenden. Bei allen drei Anwendungsarten werden ca. 500 g mit 10 l Wasser angesetzt, die Jauche bleibt dann etwa 8 Tage lang in Gärung. Sie soll übrigens auch gut gegen Ameisennester wirken. Für Tee oder Brühe wird die gleiche Konzentration verwendet. Das erhaltene Produkt wird unverdünnt gespritzt. Es wird berichtet, daß die Tees oder Brühen auch gegen Erdbeermilbe, Brombeermilbe und den Apfelwickler eine Wirkung entfalten.

76

## Zwiebel, Knoblauch (21, 22)

Auch hier werden, und zwar möglichst gemischt, wenn dies nicht möglich ist, dann auch Zwiebeln alleine, 500 g ganzes Kraut klein gehackt und etwa 8 Tage lang verjaucht. Wenn es schneller gehen soll, kann man eine Brühe damit herstellen. Der durchgeseihte Auszug wird auf Möhren verspritzt und besitzt eine spezifische Wirkung gegen die Möhrenfliege. Besprüht wird nicht nur die Möhrenpflanze, sondern auch der um den Stiel liegende Bodenteil, der kräftig befeuchtet werden muß.

## Möhren (40)

Im umgekehrten Sinne als die Zwiebel schützt ein Möhrenauszug alle Zwiebelgewächse vor Zuzug der Zwiebelfliegen wie auch Lauchmotten. Hier wird das Kraut der Möhre im gleichen Verhältnis, also 500 g zu 10 l Wasser, zu einem Tee oder einer Brühe verarbeitet, die dann unverdünnt an die Stiele und den Bodenteil der Lauch- und Zwiebelpflanzen aufgebracht wird.

In beiden Fällen ist dem Tee der Vorzug zu geben, da hier die ätherischen Öle ausgelöst werden, jedoch nicht durch das längere Kochen der Brühe bzw. dem langen Auszug der Jauche, wieder verdunsten. Sie sind es vor allen Dingen, denen man die spezifische Wirkung zuschreiben muß, denn sie verwirren den Geruchssinn der Zwiebel- bzw. Möhrenfliege mit dem artfremden Geruch der jeweils anderen Pflanze. Es ist also eine ähnliche Wirkung wie bei der Mischkultur, wo man Zwiebeln und Mohrrüben direkt nebeneinander pflanzt.

## Rhabarber (41)

Meist haben wir in Hausgärten viel zu viel Rhabarber angepflanzt und können einen Teil hiervon als wertvolles Spritzmittel verwenden. Wir stellen entweder eine Jauche her, sinnvoller noch aber bereiten wir eine Brühe. Wir benötigen für beide Präparate ca. 2 kg Rhabarber und 10 l Wasser. Die Jauche wird bei normaler Außentemperatur, also 18 – 20°, nur 5 Tage lang vergoren und dann durchgesiebt und noch einmal mit der gleichen Menge Wasser verdünnt, um dann als Spritzmittel sowohl gegen Läuse als auch gegen Raupen eingesetzt werden zu können.

Bereitet man eine Brühe, so nur mit einer Kochzeit von 10 Minuten. Sie wird unverdünnt gegen Raupen und Läuse verwendet. Für diese Rhabarberauszüge können auch junge, unreife oder dünne, zum Verzehr nicht geeignete Stiele *mit* Blättern Verwendung finden, die sonst fortgeworfen werden. Die Verwendung von Rhabarberprodukten ist in Deutschland, Österreich und der Schweiz noch recht unbekannt, in Südafrika dagegen ist es ein allgemein vielgebrauchtes Mittel. Es könnte möglich sein, daß der dort angebaute Rhabarber infolge anderer Bodenverhältnisse auch eine etwas andere Wirkstoffzusammensetzung besitzt. Da aber auch in Europa die Bodenverhältnisse absolut verschieden sind, erscheint es lohnenswert, mit dem Rhabarber des eigenen Gartens zumindest einmal einen Versuch zu machen, um ein billiges, leicht verfügbares Spritzmittel zu erhalten.

### Brennessel (42)

Brennesseljauche, besser aber noch der sogenannte *Brennessel-Kaltwasserauszug,* ist ein bekanntes und erprobtes Mittel, um Insekten, speziell Läuse, von den Nutzpflanzen zu vertreiben.

Kaltes Wasser wirkt während 12 bis höchstens 24 Stunden auf das Brennesselkraut ein und löst dabei vorwiegend die „brennenden" Wirkstoffe aus. Man verwendet 1 kg frisches Kraut mit 10 l Wasser und spritzt die Lösung unverdünnt auf Triebe und Blätter. Die Spritzung sollte wöchentlich wiederholt werden, um einen gleichbleibenden Schutz zu erreichen. Ein solcher Auszug kann auch vorteilhaft in Kombination, beispielsweise mit Wermutauszug oder Rhabarberbrühe, angesetzt werden.

### Kaltwasser (43)

Für denjenigen, der seinen Garten täglich oder wenigstens alle 2 bis 3 Tage betritt und einen Wasseranschluß für den üblichen Gartenschlauch besitzt und dessen Gemüse- oder Obstbaumfläche nicht allzu groß ist, genügt bereits gegen die übliche Läuseplage ein Abspritzen der befallenen Triebe mit einem scharfen Kaltwasserstrahl. Es vergehen meist Tage, bis sich eine neue Ansammlung angesiedelt hat – nun, die spritzt man eben wieder ab.

Gegen Raupen wirkt dieses simple Verfahren nicht ausreichend; abgespritzte Raupen versammeln sich im allgemeinen schon nach wenigen Stunden wieder auf den Kohlpflanzen, auch erreicht man die oft versteckt sitzenden Tiere nicht.

Der Verfasser empfiehlt die Kaltwasseranwendung deshalb, weil sie uns Zeit lassen kann, die Nützlingsentwicklung abzuwarten. Es ist sozusagen eine „hinhaltende Verteidigung", die lediglich Zeit überbrücken soll.

## 3. Mittel, die schützen

Alle im Absatz 2 genannten Präparate zum Vertreiben von Insektenschädlingen dienen gleichzeitig auch als Schutzmittel, sofern sie *regelmäßig über die ganze Saison* hin angewendet werden. Besonders trifft dieses auf Steinmehl oder Tonmineralien zu, ebenfalls dienen im gewissen Umfang auch Schwefel- und Kupferspritzmittel als Schutzerzeugnisse, denn Läuse besiedeln ungern Triebe, die hiermit eingesprüht wurden. Auf Gemüsepflanzen sollte dieses Verfahren jedoch nicht angewendet werden, denn beide Produkte bedingen Wartezeiten.

Zwei zusätzliche Möglichkeiten, uns vor unliebsamen Insekten zu schützen, werden nachstehend beschrieben – sie sollten wieder mehr in Gebrauch kommen!

### Stammanstriche (44)

Die in früheren Jahren verwendeten reinen Kalkanstriche sind heute nicht mehr üblich. Man bevorzugt Produkte aus einer Mischung von Lehm und Kuhmist und Algen- bzw. Pflanzenauszügen unter Beifügung von Gesteinsmehl und Tonmineralien. Auch diese Präparate sind hell, verhüten also im Frühjahr einen zu schnellen Austrieb und damit Frostschäden an Rinden und Knospen. Dazu aber vermitteln sie über die Rinde der Pflanze wichtige Nährstoffe, halten sie glatt und elastisch und verstopfen gleichzeitig die Schlupfnester von Insekten. Da es sehr preiswerte Fertigpräparate gibt, die sowohl gestrichen als auch gespritzt werden können, wird der Gartenbesitzer heute üblicherweise nicht mehr einen Rindenanstrich selbst herstellen. Ein bewährtes Rezept hierfür ist jedoch in Abschnitt F genannt. Empfohlen werden dagegen Produkte wie *Preicobakt, Oscorna-Stammpflege, Bio-Baumanstrich, Ledax-Stamm* und andere. Die Produkte werden lediglich noch mit Wasser angerührt und mit dem Pinsel aufgetragen oder, seiht man die Lösung durch ein Tuch, auch mit der Rückenspritze gesprüht.

Diese Art des Schädlingsschutzes und gleichzeitiger Stammpflege ist bei Nutzgehölzen zu empfehlen.

### Leimringe, Baummanschetten (45)

Vor Jahrzehnten war die Anwendung von Leimringen oder auch Baummanschetten eine Selbstverständlichkeit für den Obstanbauer. Ein ganz erheblicher Teil der am Stamm überwinternden Insekten bzw. Larven konnten so gefangen werden. Durch die Leimringe wurde verhindert, daß im Frühjahr die Schadinsekten vom Boden in die Krone gelangten, besonders aber wurden die Ameisen daran gehindert, ihre bekannt-berühmte „Läusepflege" in der Baumkrone durchzuführen.

Die Anwendung ist einfach: Ab Oktober bindet man einen Wellpappring ca. 30 cm hoch und doppelt gelegt um den Stamm, er wird oben und unten einfach mit Schnüren, *die nicht zu stramm angezogen werden dürfen*, festgehalten. Die Welle zeigt stets zum Stamminneren, die glatte Seite nach außen. Wenn man will, kann man gegen Witterung und Regen die Außenseite noch mit einer Plastikummantelung oder Ölpapier zusätzlich schützen. Die

Insekten begrüßen begeistert dieses Winterquartier und sammeln sich darin. Im Januar/Februar wird dann die gesamte Wellpappe abgenommen und mitsamt den daran haftenden Insekten verbrannt. Man vergewissert sich jedoch, daß nicht etwa Marienkäferchen hier überwintern, die sonst üblicherweise ihr Winterquartier auf dem Boden, um den Stamm herum, im Mulch des Grases suchen.

Ab Frostende und bei beginnender Vegetation wird dann um den Stamm ein Leimring gelegt. Diese kann man heute als Fertigpräparat kaufen oder man befestigt ein Pergamentpapier am Stamm, das mit einem käuflichen Raupen- bzw. Insektenleim bestrichen wird. In beiden Fällen wird der Ring oben und unten mit einer Schnur, die nunmehr jedoch *kräftig zugezogen* wird, festgehalten. Die am Stamm hinaufwandernden Tiere können diese Leimsperre nicht überwinden und bleiben auf ihr kleben. Der Ring kann das ganze Jahr über hängenbleiben; ist er voll mit Tieren, so wird er ersetzt.

## 4. Mittel zur Pflanzenstärkung

Wie schon in den Abschnitten A und B ausgeführt, verhütet im allgemeinen eine ganzjährig durchgeführte Pflanzenstärkung mit pflanzlich-biologischen Präparaten in Jahren *normaler* Insektenentwicklung einen übermäßigen Zuzug von Schädlingen. Besonders Pflanzen, die einen mittleren bis höheren Gerbsäureanteil in ihren Trieben enthalten – dazu zählen Beerenobst, Birnen wie auch alte Apfelsorten, Rosen und selbstverständlich Wein – sind in der Lage, erstaunlich hohe Abwehrpotentiale aufzubauen. Notwendig ist hierzu natürlich, daß sie zunächst einmal gewissermaßen leicht angeschädigt werden, damit eine verstärkte Produktion der Abwehrstoffe erfolgt. Dieses „Angestoßenwerden" kann man provozieren, indem man die in Abschnitt B unter Nr. 25, 56 und Nr. 62 erwähnten Präparate 8 bis 14 Tage *vor* einer möglichen Insektenschädigung aufspritzt.

Die üblichen Gemüsepflanzen, die ja meist Hochzüchtungen aus alten Wildarten darstellen, sind hier benachteiligt. Sie werden aber ebenfalls durch alle bereits erwähnten Pflanzenauszüge gestärkt. Wendet man dazu noch den Anbau in Mischkultur an, so gelingt es ohne weiteres, einen schädlingsfreien Gemüsegarten zu bekommen!

Im Sinne des Pflanzenschutzes ist natürlich auch jede Düngung eine Pflanzenstärkung, *wenn sie zurückhaltend ausgeübt wird. Jede Form der Überdüngung – und auch mit biologischen Düngemitteln kann man diese erreichen – bedeutet eine Schwächung der Pflanze in ihrer Abwehrkraft gegenüber Schädlingen!* Gute Humusdüngung, nur ganz zurückhaltend noch Zusatzdüngung mit organischen Präparaten, aber reichliche Steinmehlgaben, erzeugt gesunde Pflanzen. Riesenkohlköpfe, Riesenkohlrabi, abnorm große Erdbeeren – das ist es eigentlich nicht, was der biologische Gärtner erzielen möchte, denn diese Früchte sind zumeist hoch wasserhaltig, aromaschwach und wenig lagerfähig. Im allgemeinen wird viel zu viel gedüngt! Der Verfasser empfiehlt hier seine Schrift „Biologisch richtig düngen", siehe Literaturverzeichnis, die auf diese Problematik eingeht.

Alle zur Pflanzenstärkung geeigneten Präparate sind in den Abschnitten A und B bereits genannt. Sie können gleichermaßen zur Stärkung gegen Insektenschädlinge eingesetzt werden. Besonders empfohlen wird auch hier wieder die Brennessel- bzw. Comfreyjauche, hier noch vermischt mit etwas Zwiebel und Rosmarin oder Thymianbeigabe, wie unter Nr. 46 im Abschnitt F aufgeführt, die käuflichen Algenprodukte, SPS sowie die biologischen Pflanzenstärkungspräparate, wie sie unter den Handelsnamen Oscorna oder Ledax im Handel sind.

Das beste Pflanzenstärkungsmittel überhaupt aber ist der *Humus* einschließlich der sogenannten *Flächenkompostierung*. Beide Themen werden ausführlich in dem bereits vorerwähnten Buch „Biologisch richtig düngen" des Verfassers beschrieben; andere Sachbücher, wie fast alle biologischen Gartenbücher, beschreiben die richtige Humusbereitung bzw. Flächenkompostierung ebenfalls ausführlich.

An letzter, aber durchaus gleichgewichtiger Stelle darf die *Mischkultur* erwähnt werden. Dieser neuartige Anbau von sich gegenseitig unterstützenden Pflanzen, besonders auch im Hinblick auf den Pflanzenschutz, soll in dieser Schrift nicht ausführlich Erwähnung finden. Biologische Gartenfachbücher, insbesondere das Buch einer Pionierin dieses Anbaus, Gertrud Franck, mit dem Titel „Gesunder Garten durch Mischkultur", siehe Buchempfehlungen, führen leicht und sicher in die Materie ein. Wer nur einmal eine Saison die Mischkultur ausprobiert hat, wird sie nicht mehr missen wollen. Er wird zukünftig immer statt beetweise nunmehr reihenweise oder sogar in der Reihe gemischt seine Gemüse anbauen, wird Gewürz- oder Heilkräuter dazwischen anpflanzen, viel selber experimentieren und am Sommerende feststellen, wie wenig er mit Schädlingen zu tun hatte, wie gesund seine Pflanzen waren und wie schmackhaft das erzeugte Gemüse.

## D. MITTEL GEGEN SONSTIGE SCHÄDLINGE

## 1. Schnecken

Schnecken sind nicht nur Schädlinge! Im Obst-, Gras- oder Baumgarten sind sie sogar höchst willkommen, denn sie helfen mit, den Grasmulch

81

schnell umzusetzen, also pflanzenverfügbar zu machen, und ihre Gänge lockern den Boden. So wenig wir sie also im Gemüse- und Blumengarten mögen, so sehr sind sie uns auf den Mulchscheiben unter den Obstbäumen willkommen. Vielfältig sind die Möglichkeiten, ein Beet vor Schnecken zu schützen. Wir verwenden:

## a) Die Zaunmethode

Ob jetzt der Zaun aus einem hochkant stehenden Blech, einem hochkant stehenden, möglichst sägerauhen Brett, aus einem dicken Streifen von Holzwolle, Sägemehl oder Häcksel besteht, ist im Grunde gleich, denn immer soll der Schnecke ja die Überwindung dieser Barriere unmöglich gemacht werden. Die blechernen Schneckenzäune, die oben noch umgeköpft sind, wirken sicher, sind aber sehr teuer. Noch teurer sind Plastikzäune, die eine elektrische Stromschiene tragen. Billiger ist es schon, wenn man soge-

**Skizze 1**
**Beetumrandungen zur Schneckenabwehr.**
**No. 1 Streifen 5–8 cm breit, 1/2 cm hoch, aus Gesteinsmehl**
**No. 2 Streifen 10 cm breit, 5 cm hoch, aus Holzwolle**
**No. 3 Streifen 8–10 cm breit, 2 cm hoch, aus Strohhäcksel**

**Streifen 1 und 3 sind noch wirkungsvoller, wenn etwas pulverisierter Alaun untergemischt wird. Bei 1 ca. 5 Gew.%, bei 3 ca. 50 g auf einen 10-l-Eimer.**

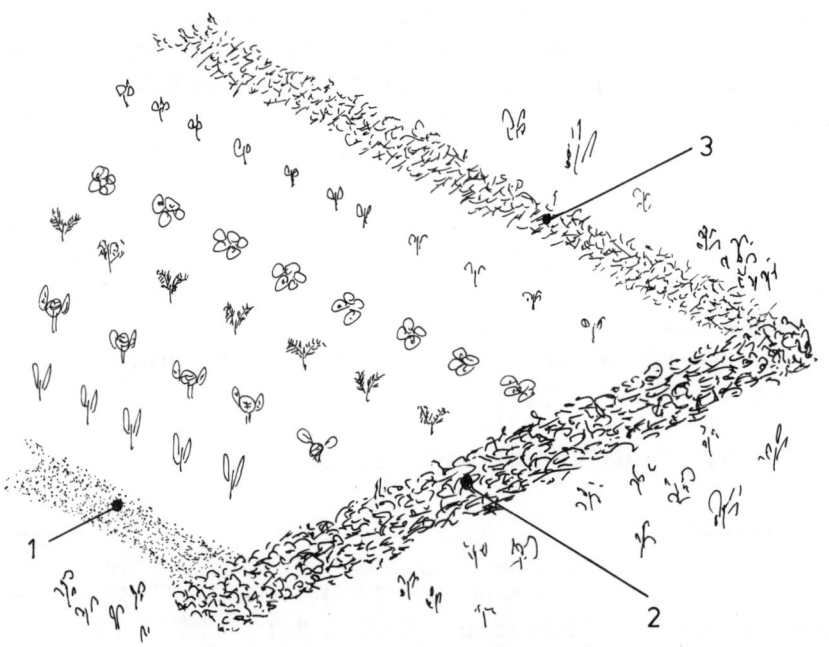

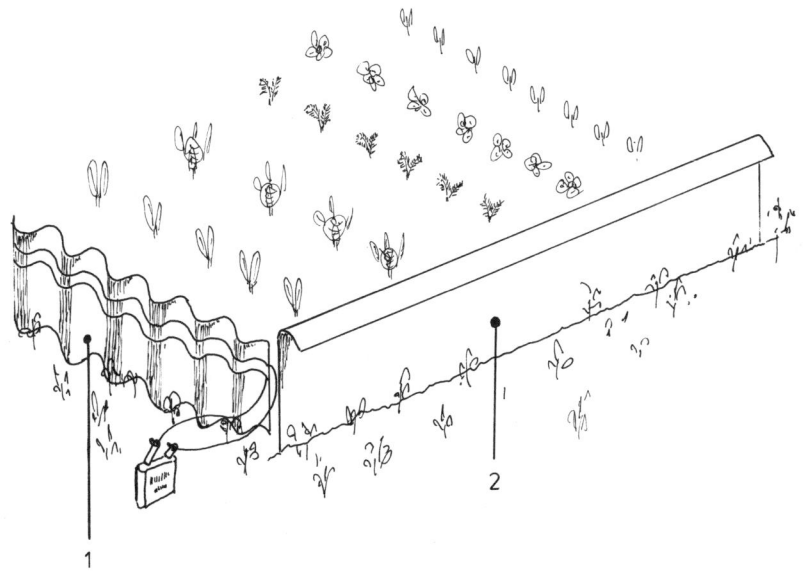

No. 1 Plastikzaun                    No. 2 Blechzaun

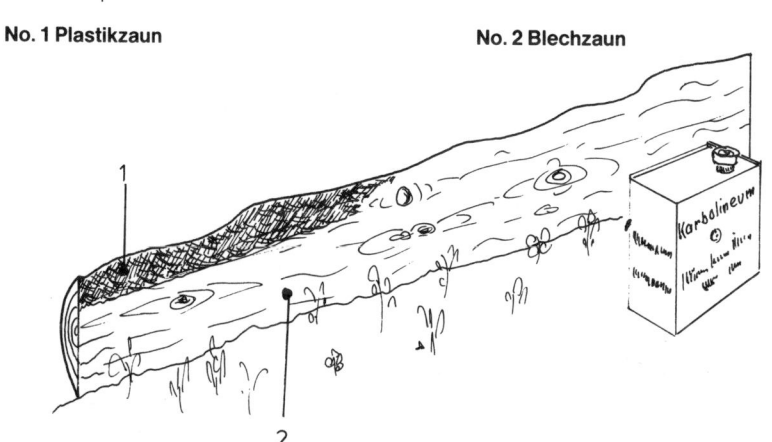

No. 1 Karbolineumanstrich            No. 2 Schälbrett

nannte „Schälbretter", also billiges Holz, senkrecht stehend, etwa 3 cm tief
eingräbt und dabei die Oberkante *nach außen* noch zusätzlich mit Karbolineum – Holzteeröl – einpinselt. Dieser Holzzaun wird mehrere Jahre halten.

Holzwolle gibt es kaum noch, wirkt aber sonst, legt man einen recht dik-
ken Wulst um die Beete, sicher. Keine Schnecke geht hierüber. Ähnlich ist
es mit einem dicken Streifen von Sägemehl, Strohhäcksel, Gesteinsmehl,
Tannennadeln, ca. 5 cm breit und 0,5 cm hoch. Die Schnecken verschlei-
men sich beim Hinüberkriechen oder kehren gleich um.

Um einen Kompostsilo, Komposthaufen sollte unbedingt ein solch mechanisch wirkender Zaun gelegt werden, damit keine Schnecken in den Kompost gelangen und dort ihre Eier ablegen – wir würden sonst unweigerlich mit dem Kompost Schnecken in das Beet bekommen!

### b) Schneckenfallen (52)

Das Aufstellen sogenannter Schneckenfallen, also Joghurtbecher, kleine Einmachdosen, Marmeladengläser u. a. ist seit einigen Jahren sehr beliebt geworden. Diese Behälter werden *nicht* ebenerdig eingegraben, damit nicht auch die nützlichen Laufkäfer hineinfallen, sondern sie stehen etwa 1 cm mit ihrem Rand über das Bodenniveau heraus. Man befüllt sie jetzt mit Milch, Bier, Limonaden und sollte zudem aus einem Stückchen Blech einen Deckel schneiden, der mit drei bis vier daran befestigten Holzstückchen ca. 3 cm über dem Gefäß steht, um Regen abzuhalten. Neuerdings gibt es solche Schneckenfallen mit Deckel auch fertig im Fachhandel zu kaufen.

Durch den Geruch des Bieres usw. werden die Schnecken angezogen, fallen hinein und können an den glatten Wänden nicht wieder herauskommen.

Sinnvoll sind solche Schneckenfallen nur, wenn sie in genügend kurzem Abstand rund um die Beete eingegraben werden, etwa 50 cm Entfernung von Falle zu Falle hat sich als zweckmäßig herausgestellt. Sie müssen ferner täglich, allerlängstens aber zweitäglich kontrolliert, geleert und mit den Lockstoffen neu gefüllt werden.

Die Ablehnung dieser Schneckenfallen von vielen Gärtnern rührt mehr von dem Arbeitsaufwand her, den man mit ihnen letztlich doch hat – auch der Bierverbrauch kann sich über das Jahr hin recht schön summieren!

### c) Salze, Bitterstoffe (35, 36, 47)

Die zweite Möglichkeit ist, Bitterstoffe oder Bittersalze, seien sie mit Gesteinsmehl verrieben oder in Wasser gelöst, um die Beete aufzutragen. Bewährt haben sich hier Alaun, Glaubersalz, hochprozentiger Kalisalzdünger, Gerbsäurelösungen (Tannin) oder auch konzentrierte Pflanzenextrakte. Alaun beispielsweise, 4 % in Wasser aufgelöst und mittels eines Sprühers auf einem ca. 20 cm breiten Streifen aufgetragen, hindert nachhaltig ein Überschreiten dieses Streifens. Man kann sogar die Pflanzen mit einer solchen Lösung einsprühen, sie werden von Schnecken nicht angefressen. Ähnlich wirken die anderen genannten Produkte.

Einen Nachteil haben die Salzbesprühungen auf Pflanzen: Die Wirkstoffe kristallisieren wieder aus, sind schwer wasserlöslich und bleiben recht fest auf den Gemüsen haften. Man muß also gründlich und mit warmem Wasser waschen, um sie wieder zu entfernen. Der Verfasser empfiehlt von den einsetzbaren Salzen höchstens Alaun oder hochprozentige Kalisalzdünger in 4 %iger wäßriger Lösung. Dieses bei Zierpflanzen, also z. B. Tulpen, Astern, und natürlich nur auf das Blattwerk und den Boden aufgesprüht. Bei Gemüsepflanzungen sollte die Lösung nur auf Jungpflanzen aufgetragen werden, damit zum Verzehr noch etwa 6 bis 8 Wochen Zeit bleibt, innerhalb derer sich die Salze durch die Witterungseinflüsse wieder auflösen.

### d) Geruch (50)

Spritzungen mit in Wasser verdünnten ätherischen Ölen, speziell von Pflanzen, die die Schnecken meiden, sind äußerst wirksam. Bewährt haben sich hierbei Lavendel, Thymian, Rosmarin und Menthol, also Pfefferminze, sowie Kampfer. Man besorgt sich wenige Gramm dieser ätherischen Öle, oder, wie bei Menthol bzw. Kampfer, der Kristalle, aus der Apotheke und verwendet eine 0,2 %ige Mischung, die mit dem Handsprüher aufgetragen wird. 2 g des Öles oder der Kristalle werden dabei mit ein bis zwei Tropfen Pril vermischt – nicht mehr! – und mit ein wenig warmem Wasser zunächst innig verrührt. Dann füllt man die Restmenge auf 1 l auf. Es genügt ein feines Einsprühen um die Beetränder oder um die Beetrandpflanzen.

Auch hier sollte man nicht Früchte oder Gemüse kurz vor der Ernte behandeln, da diese Öle doch recht lang haften bleiben.

Im ähnlichen Sinne kann man natürlich auch die betreffenden Pflanzen verwerten, indem aus ihnen ein Tee hergestellt wird. Im allgemeinen nimmt man ein Gewichtsteil der Pflanze, also beispielsweise des Rosmarinstrauches, und 10 Teile kochendes Wasser, läßt 2 bis 3 Stunden ziehen, um dann diese Lösung unverdünnt, im gleichen Sinne wie vor beschrieben, aufzutragen.

### e) Schneckenbrühe (51)

Nur der Vollständigkeit halber soll dieses in vielen Schriften empfohlene Produkt hier auch mit aufgeführt werden. Der Verfasser empfiehlt es nicht, da durch die Verjauchung der Schnecken in hohem Maße Eiweißgifte entstehen, die zu ernsten Erkrankungen führen können, wenn sie mit der Nahrung aufgenommen werden. Schneckenbrühe gießt man daher höchstens auf die Beetumrandungen, *behandelt aber in keinem Fall damit die Pflanzen!* Die Herstellung ist im Abschnitt F beschrieben.

### f) Absammeln

Natürlich ist die Möglichkeit des Absammelns kein „Behandlungsmittel", aber letztlich immer noch eine sehr wirksame Schneckenbekämpfung.

Man legt um die Beete herum einige *alte* Bretter, Pappstücke, Rhabarberblätter oder sonstige Materialien, unter die sich die Schnecken tagsüber zurückziehen. Dort kann man sie dann im Laufe des Tages, z. B. mit einer Holzzange, aufsammeln. In einem Eimer überbrüht man sie mit kochendem Wasser und vergräbt sie dann.

Oder aber, man macht sich die Mühe und sucht ab Beginn der Dunkelheit die zielstrebig auf die Beete zuwandernden Schnecken abzufangen und vernichtet sie ebenfalls.

Werden beide Möglichkeiten konsequent durchgeführt, so wird man nur einige Tage zu tun haben, dann ist die derzeitige Schneckengeneration dezimiert, erst nach einigen Wochen kommt der Nachwuchs wieder hervor. Wird auch dieser in gleicher Weise abgefangen, so ist für das laufende Jahr meistens Ruhe. An der Schneckenplage verzweifelnde Gärtner berichten stets, daß diese Absammelarbeit letztlich auch nicht mehr Zeitaufwand benötigt, als die Erstellung von Zäunen, Schneckenfallen usw., rechnet man einmal die Arbeit während eines ganzen Sommers zusammen.

Sehr gut wird auch eine „Doppelstrategie" bewertet. Man sät um die zu schützenden Beete einen etwa 20 cm breiten Streifen von Pflanzen an, die die Schnecken besonders gerne fressen und die ruhig verlorengehen können. Hierzu zählen Salate, Senf-, Erbsen- und Bohnensaaten, Astern.

Hinter diesem Pflanzstreifen, zum Beet zu, behandelt man den Boden mit den beschriebenen Alaun- oder Geruchslösungen. Die Schnecken bleiben im Pflanzstreifen und gehen nicht in das Beet hinein, sie können jetzt ebenfalls abgesammelt werden.

Der bisherige Verwender von giftigem Schneckenkorn wird sich etwas wundern ob dieser komplizierten Methoden. Aber, Schneckenkorn hilft auch nicht immer! Und die permanente, alljährlich doch recht hohe Vergiftung des Bodens durch den Wirkstoff Metaldehyd ist, unabhängig davon, ob das Schneckenkorn auch sonst noch Nebenwirkungen auf die Umwelt ausübt, doch sicherlich unbefriedigend! Warum also nicht mal mit einem soliden Schneckenzaun oder mit diesem Pflanzenzaun arbeiten, so viel mehr Arbeit macht das auch nicht.

Wer aber glaubt, seine Schnecken unbedingt vergiften zu müssen – und es gibt wirklich Jahre, wie beispielsweise 1983, wo man anders einfach nicht weiterkommt – dem sei eine Methode genannt, die die schweizerischen biologischen Anbauer empfehlen: Unter einem möglichst alten, schon angewitterten Brett, das natürlich nicht platt auf dem Boden liegen darf, sondern ein wenig – durch Steinchen oder Hölzchen gehalten – vom Erdboden absteht, legt man im Abstand von etwa 40 cm auf kleine Papierstückchen jeweils 5 bis 10 Schneckenkörner. Vormittags geht man dann hin, klappt das Brett um, sammelt die toten Schnecken ab, die nunmehr vergraben werden, und füllt gegebenenfalls die Schneckenkornmenge wieder auf. Man kann so sein gesamtes Beet ringsherum schützen, *ohne* daß das Metaldehyd den Boden vergiftet, da es ja der Witterung gar nicht ausgesetzt ist und mit dem Boden auch nicht in Berührung kommt, und ohne daß anderes Getier die vergifteten Schnecken fressen können. Diese verbleiben unter den Brettern und verenden dort.

## 2. Vögel

Zur Vogelabwehr hilft nur eins: Vogelschutznetze (54). Entweder kauft man die sogenannten „Weinbergsnetze", die recht preiswert sind und viele Jahre halten, oder man schafft sich für Früchte, die auch von Wespen beflogen werden, sehr engmaschige „Wespennetze" an, die in den gleichen Gartenhandlungen verkauft werden. Dann hat man Ruhe. Pflanze oder Frucht können sich gut entwickeln und unsere gefiederten Schädlinge, die ja in Wirklichkeit überwiegend Nützlinge sind, können sich ruhig in unserem Garten aufhalten.

Man kann dabei lustige Dinge beobachten: Hängt man über eine Himbeerhecke, die schon ab und zu von Amseln beflogen wurde, ein Vogelschutznetz, so sieht man früh am nächsten Morgen, wie die Vögel laut schimpfend auf den Netzen sitzen, hinter denen sich ihre Nahrung befindet. Ähnlich ist es im Weinberg. Sie versuchen dann von allen Seiten, auch von unten, an die süßen Beeren zu gelangen, und entdecken dabei die kleinsten Schlupflöcher. Wer also eine Fruchthecke zubindet, sollte sie *täglich abgehen*, damit er einen darin verirrten Vogel unter Umständen befreien kann.

Für einen Sonderfall schützen wir uns vor Vogelfraß noch durch eine andere Methode. Es handelt sich um das Thema des Knospenanfressens gerade aufbrechender Knospen, besonders beim Wein an der Hauswand, am Pfirsich und bei Johannisbeeren. Dompfaffen, Gelbfinken, seit einigen Jahren auch Spatzen, knabbern diese Knospen an oder brechen sie gar ganz aus, so daß der Zweig erst später wieder mit Notknospen neu austreibt und dann natürlich für das Jahr keine Frucht mehr trägt. Man kann sich dadurch schützen, daß man die betreffenden Knospen mit einer sehr bitteren Lösung bestreicht. Solche Mittel sind z. B. Tannin (*Acidum-tannicum*) (47), Alaun (35), oder, am wirkungsvollsten, Chinin, das wir als „Chininhydrochlorid" in der Apotheke bekommen. Da es nicht frei verkäuflich ist, wird man dem Apotheker den Zweck erklären müssen, vielleicht sogar ihn bitten, eine entsprechende Lösung direkt herzustellen.

Tannin und Alaun werden 5 %ig verwendet, von Chinin genügt bereits 0,5 bis max. 1 %, jeweils gut verrieben in einer etwas viskosen Flüssigkeit, die beim Einstreichen nicht herabtropft. Hierzu macht man entweder einen

Mehlleim, dickt das Wasser mit Gelatine an oder kann auch einfachen Tapetenkleister, sogenannten Glutolinleim, nach Gebrauchsanweisung ansetzen. Die fertige Mischung wird dann mit einem kleinen Pinsel auf die Knospen getupft. Man braucht nicht viel, 100 g reicht schon für ein ganzes Hausweinspalier.

## 3. Ameisen

Der Verfasser zählt Ameisen in jedem Fall zu den Gartennützlingen, sie sollten daher nicht mit einem Giftpräparat getötet werden. Wandern sie ins Haus hinein, so genügt eine Barriere aus Gesteinsmehl, das mit einigen Tropfen sibirischen Fichtennadelöles oder Lavendelöles im Mixer gut vermischt wurde.

Ebenfalls kann man sie vertreiben, wenn man ihre Nester wiederholt mit Wasser begießt, dem einige Parfümtropfen hinzugegeben wurden.

Sinnvoller ist es aber, ihre Tätigkeit für uns zu nutzen: Man füllt einen üblichen Tontopf mit Holzwolle und stellt ihn für einige Tage über den Nestausgang. Die Ameisen werden ihr Nest hier hinein verlegen. Dann nimmt man den ganzen Topf und stellt ihn, ebenfalls wieder mit der Öffnung nach unten, direkt neben den Komposthaufen. Hier sorgen sie nun für Hygiene, indem sie alles Faule wegfressen. Etwas größere Ameisen fressen dabei auch Schneckeneier.

## 4. Hasen

An Ortsrandgebieten kommen die Hasen zur Winterzeit, besonders wenn Schnee liegt, gerne in die Gärten. Sie fressen dann die restlichen Kohlbestände, aber auch Lauch, und machen sich besonders unangenehm bemerkbar, wenn sie auch die Rinde der Bäume anfressen. Über die Wintergemüse stülpt man Netze, die natürlich etwas abstehen müssen; die Stämme junger Bäume dagegen werden mit einem Drahtzaun geschützt oder mit Bitterstoffen bestrichen. Man kann derartige Präparate fertig kaufen, man kann aber auch genau so einen Leim herstellen, wie weiter oben gegen den Knospenfraß der Vögel empfohlen wurde. Nur sollte dieser Leim etwas konsistenter, also mehr noch angedickt sein, so daß die Schicht, die man aufträgt, stärker ist. Die Wirkstoffe sind die gleichen, ebenfalls ihre Anwendungskonzentration. Fügt man der Lösung etwas Heizöl, Dieselöl hinzu – maximal 5 % – so wirkt sie noch intensiver.

Haben aber wirklich einmal Hasen die Rinde eines Baumes so angenagt,

daß er einzugehen droht, so bereitet man eine Lehm-Mist-Packung, hergestellt aus gleichen Teilen Kuhmist und Bentonit oder Lehm oder Gesteinsmehl, klatscht diese dick auf die Wundstelle und umbindet das ganze mit
grober Sackleinwand. Dieser Verband bleibt den ganzen Sommer über an
der Stelle liegen, unter ihm wird sich die Rinde neu bilden und der Baum
wird erhalten bleiben. Bei kleinen Verletzungen wird ein gutes Wundwachs
aufgestrichen.

## 5. Feldmäuse

Auch der biologische Pflanzenschutz toleriert die Vernichtung der Feldmäuse mittels des altbekannten Giftweizens. Wird dieser sorgfältig ausgebracht, also nur etwa 3 bis 5 Körnchen möglichst tief in ein offenes Gang-
loch gelegt, so daß keine Vögel, keine Hühner daran können, so ist hiergegen eigentlich nichts einzuwenden.

Eine weitere Methode ist das Aufstellen von Mäusefallen direkt vor den
Löchern. Sie werden mit Mehl als Lockmittel versehen.

Letztlich gibt es die Cumarin-Fertigköder, die auch bei Feldmäusen gute
Dienste tun. Die Köder, meist auf Haferflockenbasis, werden mittels eines
Löffels möglichst tief in die Gänge eingebracht. Der Wirkstoff Cumarin – es
ist der gleiche Stoff, der im Sommer im abgemähten Gras den herrlichen
Heuduft hervorbringt –, setzt die Gerinnungsfähigkeit des Blutes herab.
Nagetiere verletzen sich bei der Nahrungsaufnahme am Gebiß und im Ma-
gen-Darm-Bereich recht häufig, so daß sie nach Cumarinaufnahme inner-
lich verbluten. Sie sterben schmerzlos und warnen dabei ihre Artgenossen
nicht vor weiterer Aufnahme des Köders.

## 6. Wühlmaus

Wühlmaus oder Schermaus, auch Bisamratte genannt, sind äußerst empfindliche und kluge Tiere. Wer einmal Gelegenheit hatte, ihr Nest aufzu-
stöbern, wird erstaunt sein, wie raffiniert und liebevoll es angelegt ist. Die
Vernichtung von Wühlmäusen geht am einfachsten und sichersten mit den
verschiedenen Arten von *Fallen* vor sich, die im Handel erhältlich sind. Für
den Verfasser zählt dabei die übliche Drahtfalle, beherrscht man ihre Funktion und das Einlegen, zur sichersten Fallenart. Man sollte es sich von einem
alten, erfahrenen Fallensteller einmal zeigen lassen.

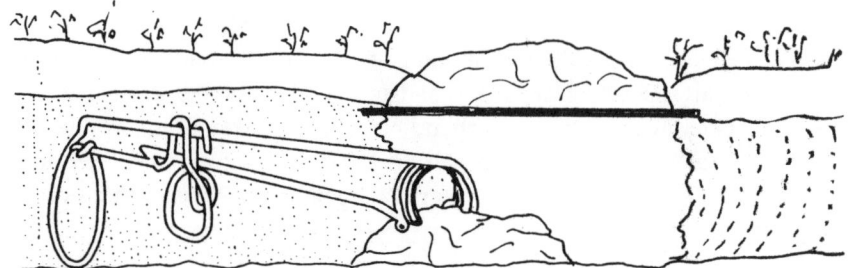

**Skizze 4**
Die altbekannte Drahtfalle. Der Gang wird aufgegraben, die Falle gespannt und eingelegt und mit etwas Aushubherde gesichert. Der Gang wird mit einem Brettchen oder Pappe wieder geschlossen. Der Erfolg wird sicherer, wenn man nach beiden Seiten hin eine Falle einlegt. Falle gespannt. Modell: Bayerische Drahtfalle.

Die nächst sicherste Methode ist der *Schußapparat.* Es ist ein Gerät, das in offengelegte Gänge eingeführt wird und mittels einer starken Platzpatrone arbeitet. Die Wühlmaus hat die Tendenz, offengelegte Gänge sofort wieder zu verschließen. Sie schiebt dabei Erde vor sich her. Kommt nun diese Erde mit dem Auslösemechanismus in Berührung, so zündet der Apparat. Die Druckwelle der Platzpatrone ist so hoch, daß eine Wühlmaus mit Sicherheit getötet wird. Der laute Knall zeigt zugleich an: ein Gartenfeind weniger!

Im biologischen Landbau immer stärker verwendet werden die *Cumarin-Fertigköder*, die bereits im Absatz über die Feldmaus erwähnt wurden. Besonders das Produkt „Quiritox"®, angeboten durch verschiedene Lieferanten, hat sich einen Ruf als zuverlässig wirkendes Mittel verschaffen können. Es ist auf der Basis präparierten Johannisbrotes aufgebaut, das diese Nager besonders gerne annehmen.

**Skizze 5**
Eine Rohrfalle. In die Falle wird eine Lockspeise gelegt. Das Rohr wird in den Gang eingeschoben. Beim Hineinschlüpfen der Maus in die Falle fällt eine Klappe herunter, so daß das Tier eingesperrt wird. Die lebende Maus kann man dann in freier Natur wieder aussetzen – also etwas für Tierfreunde, die nicht töten möchten.

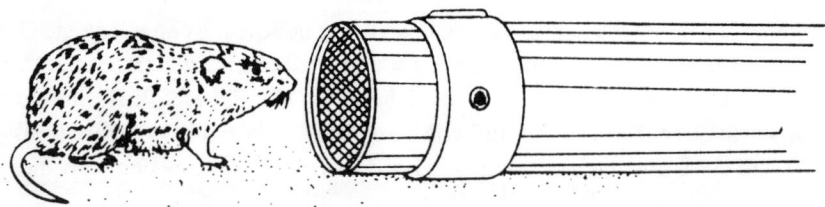

90

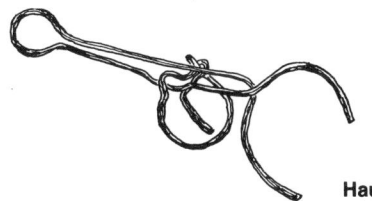

**Hausmann'sche Wühlmausfalle, gespannt**

**Badische Drahtfalle, gespannt**

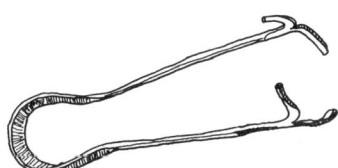

**Zangenfalle**

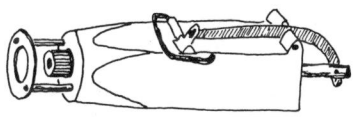

**Schußapparat, gespannt**

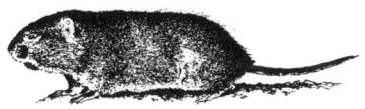

**Wühlmaus, Arricola terrestris terrestris L.**

91

Als weitere Möglichkeit, Wühlmäuse recht zuverlässig zu vernichten, gelten die Phosphorwasserstoffgas entwickelnden *Gaspatronen* oder *Brokken*. Sie sind im Handel erhältlich. Die Befolgung der Gebrauchsanweisung ist wichtig. Gaspatronen wirken dabei stärker und schneller als die auszulegenden Brocken, bei denen die Bodenfeuchtigkeit beachtet werden muß. Das Phosphorwasserstoffgas wirkt tödlich, ist aber auch recht gefährlich für den Anwender, die Mittel sind also keineswegs harmlos! Der Verfasser rät vom Gebrauch dieser Präparate ab, da sie in weitem Umfang auch das übrige Bodenleben, und hier insbesondere die Regenwürmer, zu töten vermögen.

Als Austausch nehme man lieber *Karbidbrocken*. Das altbekannte Kalziumkarbid, das man früher zu Leuchtzwecken verwendete, wird heute auch als Wühlmausbekämpfungsmittel eingesetzt. Im feuchten Boden entwickelt es Acetylengas, das zwar ebenfalls töten kann, in den meisten Fällen jedoch nur vertreibend wirkt.

Das Auslegen von entweder fertig käuflichen *Giftbrocken* oder solchen, die man sich selbst herstellt, beispielsweise Mohrrübenstückchen, die man mit einem käuflichen Giftpräparat bestreicht, ist aus der Mode gekommen, da die Wirkung unsicher, die Anwendung aber recht gefährlich ist. Die vorerwähnten Cumarinpräparate haben sich an ihre Stelle geschoben.

In vielen Büchern findet sich noch der Hinweis auf Einleiten von Auspuffgasen von Benzin- oder Dieselmotoren in das Gangsystem. Die Methode ist nicht wirkungsvoll. Die Tiere werden durch den Krach gewarnt und verstopfen sofort die Gänge. Wer auch möchte in seinem Garten mit einem Auto oder Traktor dieserhalb spazierenfahren.

Man sagt, Auskochungen aus *Holunderzweigen und Holunderblättern*, gießt man diese in die Gänge ein, eine gute, vertreibende Wirkung nach. Berichtet wurde sogar, es genüge bereits, Holunderzweige in die Gänge zu schieben, um die Tiere zu vertreiben.

Wirksamer sind jedoch die bekannten Extrakte, die man sich aus *Thujaschnitt und Walnußblättern*, evtl. noch unter Beifügung von Tannennadeln, selber herstellt. Hier wird eine kräftige Brühe angesetzt, die nur kurzzeitig kochen sollte, damit die ätherischen Öle nicht zu stark verdunsten. Kochzeit also höchstens zehn Minuten. Dann gießt man diese Brühe in die Gänge, wo sie auf lange Zeit eine Neubesiedlung dieses Gangsystems verhindert.

Empfohlen wird auch, bereits in die Pflanzgrube Hare, erhältlich beim Friseur, einzulegen bzw. die Erde hiermit zu vermischen. Die Tiere meiden derartig vermischte Erde, die Haare sind zugleich wertvolles Düngematerial.

## 7. Maulwurf

Maulwürfe stehen unter Naturschutz – sie sind Nützlinge! Auch wenn sie uns in unserem Garten durch ihr Gangsystem und die aufgeworfenen Haufen mitunter ärgern – insgesamt nützen sie viel mehr, als daß sie schaden. Maulwürfe graben sich entweder selber ihr Gangsystem, wobei sie erstaunliche Leistungen vollbringen – man berichtet von 100 m Gang pro Tag – oder benutzen Wühlmausgänge, die sie dann ebenfalls regelmäßig befahren und nach Erdinsekten absuchen. Wer Maulwürfe nun gar nicht in seinem Garten haben mag, sollte sie höchstens durch die vorerwähnten Pflanzenextrakte vertreiben, keinesfalls aber töten.

Wirksam zur Maulwurfsvertreibung sind auch ständig wiederkehrende Geräusche, besonders wenn diese sich auf ein größeres Erdstück übertragen. Bekannt ist das halbhohe Eingraben von Weinflaschen in direkter Nähe der Gänge. Hierbei erzeugt ein über die Flaschenöffnungen streichender Wind zum Teil kräftige Brummgeräusche.

Ebenfalls benutzbar und zu einer netten Bastelarbeit anregend ist die im Balkan viel verwendete Methode, daß durch ein Windrad ein kleines Holz-

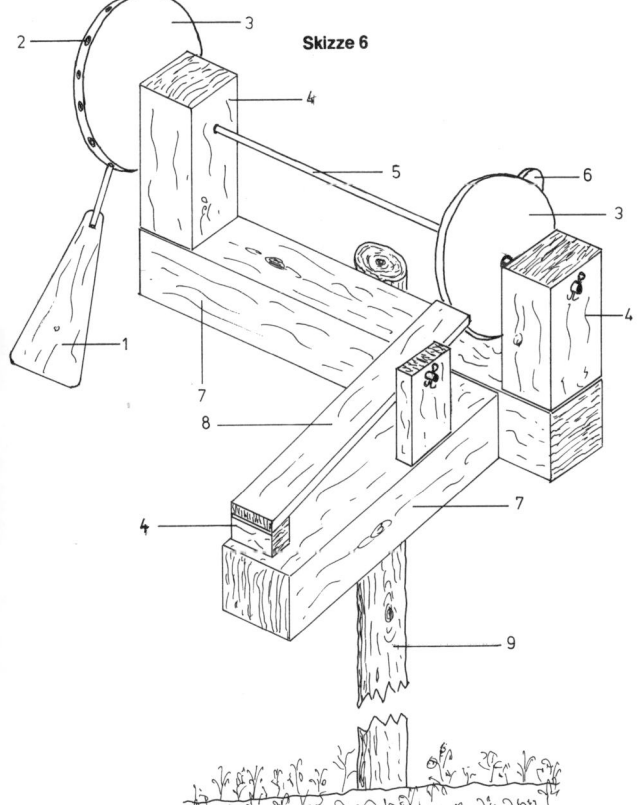

Skizze 6

Hammerwerk aus Holz zur Nagetiervertreibung.

1 = Windfahnen, im Holzrad drehbar eingesteckt. Dünnes Sperrholz, an ein Holzstöckchen angeleimt. Sie werden je nach Windstärke und Drehgeschwindigkeit des Rades in verschiedenen Winkeln eingestellt.

2 = Bohrungen zur Aufnahme der Windfahnen.

3 = Holzscheiben, vorzugsweise aus wasserfestem Sperrholz.

4 = Eichenholzklötzchen als Lager. Die Bohrung für die Welle ist 1/2 mm größer im Durchmesser als der Wellenstab und wird gut eingefettet.

5 = Wellenstab aus Buchenholz oder Rundeisen ⌀ 10 mm bzw. 5 mm. An den Außenseiten der Lagerklötzchen wird eine Unterlegscheibe aufgesteckt die mit einem Splint gesichert wird, so daß die Welle nicht aus den Lagerklötzchen herausrutscht.

6 = Nocke, auf das Holzrädchen aufgeschraubt. Sie betätigt das Hammerwerk.

7 = Buchenholz- oder andere Hartholzbalken, miteinander verleimt und verschraubt.

8 = Dünnes, elastisches Holz – Sperrholzbrettchen. Die Kippwelle wird von unten aufgeleimt.

9 = Holzpfahl, ca. 50 cm in den Boden geschlagen. An ihm wird das Hammerwerk in der Hauptwindrichtung – meist Ost-West-Richtung – fest verschraubt, so daß die Klopfgeräusche gut übertragen werden. Das Hammerwerk arbeitet dann sowohl bei West- als auch bei Ostwind.

Alle Verleimungen werden mit wasserfestem Leim – vorzugsweise 2-Komponenten-Kunstharzleim – vorgenommen. Wird auf das Hammerklötzchen unten noch ein kleines Eisenstück aufgeleimt, so kleppert das Hammerwerk noch lauter.

Im Umkreis von ca. 25 m verlassen alle Nagetiere (Wühlmäuse, Feldmäuse, Maulwürfe) ihre Gänge. Es genügt dabei auch nur gelegentlicher Betrieb über jeweils einige Stunden am Tage.

hammerwerk betrieben wird, dessen Schläge sich über die Holzstange dem Erdboden mitteilen. Das regelmäßige Klopfen schon bei leichten Winden stört die geräuschempfindlichen Nagetiere – also nicht nur Maulwürfe – ganz erheblich und sie wandern ab. In einer Skizze ist die Herstellung eines solchen Gerätes beschrieben.

## 8. Werren

Die Werre, auch Erdkrebs genannt, kommt in Süddeutschland recht häufig vor und ist ein schwer zu bekämpfendes, unter der Erde lebendes und besonders auf Gemüsebeeten während der Aussaatzeit sehr schädliches Tier.

Werren graben dicht unter der Erdoberfläche ihre Gänge, die man durch ihre schwache Anhäufelung bemerken kann. Man verfolgt sie mit dem Finger und versucht so, die Nester aufzuspüren, um das Eigelege oder die Brut zu vernichten. Ebenfalls kann man in die Gänge Joghurtbecher ebenerdig einlegen – der Gang muß dann wieder von außen mittels eines Pappe-, eines Blechstückchens überdacht werden –, die zu einem Drittel mit Wasser gefüllt werden. Empfohlen wird auch vielfach das Eingießen von Petroleum bzw. das Einlegen von mit Petroleum getränkten Lappen in das Gangsystem, um die Tiere zu vertreiben. Erfolg hat diese Methode aber nicht, sie graben sich einfach neue Gänge oder kehren nach kurzer Zeit zurück.

Wer in werrenverseuchten Gebieten lebt und wem die Frühlingssaat mit schöner Regelmäßigkeit durch diese Tiere abgefressen wird, weiß aber, daß alle diese Mittel im Grunde nicht recht helfen und man ohne Gift den Schädlingen nicht beikommt. Der Verfasser empfiehlt eine ähnliche Methode wie bereits bei den Schnecken genannt: Es werden pro m² etwa vier Papierstückchen mit einem Werrenmittel bestreut. Dieses enthält Lock- und Giftstoffe. Damit nicht andere Tiere, insbesondere Vögel, hiervon fressen, überdeckt man das ausgelegte Papier mit einem etwas höher gestellten

**Skizze 7**
**Werre, auch Erdkrebs oder Maulwurfsgrille genannt –** *Gryllotalpa gryllotalpa*
**Seiten- und Vorderansicht**

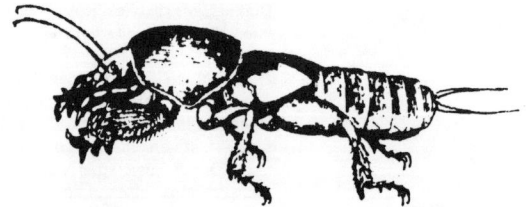
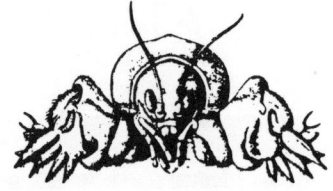

Pappstückchen, Holzbrettchen oder ähnlichem *und kontrolliert täglich*. Die Auslegung erfolgt solange, bis die Werrenmittel nicht mehr weggefressen werden; man kann dann vermuten, daß die gegenwärtige Werrengeneration vernichtet ist. Die Werrenpräparate sind hinsichtlich ihrer Lockwirkung ganz speziell auf diese Schädlinge ausgerichtet, andere Bodentiere wie z. B. Laufkäfer nehmen sie nicht an. Es ist selbstverständlich, daß man nach Beendigung der Vernichtungsmaßnahme übrig gebliebene Werrenmittel wieder einsammelt.

Ein guter Schutz der Saaten besteht darin, daß man in die Pflanzrille kräftig Steinmehl einbringt und links und rechts von der Saatrille bzw. der späteren Jungsaat ständig mit einem „Sauzahn" die Erde locker hält. Einmal wöchentlich durchgefahren genügt im allgemeinen, die Erdkrebse durchwandern diese lockere Erdzone selten.

## 9. Wiesel, Schlangen, Igel

In wald- oder wiesennahen Gärten kommen diese Tiere durchaus auch heute noch in unsere Gärten, wenn sie genügend Unterschlupf und Lebensmöglichkeiten finden. Alle drei Arten sind natürlich Nützlinge, auch wenn der Igel mitunter bei bodenbrütenden Vögeln argen Schaden anrichtet. Auch Schlangen darf man nie als Schädlinge einstufen, ausgenommen vielleicht die Kreuzotter, die aber zum Glück recht selten vorkommt. Alle Natternarten dagegen räumen gründlich mit jeder Mäuseplage auf und fressen auch größere Kerbtiere. Ebenso ist es mit dem Wiesel. Auch dieses ernährt sich von Mäusen, größeren Kerbtieren, leider aber auch mitunter von Vogeleiern und Jungvögeln. Hiergegen schützt man sich durch eine dichte Drahtmanschette um den Baumstamm oder eine große Plastikschüssel, die man aufschneidet, im Boden den Durchmesser des Baumes herausschneidet und dann die zwei Hälften um dem Baum legt und sie mit Tesaband wieder zusammenklebt.

Weder Wiesel noch Marder oder Katzen übersteigen solche Plastikschüsseln, sie haben sich besser bewährt als die Drahtringe.

Alle drei Tierarten versucht man daher im Garten zu halten; den Igel durch ein kleines Biotop, eine dichte Hecke mit viel Graswuchs darunter oder auch nur durch eine umgestülpte Kiste, bei der man an der Seitenwand ein Loch herausgeschnitten hat und die dick mit Gras ausgepolstert wurde. Stellt man sie in einen Gartenwinkel, wird sie als Nest gerne angenommen. Schlangen lieben dagegen locker aufgeschichtete Steinhaufen mit entsprechend großen Hohlräumen. Mauswiesel sind wandernde Gesellen, haben sie unseren Garten ausgeräumt, so ziehen sie meistens weiter.

**Skizze 8**
Plastikschüssel als Vogelnestschutz vor Katzen und Mardern. Bei Pfählen wird ein Loch hineingeschnitten und die Schüssel übergestülpt. Bei Baumstämmen wird ebenfalls ein Loch herausgeschnitten, die Schüssel seitlich aufgetrennt und um den Stamm gelegt. Tesaband hält sie wieder zusammen.

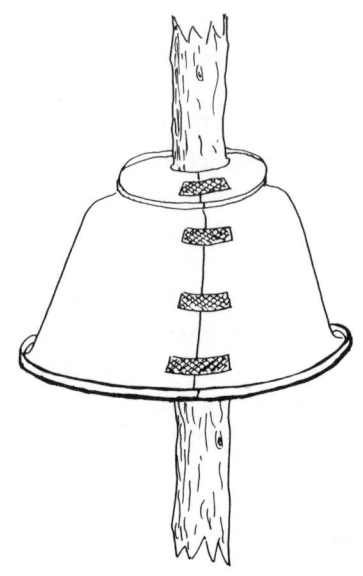

**Skizze 9**
Winterhaus für Igel. Es wird unter dichten Hecken, Sträuchern, möglichst weit vom Haus entfernt, aufgestellt. Hunde hält man mit herumgelegtem Gestrüpp fern.

1 = Das Dach wird mit – möglichst weißer – Plastikplane abgedeckt.

2 = Die Kiste wird mit *trockenem* Gras ausgepolstert. Weiteren Einstreu sucht sich der Igel selber zusammen. Einschlupfloch ca. 13 x 13 cm.

3 = Die Kiste bleibt zur Erde hin offen! Sie muß waagerecht stehen, damit kein Wasser unten hereinfließt.

4 = Keinesfalls darf das Holz imprägniert oder gestrichen sein! Auch frisches Holz meidet der Igel.

N = Das Einschlupfloch zeigt nach Norden.

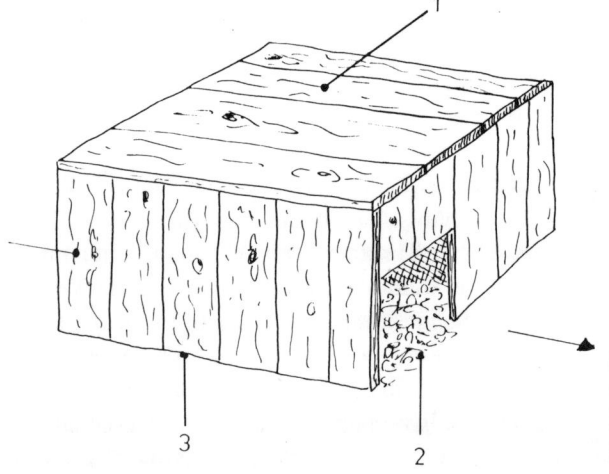

96

# E. AUSSAATZEITEN, SAATBÄDER, WURZELBÄDER, GEWÄCHSHÄUSER

## Aussaatzeiten

Es steht außer jedem Zweifel, daß die Beachtung jahreszeitlicher Aussaattermine von hohem Nutzen für die spätere Pflanzenentwicklung ist und somit auch eine Art Pflanzenschutz darstellt. Die Einhaltung dieser Termine sichert in jedem Fall gesunde, kräftige Pflanzen, die in ihrer Entwicklung denjenigen weit voraus sind, die nicht nach diesen Terminen eingesät wurden. Der noch unbefangene Leser mag hierüber lächeln – der Verfasser tat es früher auch. Er hat aber in eigenen Versuchen am Beispiel von Radieschenpflanzen eindeutig feststellen können, daß die Einhaltung dieser Regel sinnvoll ist. Warum das so ist, mag vorerst noch im Dunkeln bleiben; die bisher gegebenen Erklärungen sind nicht immer logisch oder für den Skeptiker einleuchtend. Aber was soll es? Die Wirklichkeit beweist ja, daß es sich hier um ein Phänomen handelt, das wir in jedem Falle ausnützen können. Die Aussaattermine werden jedes Jahr neu errechnet, sie sind für geringe Gebühr über einschlägige Buchhandlungen zu erhalten, beispielsweise Fa. Cohrs, Versandbuchhandel, siehe Literaturempfehlung.

## Saatbäder (56)

Bei Aussaaten haben sich Saatbäder stets positiv bewährt. Solche Saatbäder bereiten das Saatkorn vor und regen die in ihm vorhandenen Lebenskräfte schon vor der Einsaat an. Saatbäder bewirken dadurch ein schnelleres und auch sichereres Austreiben. Den immer wiederkehrenden Berichten, daß die später heraus wachsenden Pflanzen weniger krankheitsanfällig sind, ist Glaube zu schenken.

Was kennen wir für Saatbäder?

Altbekannt ist das Einlegen von Samen in handwarme *Milch*. Nach 24 Stunden wird dann, und zwar in möglichst warme Erde, ausgesät. Besonders beliebt ist die Milchanwendung bei Kürbisgewächsen, wie Gurke, Melone, Zuchetti, Kürbis.

Ebenso bekannt ist das Einlegen von Samen in schwachen *Kamillentee*. Hier verbleiben sie ca. 1 Stunde, worauf der Samen ca. 2 – 4 Stunden ruht und dann eingepflanzt wird.

Auch *Baldrianblütenextrakt* (nicht Baldrianwurzelauszug!) wird gerne angewendet. Hier werden nur 2 bis 3 Tropfen in eine Tasse handwarmen Wassers gut verquirlt und anschließend die Samen für 1 bis 2 Stunden eingelegt.

97

Alle drei genannten Samenbäder können noch verbessert werden durch Zugabe von etwas Ackerschachtelhalmpulver oder Ackerschachtelhalmbrühe. Die Pilzresistenz wird dadurch gefördert.

Eine weitere Art der Samenvorbereitung ist, sie für etwa 5 Stunden in eine Mischung von feinst gesiebtem *Althumus* mit Wasser einzulegen. Man verwendet hierfür ca. 2 Teelöffel Althumus auf eine volle Tasse Wasser.

Großer Beliebtheit erfreuen sich auch Saatbäder mit dem *„Humofix"*-*Präparat* der *Abtei Fulda.* Hier wird nur eine kleine Prise zunächst in Wasser für einige Stunden angesetzt, in die dann die Samen hineingegeben werden. Nach einer Verweilzeit von durchschnittlich einer Stunde und einer anschließenden Ruhe von 4 bis 6 Stunden kommen sie dann in den Boden. Die *Abtei Fulda* gibt hier eine genaue Gebrauchsanweisung. Auch ist in der Ausgabe 1983/3 der „Winke" der Abtei eine sehr ausführliche, instruktive Anweisung abgedruckt.

In genau gleichem Sinne wie *„Humofix"* können selbstverständlich auch die *„Präparate 502 – 507"* der *biologisch-dynamischen Wirtschaftsweise* verwendet werden. Auch hier genügt jeweils eine entsprechend kleine Prise der Produkte. Vorbereitung, Einweichzeit usw. ist wie bei *„Humofix".* Also Kreuzblütler 15 Minuten, alle übrigen Samen eine Stunde Badezeit, danach leichtes Abtrocknen und anschließend Einsaat in möglichst warme Erde. Die Einsaat erfolgt also am zweckmäßigsten ab 10 bis 11 Uhr vormittags, an einem sonnigen Tag, in gut getrocknete Erde. Ein Befeuchten der Saatrillen erfolgt frühestens nach einem Tag und so zurückhaltend, daß nur eine mittlere Bodenfeuchtigkeit erreicht wird.

### Wurzelbäder

Alle Stecklinge, wie möglichst auch alle größeren Pflanzen, so z. B. Rosen oder Obstbäumchen, sollten in ihrem Wurzelbereich *vor dem Einpflanzen* ein Bad bekommen. Eine allgemein gebräuchliche Mischung eines solchen Bades sieht etwa wie folgt aus: 5 gehäufte Eßlöffel eines möglichst feinen Gesteinsmehles, oder 3 gehäufte Eßlöffel eines Tonmehles (Bentonit, Edasil, Montigel) + 1 gehäufter Eßlöffel Algenkalk (z. B. Algomin) + 1 Teelöffel voll Flüssigalgen + 2 gehäufte Eßlöffel getrockneter Rinderdung + 1 gehäufter Eßlöffel Hühnerdung, beispielsweise „Cuxin" oder „Peru Guano", werden in einen 10-l-Eimer gegeben und gut vermischt. Danach füllt man den Eimer mit 5 l Wasser auf, rührt kräftig um und läßt die Brühe etwa 24 Stunden stehen. Es wird während dieser Zeit wiederholt aufgerührt.

Alle Gemüsestecklinge taucht man jetzt mit ihrer gesamten Wurzelzone für einige Sekunden in diese Brühe, bevor man sie in die Erde einpflanzt.

Bei Rosen, Obstgehölzen, also Pflanzen mit größerem Wurzelwerk, werden die Wurzeln zunächst sauber beschnitten, dann für mindestens 2, bei Rosen mindestens 12 Stunden, in *klarem Wasser* gewässert, und anschließend das Wurzelwerk für einige Minuten in das Wurzelbad eingetaucht. Dann erst wird eingepflanzt, wobei man heute völlig davon abgeht, das Wurzelwerk in reinen Humus oder Torf zu betten. Eine Mischung der Aushuberde mit etwa 10 bis 20 % Reifhumus und zusätzlich noch eine kräftige Gabe Gesteinsmehl ist sinnvoller. Man unterlasse Torfzugaben, Rindenhumus oder sonstige Zuschlagstoffe. Höchstens eine Handvoll Hornspäne kann noch mit untergemischt werden.

Will man sich die Arbeit der Selbstherstellung ersparen, so gibt es eine Reihe recht bewährter Fertigpräparate, die für den selben Zweck gebraucht werden (Oscorna Wurzelstärkung, SPS, A-Z-Bakterien-Kulturen, Polymaris-Produkte, siehe Lieferantenverzeichnis).

**Anwendungsempfehlungen für Gewächshäuser**

Im Prinzip werden die gleichen Mittel und Methoden wie im Freiland auch in Gewächshäusern angewendet. Zu bedenken ist jedoch, daß infolge Fehlens der natürlichen Witterungseinflüsse – Wind, Regen – die Mittel im allgemeinen länger auf den Pflanzen haften bleiben. Sollten also Produkte wie Schwefel, Kupfer oder mit diesen Erzeugnissen kombinierte biologische Produkte verwendet werden, so sind die Wartezeiten um die Hälfte der angegebenen Zeit zu verlängern.

Im Gegensatz zur Freilandanwendung empfiehlt der Verfasser bei Auftreten von Insektenschäden innerhalb der Gewächshäuser den Einsatz von Pyrethrumsprühmitteln durchaus. Innerhalb dieses doch recht sterilen Raumes kann eine Ökologie kaum geschädigt werden. Nützlinge halten sich in Gewächshäusern selten auf, es sei denn, man setzt solche eigens aus.

Auch die Spritzintervalle können verlängert werden, wobei dann jedoch darauf zu achten ist, daß die nachwachsenden Triebe evtl. eine Sonderbehandlung erfahren.

Ist der Boden durch Nematoden verseucht, so hilft nur die an anderer Stelle empfohlene Wasserdampfbehandlung, hier spricht man sich mit einem erfahrenen Gärtner ab.

Das Problem in Gewächshäusern ist immer die Wiederholungsanpflanzung. Meistens wird ein und dieselbe Kulturart auf Jahre hinaus am gleichen Fleck gezogen. Um einer Bodenermüdung vorzubeugen, ist Voraussetzung, diesen mit reichlichen Humusgaben und viel Gesteinsmehl jedes Jahr aufzufrischen. Taucht bei einer bestimmten Kultur, beispielsweise Gurken, jedes Jahr erneut kräftig Mehltau auf, so sollte man sich entschließen, ein bis zwei Jahre diese Kultur auszulassen und einen generellen Pflanzenwechsel vorzunehmen.

# F. EINZELBESCHREIBUNG DER IN DEN ABSCHNITTEN A – E GENANNTEN UND NUMERIERTEN BEHANDLUNGSMITTEL

Die linke Spalte ist nach laufender Nummer geordnet, so, wie die Produkte nacheinander im Text in den Abschnitten A – E erscheinen.

Auf der rechten Spalte sind die Produkte alphabetisch geordnet. Die erste nachfolgende Nr. ist die laufende Produktnummer, die folgende Nr. bezeichnet die Buchseite, auf der sie erwähnt werden.

**Ackerschachtelhalm** (13) *Equisetum arvense*

Volksnamen: Schachtelhalm, Zinnkraut, Scheuergras, Pferdeschwanz, Katzenschwanz.

Botanik: Ackerschachtelhalm wächst vorwiegend in feuchten, lehmigen Sandböden, in feuchten, lichten Waldbezirken, an Wald- und Wegrändern. Er treibt im Frühjahr zunächst braune Sporentriebe aus, die an der Spitze mit Dolden versehen sind. Nicht diese Fruchttriebe werden gesammelt,

sondern erst die nachfolgenden, unfruchtbaren, grünen Triebe. Sie bestehen aus 20 bis 30 cm langen Stengeln mit dichter Verzweigung. Nur sie werden gesammelt und sowohl für Arznei- als auch Pflanzenschutzzwecke verwertet. Die Triebe sollten möglichst im Frühsommer gesucht werden, wenn
sie noch sattgrün und frisch sind. Man schneidet sie kurz über dem Erdboden ab und hängt sie gebündelt an einen luftigen Ort, bis sie nicht mehr zäh,
sondern bruch-trocken sind.

Ackerschachtelhalmtriebe enthalten bis zu 10 % Kieselsäure wie auch
seifenhaltige Stoffe. Sie wurden daher im Mittelalter zum Scheuern des
wertvollen Zinngeschirres verwendet. In der Medizin wirken sie bei rheu-
matischen Beschwerden, und finden auch vielfach Anwendung in Husten-,
Rheuma-, Nieren- und Blutreinigungstees.

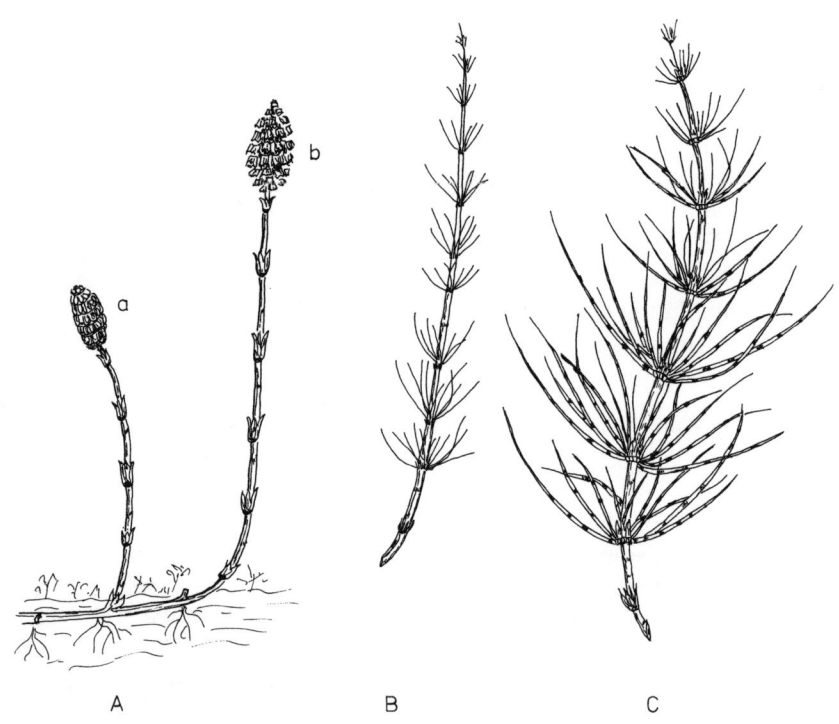

**Skizze 10**
**Ackerschachtelhalm** *Equisetum arvense*
**A** = Sporenträger a = noch geschlossen b = geöffnet, der Wind trägt die Sporen fort
**B** = Junger, grüner Spross
**C** = Ausgereifter Sommerspross – nur dieser wird gesammelt und verwendet.

102

Im Pflanzenschutz haben sie seit alters her eine hohe Bedeutung. Die organisch gebundene Kieselsäure wird durch die wäßrigen Auszüge frei und wirkt nun zusammen mit den übrigen Inhaltsstoffen gegen Schadpilze. Akkerschachtelhalmauszüge werden sowohl als Bodenmittel verwendet wie auch im Obst- und Gemüsebau, um die Grünteile der Pflanzen hiermit zu besprühen. Neben ihrer spezifischen Pilzwirksamkeit kräftigen sie natürlich durch die Kieselanteile gleichzeitig die Epidermis der Blätter und Früchte und erhöhen somit ihre Widerstandsfähigkeit gegenüber Infektionen.

Wer keine Gelegenheit hat, Ackerschachtelhalmkraut selber zu sammeln, kann heute auch auf käufliche Präparate zurückgreifen, die in den Fachgeschäften, sei es lose, sei es auch fertig verpackt, vorrätig gehalten werden. (Fa. Cohrs, Fa. Neuform, Fa. Neudorff, u. a. m.)

Die bevorzugten Anwendungsformen sind Ackerschachtelhalmtee und Ackerschachtelhalmjauche. Zur Teebereitung setzt man entweder 1 kg frisches Kraut oder etwa 200 g getrocknetes Kraut bzw. Ackerschachtelhalmdroge ein. Dieses wird mit 5 l kochendem Wasser übergossen, durchgeseiht und mit noch weiteren 5 l Wasser verdünnt.

Zur Bodenbehandlung und zur Pflanzenbehandlung wird das Teekonzentrat noch einmal mit der fünf- bis zehnfachen Wassermenge verdünnt (bei zarten Blättern, im Frühling, stärkere Verdünnung, ab Sommer geringere Verdünnung) und spritzt damit alle Grünteile der Pflanzen, um echten und falschen Mehltau, Rost- und Schorfkrankheiten, Blattfleckenkrankheiten der Tomate, aber auch Kräuselkrankheiten des Pfirsichs zu behandeln.

In gut durchlüfteten Anlagen, bei normaler Witterung erweisen sich vielfach solche Spritzungen als ausreichend gegen Pilzinfektionen. Besteht jedoch ein höherer Infektionsdruck, so kann dieser Tee noch mit Schwefel oder Kupferspritzmitteln verstärkt werden.

Ackerschachtelhalmjauche: Man verjaucht die gleichen oben angegebenen Pflanzenmengen mit 10 l Wasser während 8 Tagen. Sie kann verwendet werden gegen saugende und blattfressende Insekten sowie Spinnmilben, indem man sie noch drei- bis fünffach verdünnt und 2 % Spiritus sowie 1 % Schmierseife hinzufügt.

Mischt man Ackerschachtelhalm- mit Brennesseljauche im Verhältnis 1:2 oder auch 1:1, so gewinnt man eine seit Jahrzehnten beliebte Standardjauche. Sie wird, mit der fünffachen Menge Wasser verdünnt, zur Pflanzenstärkung ganzjährig verwendet, dient aber auch als Grundlage für Spritzbrühen, denen man noch weitere Wirkstoffe beifügt.

### Aetherische Öle (50)
Aetherische, also flüchtige Öle der verschiedensten Heil- und Gewürz-

pflanzen wie auch unserer Blumen, Nadelgehölze und vieler anderer Gartenpflanzen, dienen sowohl als Lockstoffe für Insekten während der Befruchtungszeit, wie aber auch als Abwehrstoffe gegen Schädlinge bzw. gegenüber anderen Pflanzen. Sie zählen zur großen Gruppe der sogenannten *Phytonzide*.

Uns interessieren hier natürlich keine Rosen-, Nelken- oder Fliederdüfte, sondern solche Öle, die man im Pflanzenschutz gegen Insekten, aber auch größere Tiere sinnvoll verwenden kann. Hier gibt es ein recht einfaches Prinzip: Hält sich eine Insektenart bzw. halten sich überhaupt Insekten auf einer bestimmten, stark riechenden, also stark ätherisches Öl enthaltenden Pflanze nicht auf, kann man davon ausgehen, daß solche Öle gegen die Art oder überhaupt gegen alle Insekten wirksame Vertreibungsmittel sind. Beispiel: Auf einer Thujahecke findet man keine Blattläuse, auch nicht auf Lavendelsträuchern, Rosmarin-, Thymian- oder Kressepflanzen. In der Nähe eines Holunderbusches halten sich weder Wühl- noch Feldmäuse oder Maulwürfe auf, sie lieben seine Ausstrahlung nicht. Also kann man davon ausgehen, daß Pflanzenauszüge hieraus gegen diese Tiere wirksam sein können.

So kann man mit etwas Überlegung zu einer großen Reihe von recht wirksamen Präparaten kommen. Die Duftstoffe sind dabei so intensiv, daß meist nur sehr geringe Mengen verwendet zu werden brauchen; höhere Dosagen verbieten sich von selbst, sie könnten recht aggressiv wirken.

Verwendet werden am zweckmäßigsten grüne Pflanzenteile wie auch Blütenstände (Lavendel) zur Zeit ihrer höchsten Anreicherung, also etwa von Juni bis September. Man bereitet hieraus Tees oder Kurzzeitbrühen, die höchstens ein bis zwei Minuten kochen dürfen, damit nicht zu viel der ätherischen Öle durch den Kochvorgang verdunsten.

Wem die Arbeit der Selbstherstellung zuviel ist, kann die reinen ätherischen Öle auch über seine Apotheke bzw. Drogerie einkaufen. Natürlich verwendet man keine Parfümöle, sondern stets nur „Arzneibuchqualität". Sie werden in feinster Dosage, also *höchstens* 0,05 % – von sehr stark riechenden Ölen wie z. B. Lavendel- oder Fichtennadelöle sogar nur 0,02 % –, eingesetzt. 0,05 % bedeutet in 1 l Spritzbrühe 0,5 g. Ätherische Öle kann man in solch geringer Menge nicht mehr wiegen, sie werden daher getropft. Dabei wiegen durchschnittlich 50 Tropfen = 1 g. Für den vorerwähnten Ansatz eines Liters nimmt man mithin 25 Tropfen. Soll die Lösung nur 0,01 % stark sein, also gleich 0,1 g auf 1 l, so werden entsprechend nur 5 Tropfen verwendet.

Die ausreichende Menge der jeweiligen ätherischen Öle ist individuell. Einen Anhalt gibt der Geruch der fertigen Spritzbrühe. Diese soll gut ausreichend nach dem verwendeten Öl riechen – also z. B. nach Lavendel –,

104

mit einer Geruchsintensität, so, als wenn man selber an einem Lavendel-busch riecht. Keineswegs darf so viel verwendet werden, daß die Spritz-brühe scharf und beißend wird.

Verwendet man eine 10-l-Rückenspritze und bleibt bei der Dosage 0,05 %, so werden insgesamt 5 g des Öles verwendet. Diese 5 g gibt man zunächst in einen Liter Wasser, und man wird feststellen, daß in den mei-sten Fällen das Öl sich nicht mit dem Wasser mischt, sondern als feine Tröpfchen auf der Oberfläche schwimmt. Wir benötigen jetzt ein soge-nanntes Detergens, einen Emulgator, und verwenden hierzu ein völlig normales Haushaltsspülmittel, wie es z. B. „Pril" darstellt. Unter leichtem Umrühren gibt man jetzt nur tröpfchenweise das Pril hinzu und wird be-merken, daß schon nach zwei bis höchstens fünf Tropfen die Öltröfchen von der Wasseroberfläche verschwinden, sich gleichmäßig verteilen und eine leicht trübe Lösung ergeben. Anschließend kann man mit 9 l Wasser weiter verdünnen.

Der Verfasser hat besonders Sibirisches Fichtennadelöl, Lavendelöl so-wie, als sehr ähnliche Produkte, Kampfer oder Menthol, die weiter unten beschrieben werden, als außerordentlich wirksame Zusatzmittel zu Pflan-zenjauchen, Pflanzenbrühen wie auch jedem anderen Spritzmittel empfun-den. Ja, er geht sogar so weit, in jede normale Brennesseljauche Lavendel-kraut oder einige Tannenzweige, Thujazweige, Kresse o. ä. mit hinein zu werfen, um die positive Wirkung dieser ätherischen Öle für jeden Anwen-dungszweck mit auszunutzen. Hier bieten sich dem experimentierfreudigen Gärtner viele, zum Teil noch gar nicht beschriebene Möglichkeiten an, im Sinne der hier genannten Anregungen einmal völlig neue Wege zu be-schreiten.

### Alaun (35)

Es handelt sich um ein sogenanntes Doppelsulfat, Kalium-Aluminium-Sulfat mit der chemischen Formel $KAl(SO_4)_2 \cdot 12H_2O$. Alaun gewinnt man aus Alaunschiefer, Bauxit, Kaolin oder auch anderen Mineralien, die Kalium und Aluminium im richtigen Mengenverhältnis enthalten. Es weist eine kristalline Struktur auf und ist im Wasser schlecht löslich. Seine Lösung reagiert sauer, sie schmeckt stark adstringierend, zusammenziehend. Alaun wird als mildes Ätzmittel wie auch als blutstillendes Mittel benutzt, es dient in der Papierfabrikation zum Leimen des Papieres, in der Gerberei und beim Färben von Leder als Beizmittel. Üblicherweise wird es in kristalliner, salzartiger Struktur gehandelt, wir kennen es aber auch als Alaunbrocken (Blutstillstift).

Im Pflanzenschutz ist Alaun ein altbekanntes Mittel zum Desinfizieren, Adstringieren und insbesondere zum Abschrecken von Insekten und Würmern aller Art. Üblicherweise stellt man hierzu eine höchstens 0,5 %ige Lösung her, indem man die benötigte Alaunmenge in kochendem Wasser löst und anschließend erst das restliche Wasser auffüllt. Hiermit besprüht man grüne Pflanzenteile, um Schnecken, Raupen, aber auch Blattläuse fernzuhalten. Sie mögen ganz einfach nicht den adstringierenden Belag, den sie ja zusammen mit der grünen Blattmasse fressen, und wandern wieder ab – getötet werden sie nicht.

Verreibt man Alaun zu einem feinen Pulver und mischt dieses bis zu 2 % unter groberes Gesteinsmehl, in Sägespäne oder ähnliches Material ein, so kann man hiermit einen wirksamen „Schneckenzaun" um seine Beete legen, indem man dieses Material etwa 5 cm breit und 2 bis 3 mm hoch ausbringt.

Da Alaun auf Pflanzen und Früchten recht fest haftet, müssen diese vor Verzehr gründlich, und zwar möglichst mit warmem Wasser, abgespült werden, damit sie wieder geschmacksfrei werden.

### Algenextrakt (16)

Hierunter werden *Flüssigextrakte,* gewonnen aus den Braunalgen (*Ascophyllum nodosum*), gewonnen aus der Nordsee oder dem Atlantik, verstanden.

Man fischt die riesigen Tangfelder regelrecht ab und verpreßt die noch meeresnassen Pflanzen in großen Pressen ähnlich wie z. B. Wein. Man erhält eine dicke, braun-grüne Brühe von charakteristischem Geruch.

Eine weitere Herstellungsart besteht darin, den gewonnenen Tang zu trocknen und anschließend schonend, bei möglichst niedrigen Temperaturen, zu vermahlen. Man erhält ein wasserfreies Pulver, das später wieder zur Herstellung des Flüssigextraktes mit Wasser vermischt wird.

Algen und ihre vielfältige Verwendung wurden der biologischen Landwirtschaft bekannt, nachdem man feststellte, welchen großen Erfolg Bauern an Meeresküsten, der Bretagne, der Normandie, Irland, Schottland und Norwegen, damit hatten, indem sie die vom Sturm losgerissenen Tangpflanzen einsammelten und zu Humus verarbeiteten. Die hiermit versorgten Äcker wurden ungewöhnlich fruchtbar!

Sinngemäß eroberten sich in den letzten Jahrzehnten Algenextrakte einen ständig wachsenden Markt als Bodenverbesserungsmittel, Zusatz für Düngestoffe und Pflanzenpflegemittel. Die gute Wirkung solcher Produkte auf Pflanzen war auffällig und überraschte stets den Anwender. Sie ist zurückzuführen auf den schier unglaublichen Reichtum an Spurenelementen, besonders auch solcher, die in Mineralstoffen wenig vorhanden sind, wie z. B. der Halogene Jod und Brom. Sie enthalten zudem alle Mikroelemente des Meereswassers, wie Magnesium, Kalium, Eisen, Bor, Mangan, Kupfer,

**Skizze 11**
Braunalgen, wie sie zur Herstellung von Algenpräparaten verwendet werden.
Links die Art *Ascophyllum nodosum*. Aus ihr gewinnt man die Flüssigalgenprodukte, die zur Pflanzenbehandlung, vorzugsweise über die grünen Pflanzenteile, als Blattdünger im Verhältnis von 1:250 bis 1:1000 mit Wasser gemischt aufgesprüht werden.
Rechts die Art *Fucus vesiculosus,* die getrocknet und zu einem Pulver vermahlen, für Bodendüngungszwecke, meist in Verbindung mit noch anderen düngewirksamen Produkten verwendet werden.

Molybdän, Zink. Sie enthalten in hohen Mengen Aminosäuren, die Baustoffe des Lebens, Wachstumsauxine sowie Zucker und auch organische Säuren, die die Aufnahme von Mikroelementen fördern.

Die uns reichlich zur Verfügung stehenden Algen werden zweifelsohne in der Zukunft noch eine bedeutende Rolle für die Bodenverbesserung und Pflanzenversorgung spielen. Uns interessiert hier ihr Einsatz für den Pflanzenschutz. Drei Positionen sind dabei bemerkenswert:

*1.* Algenextrakte wirken immer im Sinne der Pflanzenstärkung. Ihre Zugabe *zu allen Spritzmitteln* ist daher zu empfehlen, sie können dabei Pflanzenjauchen ersetzen.

*2.* Sie mildern die Schockwirkung jeder Pflanzenbehandlung. Bekannt ist, daß z. B. Kupfer- oder Schwefelspritzungen, wie auch der Auftrag anderer hochwirksamer Präparate stets einen gewissen Schock für die Pflanze bedeuten und sie in ihrer Entwicklung um Tage zurückwerfen kann. Eine kontinuierliche Zuckerbildung in Früchten wird beispielsweise durch eine hochprozentige Kupferspritzung gegen Pilzgefahren stets für drei bis vier Tage unterbrochen, und setzt dann erst langsam wieder ein. Die Zugabe von Algenextrakt zur Spritzbrühe vermag diesem Schock zu begegnen.

*3.* Algenextrakte besitzen vermutlich eigene, pilzwirksame Eigenschaften. Immer mehr Berichte wie auch ausgedehnte Versuche des Verfassers weisen nämlich aus, daß Algenextrakte sowohl die Wirkung anderer Präparate verstärken als auch offensichtlich eine eigene Wirkung auf Schadpilze, und hier insbesondere auf Botrytispilze, besitzen. Diese Beobachtungen sind noch zu neu und auf zu wenigen Pflanzenarten erprobt, um eine eindeutige Aussage machen zu können. Versuche des Verfassers an Wein, Erdbeeren, Kartoffeln decken sich jedoch mit Berichten anderer Anbauer, wie auch Feststellungen der Hersteller der Pflanzenextrakte, so daß es zukünftig wohl mehr darum geht, diese Beobachtungen zu untermauern und zu präzisieren, als sie überhaupt in Frage zu stellen. Die Wirkung ist vermutlich auf den hohen Gehalt an Aminosäuren, der durchschnittlich über 5 % beträgt, zurückzuführen. Aminosäuren sind Bausteine des Lebens, sie vermitteln gemeinsam mit den Spurenelementen und Mineralien eine derartige Stärkung der Pflanzengesundheit, daß die geschilderten Wirkungen erklärbar sind.

*4.* Der Einsatz von Algenextrakten ist wirtschaftlich. Als unspezifisches Stärkungs- und Blattdüngemittel wird eine Konzentration von 0,1 bis 0,5 % empfohlen, gleich 1 bis 5 l/1000 l Wasser/Hektar. Hierdurch werden, von Kultur zu Kultur etwas verschieden, die Pflanzen ausreichend mit Spurenelementen, Mineralien und Lebensstoffen versorgt. Für Pflanzenschutzpräparate sollte die Einsatzmenge etwas erhöht werden, auf 0,5 bis maximal 1 %. Die hohen Dosagen finden Anwendung bei massivem Pilzbefall, speziell auf Erdbeeren oder Kartoffeln. Unverträglichkeitserscheinungen sind nicht zu befürchten; die optimale Dosage ist mehr eine Frage des Geldbeutels, der Bodenverhältnisse, des gegebenen Düngers wie auch des Infektionsdruckes.

Algenextrakte vertragen sich mit allen anderen Spritzmitteln oder Wirkstoffen, ihr Einsatz ist nur dann überflüssig, wenn gute Pflanzenjauchen verwendet werden können. Es ist zu hoffen, daß dieses erstaunliche Präparat in der Zukunft weiteren Eingang in unsere Gärten, in den ganzen biologischen Landbau findet und daß es mit steigendem Absatz auch preiswerter wird.

**Algenkalk** (57)

Hierunter versteht man *aus dem Meer* gewonnene Ablagerungen der Kalkalgen. Bekannt sind die Korallenriffe der Südsee, die ganze Inseln bilden. Viel weniger bekannt ist, daß auch an der Atlantikküste, speziell der Bretagne und Normandie, große Kalkalgenfelder im Laufe der Jahrtausende entstanden sind, die heute industriell abgebaut werden. Die gewonnenen alten, praktisch versteinerten Kalkalgen wie auch noch junge, hellgraue Pflanzenteile werden zu feinstem Mehl vermahlen. Sie sind in jedem Falle den Kalkalgen vorzuziehen, die aus inländischen Lagerstätten früherer Meere entstanden sind, da sie einem wesentlich jüngeren Wachstum entstammen. Dieser Meeralgen-Kalk ist reich an Spurenelementen aller Art wie auch noch an relativ jungen biologischen Stoffen und Mineralien des Meeres. Kalkalgen, allerfeinst vermahlen, finden auch als Pflanzenschutzmittel Verwendung. Sie werden zum Schutz gegen Pilzerkrankungen und zur Vertreibung von Insekten auf die Pflanzen aufgepudert und zeigen dann eine durchaus ähnliche Wirkung wie die der Gesteinsmehle, Tonmineralien u. ä. Produkte.

**Asche** (64)

Wer seinen Frühjahrsbaumschnitt, seinen Heckenschnitt verbrennt, evtl. auch im Sommer gerne grillt, sollte diese Asche nicht auf den Komposthaufen tun, sondern separat sammeln. Mit einem feinen Küchensieb durchgesiebt und noch halb zu halb verdünnt mit feinem Gesteinsmehl, ist Asche ein ganz hervorragendes Präparat, um Läuse zu vertreiben. Sie wird dabei mittels der weiter unten beschriebenen Puderapparate oder auch mit einem Pinsel auf die Befallsstellen gestäubt, worauf die Schädlinge nach wenigen Stunden abzuwandern beginnen. Ihre Wirkung beruht auf den feinen Ascheteilchen, mit der die Gefühls- und Sichtorgane der Insekten verklebt werden, und auf ihrer alkalischen Reaktion, die eine Milieuumstellung auf dem Blatt bewirken. Hieraus resultiert auch eine gewisse Pilzwirksamkeit.

**Bacillus thuringiensis** (30)

Handelsname: Dipel, Thuricide HP (USA), Tarsol, Bactospeine (F) Bactucide, Biotrol u. a.

Hier handelt es sich um eines der ersten Produkte moderner Forschung im biologischen Pflanzenschutz! Dieses leider im Garten wie auch in der Landwirtschaft noch viel zu wenig beachtete Präparat soll wegen seiner Bedeutung und seiner Möglichkeit, es gezielt einzusetzen, etwas ausführlicher besprochen werden.

Bereits 1911 bemerkte der Biologe *Berliner,* daß die Larven der Mehlmotte (*Ephestia kuehniella*) an einer merkwürdigen Krankheit starben: sie verfärbten sich schwarz, hingen mit dem Kopf nach unten schlaff an Wänden oder an den Deckeln des Zuchtbehälters. Er erkannte einen neuartigen Bazillus, dessen kristalline Ausscheidungen für die Raupen tödlich war. Er nannte ihn „Bacillus thuringiensis". Es handelt sich um eine in der freien Natur äußerst selten vorkommende Bakterienart, die sich jedoch auf bestimmten Nährboden leicht vermehren ließ.

In den 20er Jahren war man dann so weit, Massenvermehrungen vornehmen zu können und auch durch schonende Trocknung der Bazillen wie ihrer Sporen ein Handelspräparat zu entwickeln. Man erprobte es zunächst gegen den Maiszünsler, die Erfolge ließen zu wünschen übrig.

Erst nach dem 2. Weltkrieg gelang es in Amerika und Ungarn, mit diesem Produkt einige Raupenarten sehr wirksam zu bekämpfen. So unter anderem die Raupen des Kohlweißlings, die sogenannten Eulenraupen.

Das Handelsprodukt besteht aus getrockneten Bakterien bzw. ihren Sporen, die zuvor ein Kristall gebildet haben, das gegenüber Raupen der sogenannten *Lepidopterenarten* wirksam ist. Man kennt hier über 150 verschiedene Arten der Raupengruppe, die man mit jeweils verschieden hohen Konzentrationen des Produktes vernichten kann.

Der Benützer muß sich also unter den Schädlingen recht gut auskennen, wie auch *die Gebrauchsanweisung sorgfältig einhalten!* Eine besondere Rolle spielt dabei die Temperatur, die je nach Schädling und Produkt nicht unter 15 bis 20° Außenwärme liegen darf. Bei geringeren Wärmegraden ist eine Wirkung nicht mehr zu erwarten.

Die in Wasser aufgeschwemmten Sporen des Produktes werden auf die zu behandelnden Pflanzen aufgesprüht. Die Raupen fressen das grüne Blattwerk und nehmen damit zugleich die Sporen und das für sie giftige Kristall mit auf und verenden innerhalb der nächsten 1 bis 3 Tage daran. Da sie aber schon sofort sehr starke Beschwerden im Verdauungstrakt bekommen, stellen sie den Blattfraß spontan ein, sie befinden sich dann bis zu ihrem Tode in einer Agonie.

Was dieses Produkt so interessant macht, ist, daß es gegen jede andere Lebensform des gleichen Insektes, gegen andere Insekten, andere Kalt- oder auch Warmblüter vollkommen harmlos ist. Es ist also ein Erzeugnis, das man gezielt einsetzen kann, ohne die sonstigen Lebensgemeinschaften zu stören.

Der Verfasser ist kein Raupenspezialist, er hat *Bacillus thuringiensis*-Präparate überall dort angewendet, wo im eigenen Garten Raupen auftraten – und hatte eigentlich stets Erfolg, wenn es warm genug war. Für ihn ist es daher gewissermaßen ein Allroundmittel geworden, das bei Raupen,

110

gleich welcher Art, immer zuerst versucht wird, bevor andere Präparate eingesetzt werden.

Prophylaktisch kann *Bacillus thuringiensis* nicht ausgebracht werden, sondern erst dann, wenn die Schädlinge sichtbar sind und ihr Zerstörungswerk beginnen. Üblicherweise wird auch eine Wiederholungsspritzung nach etwa einer Woche empfohlen. Gibt man der Spritzbrühe ein wenig Melasse, geringe Spuren Honig oder auch Zucker hinzu, so wird die Wirkung des Produktes erhöht, da die Raupen von den gezuckerten grünen Teilen besonders angezogen werden und damit um so schneller und mehr von den Bakterien aufnehmen. Es genügen 20 g Zucker, Melasse oder Honig pro 10 l Spritzbrühe.

Besonders gut sind Erfolge mit diesem Produkt gegen Kohlweißlingsraupen, Gespinstmotten an Obstbäumen, Heu- und Sauerwurm am Wein. Trotz des hohen Einstandspreises ist das Präparat in der Anwendung billig, da es im allgemeinen nur in Konzentrationen von 0,05 – 0,1 % angesetzt wird.

## Bio-S, Bio-san Artanax-S(11)

Das auch unter dem Namen „Ledax-San" erhältliche Produkt ist gewissermaßen ein Klassiker unter den biologischen Pilzbehandlungs- und Pflanzenstärkungsmitteln. Es besteht aus einer Mischung von Kräutern (Zwiebeln, Ackerschachtelhalm, Brenneln, Algen) mit Steinmehlen und Algenkalk sowie ca. 25 % Netzschwefel. Die Zusammensetzung wirkt gewebsfestigend, pflanzenstärkend und durch den Schwefelgehalt der Zwiebeln, sowie den hohen Anteil des Netzschwefels, pilzfeindlich.

In relativ kurzfristigen Spritzintervallen regelmäßig eingesetzt wirkt Bio-S gegen Mehltau und Schorf bei allen Pflanzen, gegen Braunfäule bei Kartoffeln und Tomaten, gegen den Grauschimmel bei Erdbeeren und anderen Pflanzen. Es vertreibt in gewissem Umfang Insekten, wirkt aber niemals toxisch oder auch blüteschädigend. Es ist vollkommen unbedenklich gegenüber Bienen und kann auch in offene Blüten gespritzt werden.

Die beste Wirkung zeigt das Produkt, wenn es für mehrere Tage in einer Vorbrühe angeteigt, dann durchgeseiht und anschließend mit der endgültigen Wassermenge vermischt wird. Das sorgfältige Durchseihen ist unerläßlich, um Düsenverstopfungen durch die recht stark quellenden Kräuteranteile zu vermeiden.

Bio-S-Brühen können auch noch versetzt werden mit weiteren Wirkstoffen wie beispielsweise Kupfer oder Pyrethrum, um so ein Unversalpräparat zu erhalten. Die Einsatzmenge beträgt in der Regel 0,6 %, kann aber in Perioden erhöhten Infektionsdruckes auch bedenkenlos auf bis zu 1 % erhöht werden.

Wenn man auch einen erheblichen Teil der Wirkung in diesem Präparat dem Schwefelzusatz zuerkennen muß, so kann man es trotzdem als ein vollbiologisches Produkt bezeichnen, das in Zeiten normaler Witterung einen befriedigenden bis guten Erfolg erbringt. Es ist vergleichbar mit Gesteinsmehl-Schwefel-Produkts, mit Pflanzenjauchen-Schwefel-Produkten oder ähnlich zusammengesetzten Mischpräparaten.

### Bitterstoffe (47)

Bitterstoffe, wie nachfolgend beschrieben, sollen, auf grüne Pflanzenteile aufgebracht, Fraßschäden durch Insekten, Raupen und Vögel verhindern. Sie belästigen also den Geschmackssinn blattfressender Tiere. Bitterstoffe können sein: Salze, wie z. B. Alaun, Kalisalze, Magnesiumsalze, jeweils in Wasser gelöst angewendet. Oder man verwendet Pflanzenauszüge, z. B. von Eichenrinde, Eichenblättern, Wermut, Wacholder. Ferner sind bekannt pflanzliche Wirkstoffe, chemisch bearbeitet, z. B. Gerbsäure (*Acidum tannicum*), Chinin-Sulfat oder Chininhydrochlorid, Salizilsäure (*Acidum salicylicum*) oder seine Variante, Aspirin (*Acidum acetylosalicylicum*).

Eingesetzt werden diese Produkte gegen Schneckenfraß, Raupenfraß und blattfressende Insekten. Ihre Konzentration ist verschieden, je nach dem Maß ihrer Bitterwirkung. Üblicherweise beträgt sie 0,2 – 0,5 %; nur bei Chinin, das allerdings nur über den Apotheker und auch nur bei Angabe der Gründe bezogen werden kann, da es verschreibungspflichtig ist, 0,1 % (s. Seite 87).

Hieraus werden Spritzbrühen angefertigt, mit denen man die grünen Pflanzenteile einsprüht. Auf die Behandlung von frühen Knospen, die gerne von Gelbfinken und Dompfaffen abgefressen werden, ist weiter oben besonders hingewiesen.

Die Anwendung dieser Bitterstoffe auf Nahrungspflanzen ist etwas umstritten: wäscht man Salate, Obst oder Gemüse nicht sorgfältig ab, so wirken sie natürlich auch für unser Geschmacksempfinden bitter. Wendet man daher beispielsweise Alaun- oder Tanninspritzungen an Gemüsen an, so sollten nur die randständigen Pflanzen der Beete besprüht werden, nicht aber das ganze Feld. Salate mit ihrem schnellen Wachstum sind von der Behandlung ausgeschlossen, sie wären nicht mehr genußfähig. Auf Kohlrabiblätter, bei langsam wachsenden Kohlen, können sie dagegen mit Erfolg zur Abwehr der Schädlinge verwendet werden. Auch zu Zierpflanzen und Gehölzen können sie empfohlen werden. Eine Buchenhecke beispielsweise kann vor den mitunter auftretenden Juni-Läusen sehr wirksam mit einer 0,5 %igen Alaunbrühe prophylaktisch geschützt werden.

**Bordelaiser-Brühe** (9)

Das auch „Bordeaux-Brühe" oder „Kupferkalkbrühe" genannte Produkt wurde vom Apotheker A. Millardet aus Bordeaux ab etwa 1885 im Weinbau gegen die im Bordeauxgebiet besonders schlimm wütende Peronospora erfunden. Es ist ein leicht herstellbares Kupferkalkpräparat, dessen Anwendung an den grünen Rebpfählen, Hauswänden und der blaugrünen Blattverfärbung leicht kenntlich ist. Die Bordelaiser-Brühe ist dann zwischen den Weltkriegen durch andere Kupferpräparate bzw. die sogenannten Weißspritzmittel verdrängt worden, feiert aber heute über die Mildkupferpräparate, die ja ebenfalls aus Kupfer und Kalk zusammengesetzt sind, eine Auferstehung.

Die Brühe ist, besonders im Weinbau, unverändert erfolgreich wirksam, ihre Herstellung einfach und billig, und für die Selbstherstellung sollte eigentlich ein „come back" erfolgen. Es gibt verschiedene Rezepturen, eine sehr einfache sei nachstehend genannt:

a) Kupfersulfat (Kupfervitriol) 1,0
   Wasser 50,0
b) gebrannter Kalk 1,0
   Wasser 4,0
c) Wasser 5,0
d) Wasser 45,0

a) Kupfersulfat wird in der angegebenen Wassermenge gelöst.
b) Der noch ungelöschte Kalk wird innerhalb von fünf Minuten in der angegebenen Wassermenge gelöscht. Vorsicht vor Spritzern!
c) Diese Wassermenge wird anschließend b) hinzugefügt, die Gesamtlösung b) + c) wird durch ein Tuch oder feines Sieb geseiht.
d) In einem Holzbottich oder Plastikgefäß werden alle Mischungen mit dem restlichen Wasser zusammengerührt.

Die anwendungsfertige Mischung wird mit grober Düse versprizt. Vorsicht bei der Ausbringung, sie wirkt auf Haut und Schleimhäute leicht ätzend, Gesicht und Hände also schützen, Hut aufsetzen. Befallene Hautstellen mit Seife alsbald abwaschen.

Vorteilhaft ist es, wenn man pro Liter Spritzbrühe etwa 30 g Zucker hinzufügt, den man in der Wasserlösung d) vorher auflöst. Dadurch werden Spritzschocks und evtl. Brandschäden an jungen Blättern bei hoher Sonneneinstrahlung vermieden. Auch wird die Haftfähigkeit der Brühe verbessert. Alle Rohstoffe erhält man über die Drogerie bzw. Apotheke.

Neben Spritzungen gegen Peronospora im Weinbau hat sich diese Brühe auch gegen die Kräuselkrankheit des Pfirsichs hervorragend bewährt. Man wendet sie ab Winterende bis Knospenaufbruch an.

Auch im Kartoffelanbau kommt sie wieder zum Einsatz. Nicht verwendet werden sollte sie im Gemüsegarten, dort nimmt man bei Peronosporagefahr lieber die weiter unten beschriebenen Kupferpräparate.

**Brennessel (***Urtica dioica* = **große Brennessel und** *Urtica urens* = **kleine Brennessel)** (42)

Volksnamen: Nessel, Hanfnessel, Nettel, Donnernessel

Botanik: Brennesseln wachsen überall auf stickstoffreichen Böden. In dieser Hinsicht sind sie sogar ein Anzeiger für humose, lockere, stickstoffreiche Böden. Die Blütezeit ist Mai bis Juli. Sie wachsen merkwürdigerweise gerne und konzentriert in der Nähe menschlicher Behausungen oder Ansiedlungen. Eine Brennessel kennt wohl jeder – eine Beschreibung ist daher überflüssig. Sie muß nur unterschieden werden von der sogenannten Taubnessel, die die bekannten schönen blau-lila Blütenstände besitzt.

Die kleine Brennessel ist dabei die aggressivere in ihrem Brennverhalten, ihre Brennhärchen sind härter, kleiner und reagieren daher empfindlicher. Verwendet wird stets das ganze Kraut. Die Brennessel ist reich an Gerbstoffen, Eisen, Vitaminen, Mineralsalzen, und in ihren Brennhaaren befindet sich ein Nesselstoff, der der Ameisensäure recht ähnlich ist.

Die Brennessel ist eine „Gesundmacherpflanze". Dies nicht nur für Menschen, sondern auch für Böden und kranke Pflanzen. In der Medizin wird sie als Anregung für den gesamten Körperstoffwechsel sowie als Produkt gegen Rheuma, Gicht, Galle und Leberbeschwerden eingesetzt. Unter den Bergbauern Tirols gilt heute noch das barbarische Rezept, gegen Rheuma die befallenen Stellen mit Brennesselkraut zu schlagen oder sogar die Schuhe hiermit auszulegen.

Den höchsten Wirkungsgrad haben Brennesseln, die kurz vor bis während der Blüte gesammelt werden; im späteren Jahresverlauf gesammelte Kräuter sind weniger wirksam.

Verwendet wird sowohl die grüne Pflanze wie auch das getrocknete Kraut. Die Hauptverwendung dürfte wohl in der Bereitung einer Brennesseljauche zur allgemeinen Pflanzenstärkung liegen. Ihre Herstellung wird separat beschrieben.

Eine große Bedeutung im Pflanzenschutz besitzt der sogenannte Brennessel-Kaltwasserauszug. Er vertreibt mit hoher Sicherheit Läuse oder dient als Basislösung für Spritzbrühen, denen noch andere Wirkstoffe zugefügt werden.

Seine Herstellung ist einfach: Ein beliebig großer Behälter – vorzugsweise mit etwa 15 l Inhalt, gleich also dem Inhalt einer Rückenspritze –, wird locker mit Brennesselkraut gefüllt. Getrocknete Kräuter oder gar

114

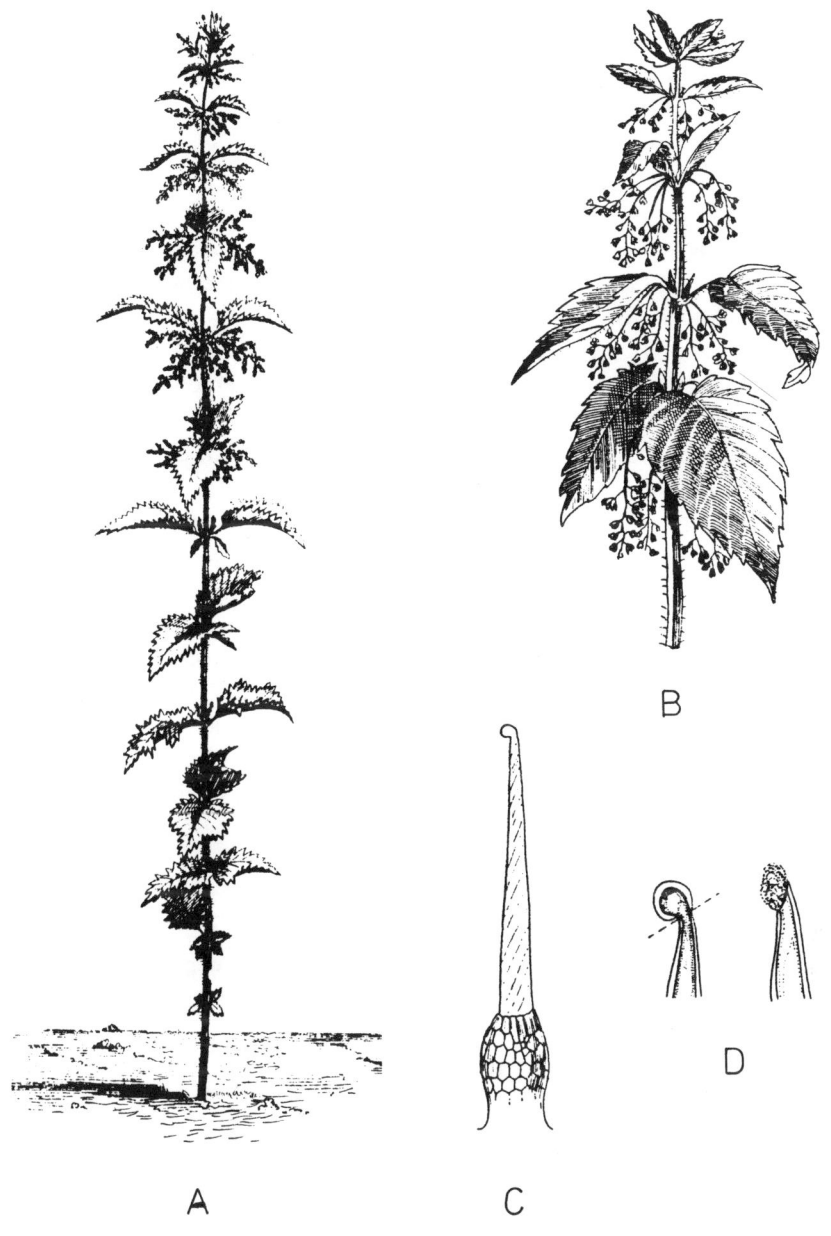

**Skizze 12**

**Brennessel** Große Brennessel *Urtica dióica L.* Kleine Brennessel *Urtica urens L.*

A = Große Brennessel, Stengel wird bis zu 2 m lang
B = Triebspitze während der Blüte – jetzt wird geerntet
C = Brennhaar ca. 50mal vergrößert
D = Nur der Brennhaarkopf bricht ab – austretende Brennflüssigkeit ca. 200mal vergrößert

115

Brennesselpulver sollten nicht verwendet werden, Auszüge hieraus zeigen bei *dieser* Anwendung nur eine geringe Wirkung.

Dann gießt man den Behälter voll Wasser und läßt ihn bis höchstens *24 Stunden lang* stehen. Bei sehr warmer Witterung sollte die Standzeit sogar nur 12 Stunden betragen. Jetzt seiht man diese Brühe durch und hat das anwendungsfertige Spritzmittel.

Es sind vorwiegend die „brennenden" Wirkstoffe der Brennessel (Nesselgift, Ameisensäure), die durch diese Kurzbehandlung ausgezogen werden und nun auf die Schädlinge entsprechend einwirken. Die Wirkung dieses Brennesselauszuges kann deutlich erhöht werden, wenn man die Hinweise, die bei dem Stichwort „Ätherische Öle" (50) genannt wurden, beachtet, das heißt noch etwas Lavendel- oder Fichtennadelöl hinzufügt.

Die Wirkung einer solchen Spritzung setzt nach etwa 3 bis 5 Stunden ein, sie erreicht nach 12 Stunden ihren Höhepunkt und flacht dann wieder ab. Es werden niemals alle Läuse von den Blättern, den Trieben vertrieben; Wiederholungsspritzungen im Abstand von 5 bis 8 Tagen sind daher notwendig. Üblicherweise sind aber nach 3 bis 5 Wiederholungsspritzungen Blätter bzw. Triebe derart gekräftigt, daß eine weitere Besiedelung durch die Schädlinge nicht mehr erfolgt.

Der Brennessel-Kaltwasserauszug ist bei biologisch behandelten Böden ein relativ sicher wirkendes Mittel, um auch massivem Läusebefall entgegenzuwirken. Sind die Böden dagegen durch wasserlösliche Stickstoffdünger überreichlich versorgt, die Pflanzen also daher übermäßig empfindlich geworden, so ist die Wirkung nicht zuverlässig. Es ist also ein typisches Produkt, das im Zusammenspiel zwischen biologischer Bodenpflege und Schutzmittel seine volle Wirkung entfaltet.

### Brennesseljauche (18)

Die Herstellung einer Brennesseljauche ist weiter vorne im Buch ausführlich beschrieben. Der Verfasser verweist zudem auf sein Buch „Biologisch richtig düngen", siehe Literaturverzeichnis, in dem dieses „Wundermittel" des biologischen Gartenbaues noch ausführlicher beschrieben wird.

Neben den bodenlockernden und blattdüngenden Eigenschaften wirkt auch die Brennesseljauche insektenabwehrend. Wer also regelmäßig, das heißt alle 8 bis längstens 14 Tage, seine Gemüse mit Brennesseljauche pflegt, diese vielleicht noch angereichert mit etwas Zwiebel-, Lavendel- oder Thymianbeigabe, wird kaum unter Insektenzuzug zu leiden haben! Es ist dies die Wirkung der allgemeinen Pflanzenkräftigung, wie auch Blatthärtung durch die vielen wertvollen Inhaltsstoffe dieses, man muß wirklich sagen, Wunderkrautes.

116

**Chemische Desinfektionsmittel** (4)

Eine Reihe starker Desinfektionsmittel werden in der Landwirtschaft und Viehhaltung schon seit altersher angewandt. Um nur einige aufzuführen: Verdünntes Kreosolwasser (2,5 %ig), Phenollösung, Karbolsäurelösung jeweils 3 %ig, Sublimatlösung (0,05 – 0,1 %ig), frisch gelöschter Kalk, Kalkmilch, Formaldehyd (1 %ig). Diese früher verwendeten und zum Teil doch sehr aggressiven Produkte wurden jedoch größtenteils durch neuere Kombinationspräparate ersetzt, wenn es darum geht, bakterielle Erscheinungen zu bekämpfen.

Uns interessiert der Pflanzenschutz, hier bewährt sich das alte Holzkohlenteeröl, bekannt unter dem Namen *Karbolineum,* immer noch vorzüglich zur Behandlung von Infektionen, bis hin zur Bekämpfung von Krebs an Baumstämmen.

Eine Sonderstellung nimmt das Produkt „Chinosol®" ein, das sich beispielsweise als Schutzmittel gegen Botrytisinfektionen bei der Stecklingsvermehrung im Weinbau einen guten Ruf erworben hat. Wir bekämpfen ferner hiermit Fäulniserscheinungen aller Art an Stämmen und Ästen der Bäume zum Schutz vor Infektionen.

Chinosol erhält man in Apotheken, es wird dort als ein altbekanntes Gurgelmittel gehandelt; für den Pflanzenanbauer gibt es auch spezielle Produktformen und Packungsgrößen.

Die nach Gebrauchsanweisung anzusetzende Lösung kann auch hervorragend verwendet werden, um der Witterung ausgesetzte Holzteile zu schützen. Es wirkt auf die Kleinlebewelt des Kompostsilos dabei weit weniger aggressiv als die bekannten Holzschutzmittel. Fügt man der wäßrigen Lösung der Tabletten noch 5 bis 10 % Brennspiritus zu, so dringt sie tiefer ein.


**Comfrey** – *Symphytum officinale* (19)

Volksnamen: Beinwell, Beinwurz, Bienenkraut, Schmalwurz.

Im deutschen Sprachgebrauch ist der Begriff Beinwell üblich, der Name Comfrey hat sich, aus dem Englischen kommend, erst seit einigen Jahren eingebürgert.

Botanik: Wildwachsender Comfrey bevorzugt feuchten Boden an Waldrändern, Gräben oder Bachufern oder Gebüschnähe. Die Pflanze kann bis zu 1 m und höher werden und trägt, einem außen schwarzen und innen weißen Wurzelstock entspringend, viele verästelte Stengel, die rauh-behaarte Blätter tragen. Die rot-violetten, mitunter gelblich-weißen, glockigen Blüten, sitzen in übereinander hängenden Trauben. Comfrey kann leicht im Garten, auch an schattigen Stellen, angepflanzt werden, er verlangt ausreichende Bewässerung.

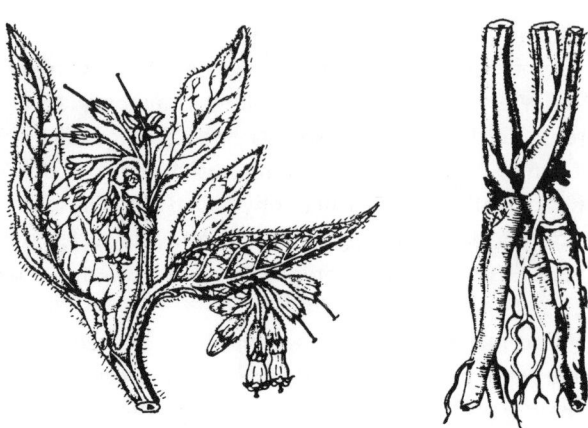

Skizze 13
Comfrey – Beinwell
*Symphytum officinale*
Zweigspitze und Wurzel

Es handelt sich um eine altbekannte Heilpflanze, die schon in den Schriften der *Hildegard von Bingen* oder des *Paracelsus* erwähnt wird. Sie ist sehr wirkstoffreich und enthält Gerbstoffe, Allantoin, Asparagin, ätherische Öle u. a. Man verwendete sie zur Heilung von Wunden, Geschwüren und Knochenbrüchen, gegen Eiterungen, bei offenen Beinen usw. Kurz, Beinwell als Kraut, verarbeitet zu Salben, aber auch als Tee, ist eine vielverwendete Arzneipflanze. Gerade der Gebrauch für Tee als tägliches Getränk kam so in Mode, daß vor einiger Zeit die medizinische Wissenschaft hiervor warnte und auf den Charakter als Heiltee hinwies, also als ein Mittel, das nur gegen Krankheiten, nicht aber alle Tage zu sich genommen werden sollte. Bei Dauergebrauch seien Leberschäden nämlich nicht auszuschließen.

Einen ähnlichen Siegeszug wie in der Medizin war auch im biologischen Landbau zu verzeichnen: Comfrey wurde der Brennessel gleichgesetzt und in ähnlichem Sinne verwendet, also zur Jauchenherstellung für Boden- und Gründüngung, zur Kompostverbesserung usw. Ein Vorteil ist darin zu sehen, daß man Comfrey leicht im eigenen Garten anpflanzen kann und daß er nicht brennt beim Einsammeln.

Eine schwache Comfreyjauche oder Comfreybrühe kann als Ansetzwasser für alle Pflanzenbehandlungsmittel hervorragend verwendet werden, sie unterstützt die Wirkung anderer Substanzen, macht sie gegebenenfalls verträglicher und fördert in jedem Fall die Pflanzengesundheit.

**Cumarin** (55)

Chemisch bezeichnet handelt es sich um das „Lacton der o-Oxyzimtsäure", auch Cumarinsäure genannt. Jeder kennt den herrlichen Geruch des Cumarins. Es entwickelt sich beim Trocknen gemähten Grases, in dem sich viel Steinklee und Waldmeister befindet. Es ist der typische Heugeruch na-

118

türlicher, nicht überdüngter Wiesen. Der Geruch entsteht aus dem Pflanzenstoff Melilotin, infolge enzymatischer Spaltung durch den Trocknungsvorgang.

Der Wirkstoff hat die interessante Eigenschaft, das Blut zu verdünnen und die Kapillar-Durchlässigkeit herabzusetzen. Die Steinkleepräparate werden deshalb in verschiedenen Anwendungsformen bei Krampfadern und Hämorrhoiden verwendet.

Vor etwa zwei Jahrzehnten entdeckte man, daß Cumarin bei höherer Dosierung die Blutgerinnung hemmt und verwertete diese Erkenntnis ebenfalls in der Medizin, vor allen Dingen bei der Behandlung von Herzkrankheiten.

Und – man verwendete es zur Bekämpfung der Nagetiere. Einem geeigneten Lockmittel, z. B. Haferflocken, wird der Cumarinwirkstoff in recht hoher Menge beigegeben, so daß er, besonders bei wiederholter Aufnahme des Produktes, die Blutgerinnung aufhebt. Nagetiere verletzen sich am Gebiß wie auch im Magen-Darmtrakt recht häufig, wobei es zu leichten Blutungen kommt. Diese werden jetzt nicht mehr gestillt, das Tier blutet nach und nach ganz langsam und dabei völlig schmerzlos aus und stirbt quasi eines natürlichen Todes. In keinem Fall werden, wie bei anderen Ratten- oder Mäusepräparaten, die mit Zink- oder Quecksilbergiften versehen sind, und die oft einen qualvollen Tod verursachen, die übrigen Tiere, die in den gleichen Gängen hausen, gewarnt. Auch sie nehmen daher unbedenklich von dem weiter ausgelegten Futter.

Besonders das Präparat „Quiritox®" (siehe Lieferantenverzeichnis) als Fertigköder auf Johannisbrotbasis gegen Wühlmäuse, wie auch eine Reihe anderer Cumarinprodukte gegen Ratten, machen die Bekämpfung dieser Tiere leicht. Selbstverständlich kann man es auch gegen Feldmäuse einsetzen, obgleich hier die Wirkung der altbekannten Giftgetreidekörnchen noch sicherer ist.

Alle Cumarin-Fertigpräparate müssen verschlossen, für Kinder unzugänglich, aufbewahrt werden, damit diese nicht daran naschen. Der Fall tritt leider – ähnlich wie bei den bunt eingefärbten Schneckenkörnchen – recht häufig ein! Ein Arzt sollte in diesem Fall unbedingt aufgesucht werden, obgleich die mögliche Vergiftung relativ harmlos ist und schnell wieder vergeht.

### Derris (Rotenon) (28)

Rotenon nennt man den Wirkstoff, der aus der Leguminosenart *Derris elliptica* stammt, einer Pflanze, die vorwiegend auf den indonesischen Inseln und vereinzelt in Mittelamerika wächst. Die geernteten Wurzeln werden gemahlen, getrocknet und mit organischen Lösungsmitteln ausgezogen. Die Lösungsmittel verdunsten, übrig bleibt ein Extrakt, hoch angereichert mit dem Wirkstoff Rotenon.

Die Wirkung des Präparates ist ähnlich der des Pyrethrum, es ist also auch ein Vollinsektizid, jedoch mit einer etwas langsamer eintretenden Wirkung als bei Pyrethrum. Fertigprodukte werden im Haushaltsbereich, weniger gegen fliegende, als gegen festsitzende, sich nur langsam bewegende Insekten bzw. Würmer eingesetzt. Eine recht spezifische Wirkung hat man bei Blattläusen, Spinnmilben, Erdflöhen und den Wicklerraupen im Weinbau festgestellt. Ganz besonders bewährt sich Rotenon bei der Wäsche des Weideviehs zur Bekämpfung der Dasselfliege. Rotenon ist nicht nur ein Berührungs- sondern auch ein Magengift.

Zwischen den Kriegen kämpften gewissermaßen die Wirkstoffe Pyrethrum und Rotenon um eine Vorherrschaft in der Anwendung.

Es hat sich jedoch herausgestellt, daß beide Präparate sich sehr gut ergänzen hinsichtlich längerer Wirkungsdauer und auch sichererer Wirkung. Während Derris-Pyrethrum-Präparate in der Schweiz und Österreich erhältlich sind, ist die Verwendung von Derris in Deutschland untersagt, so daß weder die Wurzel noch das daraus gewonnene Rotenon im Handel erhältlich ist.

Interessant ist die Entdeckung des Wirkstoffes. Man fand es als ein Pfeilgift der Eingeborenen auf den Philippinen, Malaysia usw. und beobachtete auch eine merkwürdige Art des Fischfanges: Wurden in natürlichen Höhlen unter Wasser größere Fische, Fischansammlungen beobachtet, so tauchte ein Eingeborener und spritzte aus seinem Mund den Rotenongiftstoff unter Wasser in die Höhle hinein. Schon nach kurzer Zeit kamen die betäubten oder sogar getöteten Fische an die Oberfläche.

Dies weist auf zweierlei hin: einmal die hohe Ungiftigkeit des Produktes für Warmblüter, zum zweiten eine besonders hohe Fischgiftigkeit. Rotenonprodukte sollten daher niemals in der Nähe von Gewässern eingesetzt werden.

Derrispulver oder der aus der Wurzel gewonnene Rotenonwirkstoff wird als Einzelprodukt vorwiegend in Amerika wie auch Afrika bei der Pflege der Rinder eingesetzt. In Europa kennt man eigentlich nur die Kombination mit Pyrethrum. Verwendet werden diese Produkte vorzugsweise gegen Bodenschädlinge, Raupen und festsitzende Insekten. Die Produkte werden in Lösungen von 0,1 bis 0,2 % versprüht; man kennt auch fertig präparierte Stäubepräparate. Ähnlich wie bei Pyrethrum wird der Wirkstoff durch Licht und Luft relativ schnell abgebaut, so daß nur geringe Wartezeiten zu beachten sind.

Sicherlich ist das Verbot von Derrisprodukten in Deutschland nicht ohne Grund erfolgt, gesundheitliche Bedenken waren hier ausschlaggebend. Der

Verfasser meint auch, daß der Wirkstoff Pyrethrum als pflanzliches Insektizid in diesem Bereich ausreichend ist, so daß auf die Rotenonverwendung verzichtet werden kann.

### Farne (20)

Eine Pflanzenfamilie großer Artenzahl und über die ganze Welt verbreitet, heute gewissermaßen Überbleibsel der riesigen Farnwälder der Carbonzeit. Es sind blütenlose, sich durch Sporen fortpflanzende Gewächse, sogenannte Kryptogamen, die auf Windbestäubung angewiesen sind. Die Volksnamen: Bandwurmwurzel, Wanzenkraut, Schnakenkraut, Flohkraut, weisen auf die arzneiliche Bedeutung einiger bestimmter Farne, insbesondere des Wurmfarnes hin; sie werden bis heutigen Tages als Wurmmittel geschätzt, und man stellt aus ihnen auch Einreibemittel gegen Schnaken, Flöhe usw. her.

Farne lieben halbschattige, feuchte Standorte, sie sind daher vorzugsweise in lichten Buchenwäldern, an Bachrainen und an Wandrändern zu finden. Wenn wir sie sammeln, so keinesfalls durch Ausreißen der Wurzel, sondern durch sorgfältiges Abschneiden der Stiele. In manchen Gegenden stehen Farne sogar unter Naturschutz.

Für den Pflanzenschutz haben drei Farne eine spezielle Bedeutung erlangt. Es ist einmal der am häufigsten und über die ganze Welt verbreitete Adlerfarn – *Pteridium aquilinum* –, jeder kennt ihn, die Gewächse werden bis zu 1,5 m hoch und wachsen in den Alpenregionen sogar bis in Höhen

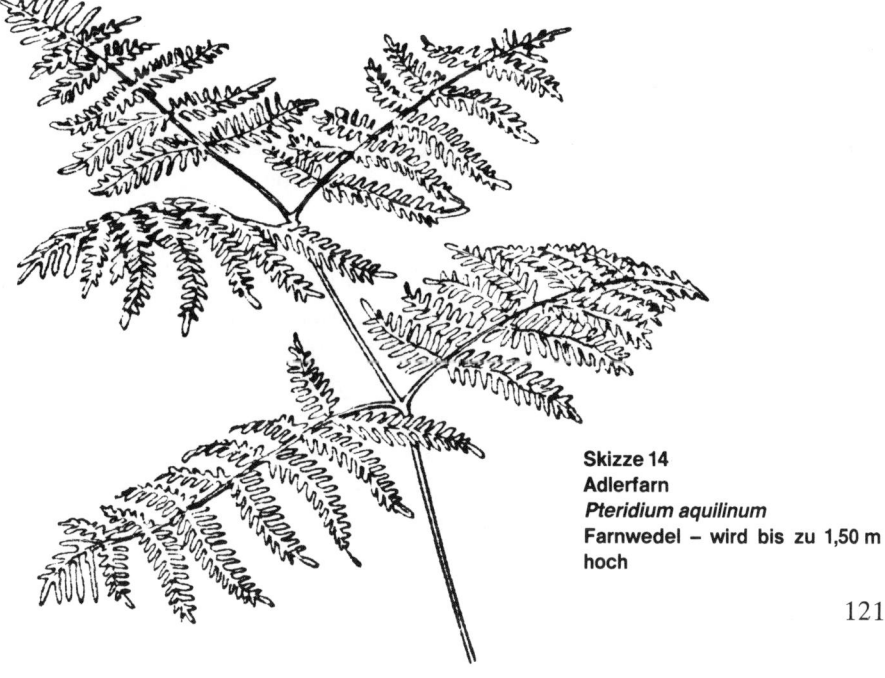

Skizze 14
Adlerfarn
*Pteridium aquilinum*
Farnwedel – wird bis zu 1,50 m hoch

121

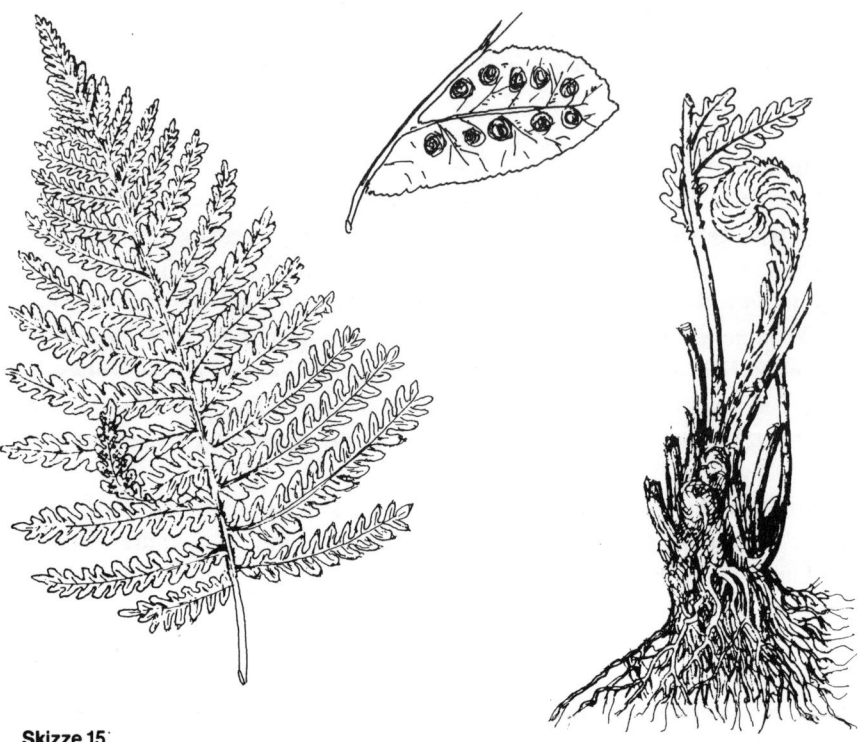

**Skizze 15**
Wurmfarn *Dryopteris* (früher *Aspidium*) *filix – mas*
Farnwedel – Wurzel und Sporenhäufchen auf der Blattunterseite

über 1500 m. Wegen seines hohen Wuchses nennt man den Adlerfarn auch Großfarn, Hochfarn, Stock- oder Stengelfarn. Wo er reichlich wächst, wird er von Landwirten gerne unter das Streu für Vieh gemischt, aber auch zum Abdecken von Beeten im Herbst und Winter verwendet. Von ihm stammt der Begriff „Farnstreu". Adlerfarn, der recht kalihaltig ist, wird zur Kompostverbesserung eingesetzt, wie aber auch als Jauche gegen Blattläuse verwendet.

Ein anderes Rezept empfiehlt ihn gegen Blutläuse, indem man ca. 5 g grob gehackten Farnes mit 1/2 l Wasser in der Flasche ansetzt und 14 Tage stehen läßt. Mit diesem Auszug werden dann Stämme und Äste, auf denen sich Blutläuse befinden, eingepinselt bzw. abgerieben.

Ähnlich häufig trifft man den kleinen Wurmfarn – *Dryopteris filix-mas* (*Aspidium* f.-m.). Bei ihm ragt der Wurzelstock aus dem Boden etwas hervor und trägt einen ganzen Büschel prächtiger Blätter. Die abgestorbenen, faserigen Wurzeln und Blattstengelreste des vergangenen Jahres umgeben dabei den Wurzelstock mit einem dichten Filz. Die meist dünnen, aber gro-

122

ßen Blätter bilden einen Trichter, so daß sie viel Licht und Feuchtigkeit auffangen können. Die Sporen auf den Unterseiten der Blätter, die im Herbst abgeschüttelt werden können, werden übrigens ebenfalls arzneilich verwendet und dienten gemeinsam mit den Bärlappsporen dem Apotheker dazu, seine Pillen zu bestäuben, so daß sie nicht zusammenkleben.

Wurmfarn ist ein beliebtes Mittel, sowohl gegen Blatt- wie aber auch gegen Schild-, Schmier- und Blutläuse. Das Kraut wird zur Herstellung einer Brühe verwendet, wobei man 1 kg Kraut mit 5 l Wasser etwa eine Stunde lang kocht, dann abseiht und weitere 5 l Wasser zugibt. Statt 1 kg frischen Krautes kann man auch etwa 150 g der käuflichen, getrockneten, Droge verwenden.

Auch hiermit wird die Pflanze eingespritzt bzw. die verlausten Stellen kräftig eingepinselt und abgerieben. Um einen Erfolg gegen die Schild- und Schmierläuse zu gewährleisten, sollte dieser Brühe noch 2 % Brennspiritus und 1 % Seife zugesetzt werden, sonst bekommt man die hartnäckigen Tiere wohl nicht weg.

Der Rainfarn – *Chrysanthemum vulgare (L.) Bernh. / Syn. Tanacetum vulgare L., Chrysanthemum tanacetum Karsch. (Compositae)* – wird lediglich wegen seines Namens an dieser Stelle besprochen. Er ist kein „Farn", sondern eine Blütenpflanze aus der Familie der Compositen und sieht der Schafgarbe entfernt ähnlich.

Sein Volksname ist: Wurmsamen, Wurmkraut, Rehfarn, Michelkraut, Tannkraut. Seine Wirkstoffe sind Bitterstoffe, Gerbstoffe, Ätherisches Öl mit Thujon, ein Glycosid und Vitamine. Das ätherische Öl wirkt gegen Würmer bei Mensch und Tier.

Arzneilich wird das blühende Kraut bzw. die Blüten alleine verwendet, oft auch lediglich das ätherische Öl dieser Pflanze.

Skizze 16
Rainfarn *Chrysanthemum vulgare (Tanacetum vulgare)*
Blütenkopf des bis zu 1,50 m hohen Stengels.
Der Rainfarn ist kein Farngewächs, sondern gehört zur Familie der Korbblütler. Die Bezeichnung stammt von den farnblattähnlichen Blättern.

123

Rainfarn kann giftig wirken und darf daher nicht in Ställe gebracht oder als Tee getrunken werden. Er verursacht Schwindel, Leibschmerzen, Atemnot und Krämpfe.

Im biologischen Pflanzenschutz wird er speziell gegen Milben an Erdbeeren, Brombeeren und Himbeeren verwendet und besitzt ferner eine, allerdings schwache, Wirkung gegen Blattfleckenkrankheit an Tomaten sowie Rost und Mehltau. Eine Brühe wird etwas intensiver angesetzt: 300 bis 400 g auf insgesamt 10 l Wasser bzw. 50 g getrockneten Krautes auf 10 l Wasser. Gegen Milben wird dann diese Brühe unverdünnt verspritzt, gegen Mehltauarten, Rost und Blattfleckenkrankheit wird man sie noch mit der doppelten Menge Wasser verdünnen.

Im Gegensatz zu den eigentlichen Farnarten bevorzugt Rainfarn sonnige Plätze und sonnige Waldränder. Besonders gerne siedelt er sich auf Schuttplätzen an. Das Einsammeln dieser Pflanze überlasse man nicht Kindern!

**Gesteinsmehle** (15)

Der Verfasser wies bereits in dem Buch *Snoek/Wülfrath* „Das Buch vom Steinmehl" (siehe Literaturverzeichnis) auf die Möglichkeiten hin, mit ganz bestimmten Produkten sehr wirksam sowohl gegen Insekten als auch Pilzinfektionen vorzugehen. In Frage kommen jedoch nicht die üblichen Gesteinsmehle, auch wenn sie feinst vermahlen sind – obgleich auch ihnen eine Wirkung zugesprochen wird –, sondern bevorzugt speziell für diesen Zweck hergestellte Produkte. Sie sind derzeit unter dem Namen „CP"-Mineralpulver, „DONATUS-Phonolitpuder pH 10,5" und „FFM 500" (siehe Lieferantenverzeichnis) erhältlich.

Diese Produkte weisen alle eine gewisse Ähnlichkeit auf: ultrafeine Vermahlung des Gesamtmateriales unter 20 μ, davon über die Hälfte kleiner als 2 μ (zum Vergleich: ein rotes Blutkörperchen hat einen Durchmesser von 7 μ!), hoher Silikatgehalt von mindestens 50 %, hohe Alkalität in wäßrigem Milieu von mindestens pH 10,0. Alle die genannten Präparate erfüllen die Voraussetzung; bei „CP"-Mineralpulver werden sie hinsichtlich Silikatgehalt und Ph-Wert noch weit übertroffen.

Solche Produkte besitzen einen sehr hohen Deodorierungseffekt, sie stimmen das meist schwach saure Blattmilieu um in Richtung neutral bis schwach alkalisch, sie härten die Epidermis junger Blätter oder Triebe wie auch von Früchten (gleicher Effekt wie Wasserglas) und sind in der Lage, einen hauchfeinen, aber äußerst wirksamen und gut haftenden Schutzfilm auf die Pflanzenteile zu legen.

Aufgetragen als Puder durch eine geeignete Puderspritze oder Pudermaschine, etwa 200 bis 300 g pro 100 m², oder als Spritzmittel, in Wasser angeteigt, in einer Dosage von 0,5 % bis 3 %, wirken sie sowohl gegen Pilzinfektionen als auch Insektenbesiedlung, ohne dabei Insekten zu töten und selbstverständlich ohne Nutzinsekten in ihren Lebensvoraussetzungen zu beeinträchtigen. Die Wirkung beruht bei Schadpilzen auf dem Pflanzenstärkungs- und Blatthärtungseffekt; ferner auf dem geschlossenen Schutzfilm, der durch sein alkalisches Milieu zufliegende Pilzsporen noch zusätzlich schwächt. Die Gesteinsmehlpartikelchen wirken ferner auf bereits vorhandene Pilzinfektionen austrocknend, lokalisierend. Bei einem beispielsweise von *Peronospora* befallenen Weinblatt wird sich die Infektionsstelle nicht weiter ausbreiten und sogar eintrocknen, wobei das Blatt weiterlebt und voll assimiliert.

Wie alle Pilzpräparate müssen diese Spezialgesteinsmehle selbstverständlich vorbeugend und rechtzeitig aufgetragen werden, sie haben zudem hinsichtlich der Pflanzenstärkung eine kumulierende Wirkung. Der beste Effekt wird also erreicht, wenn ab Knospenaufbruch eine 10- bis 14täglich Behandlung erfolgt.

Eine Wirkung gegen Insekten wird nur bei festsitzenden, sangenden und blattfressenden Arten erzielt; fliegende, das heißt eiablegende Tiere, werden also nicht beeinträchtigt. Auch Insekten sind sehr milieufixiert, sie lieben ihr ganz spezielles Blatt-pH. Sie lieben auch den spezifischen Pflanzengeruch ihrer bevorzugten Wirtspflanze. Man denke z. B. daran, daß eine Bohnenblattlaus sich eben nur die Bohne aussucht und keine Kirsche befliegt, daß Apfelblattläuse nicht auf Gemüsepflanzen anzutreffen sind. So gibt es Hunderte von Lausarten. Zufliegende Läuse werden durch den Deodorierungseffekt verwirrt und durch das andere Milieu sowie durch die Blatthärtung wieder von der Wirtspflanze vertrieben. Bestäubt man dagegen befallene Triebe oder Pflanzenteile direkt, so beeinträchtigt man die Lebensfunktion der Tiere, indem die Nervenenden an Füßen und Fühlern sowie ihre Sichtorgane verklebt werden; auch die Atmungsorgane, die sogenannten Tracheen, können verstopft werden. Das Tier fühlt sich höchst unbehaglich und wandert ab. Ein Spontaneffekt wie bei einem Insektizid ist sebstverständlich nicht zu erwarten; man wird nur nach einigen Tagen feststellen: die Masse der Läuse ist abgewandert, die wenigen, sehr robusten Tiere, die noch verblieben sind und die meist in ihren Lebensfunktionen stark beeinträchtigt wurden, sind eigentlich tolerierbar.

Gesteinsmehlspritzungen sollen nicht in die aufgehende oder volle Blüte erfolgen, da der Kristallcharakter der Produkte gemeinsam mit dem Wasseranteil bei Sonneneinwirkung zu Blattverbrennungen führen kann. Auch bei blattempfindlichen Sorten, wie Klarapfel, Neuzüchtungen von Cox-Orange oder Golden Delicius, bleiben die Anwendungskonzentrationen in einer wäßrigen Brühe niedrig, um derartige Schäden zu verhüten. Ein Puderauftrag dagegen wird anstandslos vertragen. Gesteinsmehle können dabei in ihrer Wirkung noch verstärkt werden durch Zugabe bestimmter Wirkstoffe, wie beispielsweise Schwefel oder Kupfer, wobei die Zugabemengen grundsätzlich gegenüber einer isolierten Anwendung nur halb so hoch zu sein brauchen. Eine besonders gute Wirkung zeigen Gesteinsmehlspritzungen, wenn man der Spritzbrühe noch Pflanzenjauche (Brennnessel, Comfrey) oder Algenextrakt 0,1 %ig zufügt. Der Algenextrakt scheint dabei die Pilzwirksamkeit eines Kombinationsproduktes vorteilhaft zu verbessern.

Mit Gesteinsmehlen im Garten und im Pflanzenschutz muß man sich einarbeiten. Nachteilig ist der Staubfilm auf den behandelten Früchten und Gemüsen, der jedoch leicht abgewaschen werden kann. Bei Lagerobst oder -gemüse verbessert er sogar deren Lagerfähigkeit.

Da Gesteinsmehle natürlich auch stets den Boden günstig beeinflussen, kann man sie eigentlich in dieser Spezialausführung als Allroundmittel bezeichnen. Einem biologisch arbeitenden Gärtner, der im allgemeinen ja bereits viel vom Gesteinsmehl hält, seien daher Versuche mit diesen Spezialmehlen im Pflanzenschutz empfohlen; er wird sie ob seiner guten und auch ohne spezielle Zusätze meist ausreichenden Wirkungen bald nicht mehr missen wollen.

### Gewürz- und Heilkräuter (46)

Bereits im Kapitel über ätherische Öle (50) wurde über die Bedeutung dieser Pflanzen im biologischen Pflanzenschutz gesprochen. Die sogenannten *Phytonzide*, über die ja jede Pflanze verfügt, sind hier besonders ausgeprägt und reichhaltig vorhanden. Zu den bemerkenswertesten Pflanzen zählt der Verfasser folgende: Kapuzinerkresse, Zwiebel und Lauch sowie Knoblauch, Lavendel, Thymian, Rosmarin wie auch wilder Thymian (Quendel), Origanum (Dost), Pfefferminze, Kamille, Schafgarbe, Wermut und Baldrian, sowie auch Tomate und Dill. Bei den Blumen zählen Tagetes, Ringelblumen und Astern zu solchen besonders nützlichen Pflanzenarten.

Alle diese Gewächse pflanzt man nicht isoliert, wie beispielsweise in einem Kräuterbeet, sondern mitten hinein in die Nutzpflanzen, unter Bäume oder Sträucher. Zwei bis drei Knoblauch pro Quadratmeter, eine Studentenblume, dazu etwas Dill werden, sofern das Beet nicht überdüngt wurde, einen hervorragenden Schutz sowohl gegen Läuse, Ameisen wie auch gegen Mehltau bringen. Genauso gut kann man natürlich um das Beet herum entsprechende Pflanzen einsäen, wobei hier die Kresse nicht fehlen sollte, die im Beet selber zu viel Platz wegnimmt.

Kapuzinerkresse unter Obstbäume gepflanzt – Läuse werden dann kaum zufliegen, sie mögen einfach nicht den strengen Geruch, den dieses Kraut, besonders in den späten Abend- und Nachtstunden, ausstrahlt.

126

All das sind im Grunde die Empfehlungen der Mischkultur, auf die weiter unten noch eingegangen wird.

Im ähnlichen Sinne kann man alle die hier genannten Kräuter aber auch zu Brühen oder Jauchen verwenden und wird eigentlich immer einen Erfolg bekommen. Es ist gar nicht so wichtig, ob wir gegen Läuse beispielsweise einen Fichtennadelauszug, eine Lavendel- oder Kressebrühe ansetzen – immer werden die scharfen ätherischen Öle oder Bitterstoffe, beispielsweise vom Wermut, die Tiere von den Wirtspflanzen vertreiben.

Mit diesen nun wirklich vollbiologischen Möglichkeiten wird leider viel zu wenig gearbeitet – immer noch werden separate, sogenannte Kräuterbeete angelegt, obgleich diese Pflanzen weder dort besser wachsen noch ihre Schutzfunktionen erfüllen können. Viel besser ist es also, man umpflanzt seinen ganzen Gemüsegarten mit ihnen oder, wie angedeutet, man pflanzt sie sogar mitten hinein.

Der Möglichkeiten sind dabei so viele, daß diese Darstellung nur als Anregung gedacht sein kann. Zum Schluß noch ein Hinweis: Durch den Einsatz chemischer Vollinsektizide sieht es in einigen Gebieten mit landwirtschaftlicher Intensivnutzung mit den bestäubenden Insektenarten wie auch Bienen nicht gut aus. Andererseits brauchen aber die meisten unserer heutigen Nutzpflanzen Insektenbestäubung. Einen Boretsch (Borago officinalis) unter jeden Obstbaum gepflanzt, oder einige dieser Heil- und Gewürzpflanzen mitten hinein in unsere Gemüsebeete, schafft Abhilfe: Alle Arten bestäubender Insekten und insbesondere Bienen kommen von weit her geflogen! Auch in Gewächshäusern, die ja bekanntlich nur schwer beflogen werden, lockt ein Boretsch die nützlichen Tiere hinein. Im übrigen: Pro Tag ein Blättchen Boretsch gegessen, macht froh und heiter und läßt das Leben leichter ertragen – das ist eine alte Volksweisheit.

### Humus (25)

Hier soll nicht die Kompostbereitung oder Verwendung des fertigen Humus als Bodenmittel besprochen werden, sondern der Einsatz von Reifhumus zur Pflanzenstärkung und Pflanzengesunderhaltung als Spritzmittel! Jeder normal zusammengesetzte Haushaltkompost, der aber mindestens drei Jahre alt sein muß, läßt sich hierzu verwenden; besser ist es jedoch, wenn man für diesen Anwendungszweck eine kleine Menge Sonderkompost ansetzt. Dieser sollte möglichst viel *gerbstoffhaltiges* Pflanzenmaterial bekommen; aber kein Sägemehl oder Holzabfälle, sondern Laub, dem man auch recht viel Eichenlaub untermischen kann, Rhabarberblätter und, ganz besonders wertvoll, Weinblätter oder von den sogenannten Weintrestern (die von der Weinverpressung übriggebliebenen Häute, Kerne und Beerengerüste). Dieser Kompost wird nicht gestreckt durch Papier- oder Pappematerialien, Stroh o. ä. und bleibt drei Jahre ruhen, so daß alle seine Umwandlungsprozesse abgelaufen sind. Er wird reich sein an sogenannten phenolischen Verbindungen wie auch Auxinen, die die Pflanze aufnehmen und zu eigenen Abwehrstoffen oder Wuchsstoffen verarbeiten kann.

Zur Herstellung von 10 l Spritzbrühe verwendet man 500 g eines solchen Kompostes, mahlt ihn im Mixer allerfeinst und gibt das erhaltene Pulver in 10 l lauwarmes Wasser. Diese Lösung läßt man 24 Stunden stehen, rührt öfter um. Anschließend wird durch ein feines Tuch durchgeseiht. Diese Spritzbrühe, *ohne weitere Zutaten*, wird jetzt fein auf alle grünen Pflanzenteile der Gemüse- oder Obstpflanzen aufgesprüht. Sie wird angewendet ab Knospenaufbruch bzw. schon bei Jungpflanzen bis in den Spätsommer hinein. Die beste Wirkung wird bei jungen Pflanzen erzielt, die noch im Aufbau sind.

Die Spritzung braucht nur etwa alle vier Wochen wiederholt zu werden, um eine hervorragende Wirkung für Pflanzengesundheit, auf Pflanzenwachstum und auch Erhöhung der pflanzeneigenen Widerstandskräfte gegen Pilzinfektionen zu bewirken. Die beobachteten, außerordentlich guten Erfolge, sind im einzelnen noch nicht erklärt, sondern nur durch eine Hypothese zu erläutern: Die Pflanzen erhalten ähnliche Stoffe, wie sie sie selber auch als Schutzstoffe produzieren, gewissermaßen eingeimpft, sie bekommen dadurch einen Reiz, sowohl dieses Impfmaterial in den Pflanzenzellen umzubauen, wie aber auch eigene Abwehrstoffe selber und vorzeitig zu produzieren.

So wird beobachtet, daß beispielsweise ein Weinstock, nachdem er von einem Mehltaupilz befallen wird, in wenigen Tagen eine erstaunlich hohe Menge dieser Abwehrstoffe produziert. Oft ist dieses Abwehrpotential dann ausreichend, um eine Infektion zu verhindern – die Pflanze ist also durch eigene Kräfte mit dem Schaden fertiggeworden.

Die Methode ist im Grunde uralt – bis ins Mittelalter hinein wurden in den Klöstern die Nutzpflanzen mit einer „Humusjauche" mittels eines Reisigbesens bespritzt. Sie ist in der hier beschriebenen Art aber auch sehr neu. Neu vor allem deshalb, da wir heute dank subtiler chemischer Untersuchungsmethoden wissen, was passiert, um welche Stoffe es sich handelt und wie die Pflanze reagiert.

Der Verfasser konnte im Weinbau und an Rosen mit diesem simplen Mittel beachtliche Erfolge erzielen und hofft, daß diese nun wirklich biologische Methode zur Pflanzenstärkung zukünftig weiter überprüft und auch angewendet wird.

Tip für einen optimalen Humus: Im Herbst besorge man sich von einem Weinbetrieb, einer Presserei, Weintrester, die meist kostenlos abgegeben werden, stapele diese unter Zufügung von Gewürz- und Heilkräutern, die ja beim Abräumen der Beete immer anfallen, und etwas Gesteinsmehl sorgfältig zu einer kleinen Sondermiete auf, impfe diese Miete noch mit „Humufix" oder den Präparaten 502 bis 507 der biologisch-dynamischen Wirtschaftsweise und achte dann lediglich noch auf einen stets gleichmäßigen Feuchtigkeitsgehalt des Haufens, lasse ihn aber sonst drei Jahre in Ruhe. Man wird in der hier beschriebenen Weise und Anwendung ein staunenswertes Produkt erhalten.

## Kalium (36)

Kalisalze werden im biologischen Pflanzenschutz verwendet, um Schnecken fernzuhalten und um Würmer oder blattfressende Insekten von den Nahrungspflanzen zu vertreiben.

Eingesetzt werden Kalisalze mit hohem Gehalt an Kalium, z. B. das 40-, 50-, 60er Kaliumchlorid, Kaliumsulfat; Kalimagnesia oder sogenanntes Patentkali.

Gegen Schnecken vermischt man etwa 5 % der Kalisalze mit recht *grobem* Gesteinsmehl, aber auch Sägemehl, und streut um das zu schützende Beet eine Barriere, ca. 5 cm breit und 3 mm hoch, aus.

Die Kalisalze können aber auch auf grüne Pflanzenteile aufgesprüht werden, indem man sie, ähnlich wie Alaun bzw. Bitterstoffe, 0,5- bis 2 %ig in Wasser löst und verspritzt. So behandelte Pflanzen müssen vor Verzehr sehr sorgfältig gewaschen werden. Empfindliches Blattwerk, wie an Salaten und jungen Pflanzen, sollte man nicht behandeln, ebenso wenig wie Früchte, z. B. Erdbeeren.

## Kaliumpermanganat (3)

Das übermangansaure Kalium, $KMnO_4$, wird als violett-schwarze Kristalle gehandelt, die bei Lösung in Wasser diesem eine stark violette Färbung und adstringierenden Geschmack verleihen. Dieses altbekannte Gurgelmittel wirkt dadurch, daß es beim Zusammentreffen mit organischen Substanzen Sauerstoff abspaltet, der ja bekanntlich gut desinfiziert. Kaliumpermanganatlösung in Wasser, 0,1 bis höchstens 0,5 %, wird mit gutem Erfolg gegen bakterielle Erkrankungen an Pflanzen und auf Fäulnisstellen eingesetzt. Die betreffenden Stellen werden hiermit satt eingepinselt bzw. eingesprüht. Die Anwendung sollte *täglich* wiederholt werden, bis ein austrocknender, heilender Effekt bemerkbar wird.

Kaliumpermanganatlösungen sind auch gegen bereits eingetretene Pilzinfektionen versucht worden, so z. B. bei Mehltau und Botrytis. Erfolge sind jedoch nur bei beginnendem oder schwachem Pilzbefall zu erwarten. Spritzungen müssen alle zwei Tage wiederholt werden, um eine Wirkung zu erzielen.

**Kampfer, Eukalyptus** (49)

Bei beiden Produkten handelt es sich um ätherische Öle, die jedoch in kristalliner Form vorliegen. Kampfer wird dabei aus Blättern des Kampferbaumes und Eukalyptus entsprechend aus den Blättern des Eukalyptusbaumes gewonnen. Abgesehen von gewissen geruchlichen Abweichungen ähneln sich die Produkte sehr, wenn sie auch in der Medizin differenziert angewandt werden.

In der Pflanzenbehandlung können sie mit Erfolg Wurmmitteln beigesetzt werden, um hier einen ähnlichen Effekt wie mit Menthol zu erzielen.

Die Kristalle sind schwer wasserlöslich. Am zweckmäßigsten löst man die geringe Menge in ein wenig Spiritus und fügt dann die Lösung der übrigen Spritzbrühe bei. Verwendet werden Konzentrationen von 0.005 bis 0.01 %, also 0,5 bis 1 g in 10 l der Spritzbrühe.

Eine derartige Zugabe verstärkt die Wirkung aller Brühen gegen Heu- und Sauerwurm oder Gespinstmotten erheblich, die Tiere vertragen den Geruch nicht und seilen sich sofort von den Pflanzen ab.

**Knoblauch,** *Allium sativum* (22)

Volksnamen: Knofe, Look, Knoflak

Botanik: Aus einer Knoblauchzwiebel wächst im Frühjahr ein aufrecht stehender Blütenschaft, der bis zu einem Meter hoch werden kann. Die große Blütendolde ist hell-violett bis rötlich-violett gefärbt. Neben den bunten Blütenblättern sitzen ca. 20 kleine Brutzwiebeln.

Im Boden entwickelt sich die kugelige runde Zwiebel zu ihrer späteren Größe. Auf dem sogenannten Zwiebelkuchen, der die Wurzeln trägt, sitzt die eiförmige Hauptzwiebel, um die rundherum die Knoblauchzehen angeordnet sind. Blütezeit ist Juli/August, bereits ab September kann geerntet werden.

Knoblauch enthält erstaunlich viele wertvolle biologische Verbindungen: Allicin, das starke antibiotische Eigenschaften besitzt, Vitamin A, B1, Nikotinsäureamid und Vitamin C. Zudem Hormone, die ähnlich wirken wie männliche und weibliche Sexualhormone, Fermente, Jod wie auch Spuren von Uran.

Knoblauch ist ein ganz altes Heilmittel. Er gilt, sicherlich wohl wegen der antibiotischen Eigenschaften, als lebensverlängernd. Er soll ferner gegen Schlafstörungen, Bluthochdruck sowie auch bei Magen- und Darmstörungen helfen.

Im biologischen Pflanzenschutz wird Knoblauch wegen der Vielfalt seiner Wirkstoffe, aber speziell auch wegen der hohen Anteile organischer Schwefelverbindungen angewendet. *Knoblauch nützt in jeder Form.* Sei es als Pflanze in die Beete gesetzt gegen Pilz- wie auch Insektenzuwanderung,

130

sei es als ganzes Kraut, kleingehackt in Pflanzenjauchen gegeben, sei es, daß man hieraus Tees oder Brühen herstellt, die als Spritzmittel gegen Pilzerkrankungen eingesetzt werden.

Da die Pflanze als solche mit ihrem hohen Blütenstand eigentlich hübsch aussieht, ist es unverständlich, warum sie noch in so wenigen Hausgärten Einzug fand. Das sollte man ändern und dazu übergehen, rund um Gemüsebeete oder auch mitten hinein, unter Obstbäume wie aber auch um Zierpflanzen herum, einige Knoblauchgewächse anzusiedeln. Sie sind so vielfältig einsetzbar, daß sie in keinem Garten fehlen sollten!

### Kuhmist (26)

Kuhmist genoß im Altertum eine fast magische Bedeutung. Dies keineswegs nur wegen seiner Düngekraft, sondern auch wegen seiner Heilwirkung. Dies gehört in den Bereich der sogenannten „Drecksmedizin" des Mittelalters, die ja vielfach mit Kot arbeitete. Man soll darüber keineswegs lächeln, denn zweifelsohne hatten die Produkte Erfolg; heute wissen wir durch die moderne Strahlenpilzforschung, warum dies so war.

Im biologischen Pflanzenschutz kann Kuhmist in zweierlei Form verwendet werden. Erstens als Heilpackung bei Verletzung von Baumrinden. Egal, ob Wildfraß, Maschinenverletzung, oder was auch immer eine Baumrinde beschädigt oder abgerissen haben mag, ein Verband von Kuhmist mit Lehm wirkt immer segensreich. Hier wird frischer Mist mit gleicher Menge Lehm und gleicher Menge Wasser angerührt, wobei man den Lehm auch durch Bentonit bzw. Steinmehl ersetzen kann. Mit diesem Brei bestreicht man zentimeterdick ein Stück Leinwand bzw. Sackleinen und legt um die verletzte Stelle einen regelrechten Verband. Dieser bleibt ein halbes bis zu einem Jahr, ehe er abgenommen wird. Die verletzte Rinde wird natürlich vorher sorgfältig und sauber beschnitten, alle losen Rindenstücke entfernt.

Die Überwallung des verletzten Stammes durch neue Rinde findet in dieser „Verbandszeit" statt, die Bäume können meist erhalten bleiben.

Auch zum Rindenanstrich ist die beschriebene Mischung hervorragend zu gebrauchen; hier wird dann noch etwas gelöschter Kalk bzw. Algenmehl hinzugefügt, um eine möglichst hohe Reflektion des Sonnenlichtes zu erreichen. Vor Auftrag wird selbstverständlich der Stamm von losen Rindenteilen durch Abkratzen befreit. Dieser Rindenanstrich kann ganzjährig aufgetragen bleiben, er verhütet ein Einnisten von schädlichen Insekten, Pilzen und Moosen, kräftigt die Rinde und dient somit ebenfalls der Gesunderhaltung des Baumes.

Im Pflanzenschutz hat sich Kuhmist aber noch in weiterer Form bewährt. Man sammelt auf Weiden bereits eingetrocknete Kuhfladen und gibt etwa zwei bis drei Stück hiervon in einen 10-l-Eimer. Dann wird mit Wasser aufgefüllt und diese Mischung etwa 14 Tage stehen gelassen, wobei man täglich umrührt. Wem der Geruch widerwärtig ist, der streut eine Handvoll Steinmehl darüber, das bindet ihn sofort und bringt noch zusätzlich Mineralstoffe in die Brühe.

Nachdem die Jauche ausgegoren ist, wird sie mit der drei- bis fünffachen Menge Wasser verdünnt und kann nunmehr als außerordentlich kräftigendes und pflanzenstärkendes Spritzmittel auf alle grünen Pflanzenteile bei Obst, Gemüse, aber auch Ziersträuchern ausgesprüht werden.

Die Wirkung einer solchen Brühe ist mit der einer besten Pflanzenjauche zu vergleichen.

### Kupfermittel (8)

Kupfer, vor allen Dingen in seiner schwefeligen Verbindung, hergestellt aus Kupfer und Schwefelsäure ($CuSO_4$), ist ein altbekanntes Mittel im Pflanzenschutz. Es wirkt noch in einer Verdünnung von 1:1 000 000 als ein starkes Zellgift und wird seit weit über 100 Jahren im Pflanzenschutz gegen Schadpilze, und hier besonders gegen den amerikanischen Mehltau (*Peronospora*) eingesetzt. Bekannt ist hier unter anderem das sogenannte Kupfervitriol in der Kupferkalkbrühe, genannt Bordelaiser-Brühe (9). Sie ist weiter oben beschrieben. Früher wurde ebenfalls eine Kupferarsenbrühe oder Kupferammoniumbrühe verwendet. Heute wird entweder allerfeinst vermahlenes Kupferoxid, Kupfersulfat oder, bevorzugt eine Verbindung von Kupfer mit Kalk, als sogenanntes „Mildkupferpräparat" mit etwa 15 % Kupfergehalt, im Pflanzenschutz eingesetzt.

Glaubte man längere Zeit bei chemischen Pflanzenschutzmitteln, sich von Kupfer freimachen zu können, mußte man doch einsehen, daß auch im konventionellen Pflanzenschutz auf dieses wichtige Pilztötungsmittel nicht verzichtet werden kann.

Die Anwendung erfolgt 0,05- bis 0,1 %ig, bei Kupferfertigpräparaten der Industrie nach deren Gebrauchsanweisung. Zwar wirkt Kupfer speziell gegen Peronospora, in Verbindung mit Schwefel hat es aber auch eine schädigende Wirkung auf Botrytispilze.

Kupfer gilt als wertvolles Spurenelement. Der Kupfergehalt der Böden wird durch übertriebene Düngung mit Stickstoffdüngern festgelegt, ist also nicht mehr pflanzenverfügbar. Erhält der Boden also durch Kupferspritzmittel zusätzliche Kupferanteile, so kann dieses von Vorteil sein.

Auch für die menschliche Ernährung sind die den Pflanzen noch anhaftenden Kupferteilchen aus Spritzungen harmlos, zumal sie ja weitgehend vor Verzehr abgewaschen werden. Die hohen Kupfermengen, die im Weinbau immer noch eingesetzt werden, kommen ebenfalls nicht in den Wein hinein, die feinen Metallteilchen werden bei der Klärung des Weines vollständig ausgeschieden.

Bei der Anwendung von Kupfermitteln in Spritzbrühen sollte der Gärtner jedoch etwas Vorsicht walten lassen. Kommt die konzentrierte Brühe mit der Haut, und hier speziell mit der Gesichtshaut, in Berührung, kann es zu Ekzemen und Entzündungen kommen. Versehentlich kontaktierte Stellen sollten deshalb *baldmöglichst mit Seife und Wasser* abgewaschen werden.

### Leimring – Baumring (45)

Beide Methoden, Insekten zu fangen, sind weitgehend aus der Mode gekommen – zu Unrecht. Baumringe bestehen aus einfacher Wellpappe, die man in etwa 20 cm breiten Streifen um den Stamm legt und mit einer Schnur, einem Draht, festbindet. Die Welle muß dabei zum Stamm hin zeigen. Besonders an glatten Stämmen wandern jetzt die Insekten im Herbst gerne in diese Wellen hinein, um dort zu überwintern. Ab Februar/März werden sie abgenommen und mit den daran haftenden Insekten verbrannt.

Leimringe dagegen werden im Frühjahr und Sommer verwendet. Pergamentpapier wird um den Baum gebunden und mit einer käuflichen Leimlösung bepinselt. Auf diesem Leim bleiben dann die im Frühjahr den Stamm hinaufwandernden Insekten kleben und verenden. Wer es bequem haben

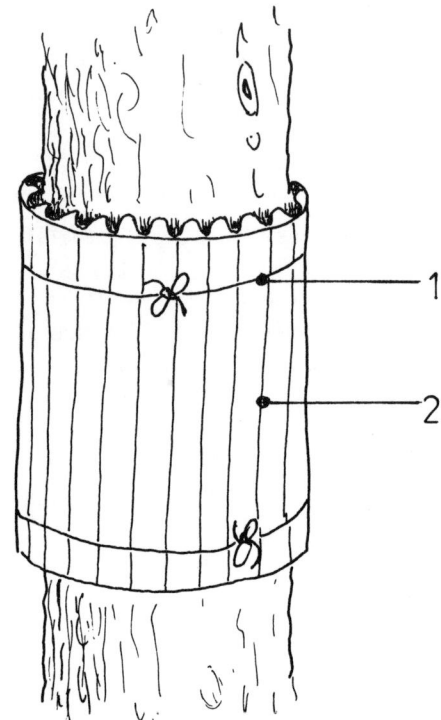

**Skizze 18**
**Wellpappring für Herbst und Winter**
1 = Nur locker geschnürt
2 = Möglichst wetterfeste, grobe
Wellpappe, Welle nach innen.

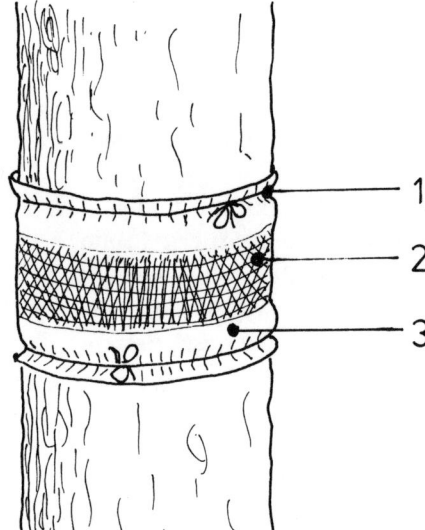

**Skizze 19**
**Leimring für Frühjahr und Sommer**
1 = Fest angezogene Schnur
2 = Leimauftrag, 2- bis 3mal im Sommer erneuern
3 = Wetterfestes Pergamentpapier oder Plastik

will, für den gibt es auch bereits fixfertig mit Leimauftrag versehene Ringe, die vor dem Anbringen nach Gebrauchsanweisung nur kurz präpariert werden müssen. Beide Fangmethoden sind nützlingsfreundlich, da nützliche Insekten meistens die Bäume befliegen, nicht aber am Stamm heraufkrabbeln. So beispielsweise das Marienkäferchen, das gerne als Vollinsekt am Fuß des Baumstammes, im Mulch des Grases überwintert, um dann in den ersten warmen Frühlingstagen auf die Zweige zu fliegen.

134

Wer seine Baumstämme mit einem Anstrich versieht und somit eine glatte Rinde erzielt, sollte immer diese beiden Schutzmittel verwenden.

### Magermilch – Molke (23)

Magermilch, oder die noch billigere Molke, wird, noch mit der vierfachen Menge Wasser verdünnt, als Spritzmittel gegen Blattkrankheiten der Tomaten empfohlen.

Die Spritzungen sind kurzfristig, also längstens jede Woche, zu wiederholen; auch die Früchte können dabei mitbesprüht werden.

Inwieweit tatsächlich eine Wirkung auf Virus- oder Pilzinfektionen eintritt, konnte der Verfasser nicht überprüfen. Es gibt jedoch verschiedene Berichte, u. a. seitens einer landwirtschaftlichen Hochschule Hohenheim, die die gute Wirkung auf Tomaten bestätigten.

Magermilch als Spritzmittel? Warum nicht, wenn der Erfolg gut ist, bei der noch vorzunehmenden Verdünnung mit Wasser ist es jedenfalls keine Preisfrage.

### Menthol (48)

Menthol wird gewonnen aus dem ätherischen Öl der Pfefferminzpflanze und liegt in kristalliner Form vor. Seit einiger Zeit wird dieses Produkt auch synthetisch hergestellt.

Menthol riecht typisch nach Pfefferminze, es schmeckt scharf und wirkt kühlend. Wir kennen es alle aus der Aromatisierung von Zahnpasten, Mundwässern usw.

Ähnlich wie bereits bei Kampfer oder Eukalyptus (49) beschrieben, kann Menthol, das sich ohne Emulgierhilfsmittel in Wasser löst, dazu benutzt werden, die Spritzbrühen gegen Würmer und Gespinstmotten vieler Art effektiver zu machen. Die Zugabe beträgt 0,01 % bis max. 0,03 %, das heißt 1 bis 3 g pro 10 l Spritzbrühe.

Man verlange jedoch in der Apotheke reines, kristallisiertes Menthol und setze nicht etwa Mundwasser oder ähnliche Fertigerzeugnisse ein. Die Wirkung speziell beim Besprühen von Gespinsten an Beerenobst, Wein, Apfel- oder Birnbäumen ist spontan: Schon wenige Minuten nach Behandlung seilen sich die in den Gespinsten lebenden Räupchen in Windeseile ab und werden dann am Boden meist Opfer von Bodeninsekten.

Eine Geschmacksbeeinträchtigung der so behandelten Pflanzen ist nicht gegeben, denn Menthol verdunstet innerhalb von 2 bis 3 Tagen rückstandslos, ohne Geruch oder Geschmack zu hinterlassen.

### Mischkultur (17)

Bereits unter dem Stichwort „Gewürz und Heilkräuter" (46) ist auf die große Bedeutung der Mischkultur verwiesen. *Mischkultur ist aktiver Pflan-*

| | Buschbohnen | Dill | Endivien | Erbsen/Kefen | Erdbeeren | Fenchel | Gurken | Kapuzinerkresse | Karotten/Möhren | Kartoffeln | Knoblauch | Kohlgewächse | Kohlrabi | Kopfsalat |
|---|---|---|---|---|---|---|---|---|---|---|---|---|---|---|
| Buschbohnen | O | + | | X | | X | + | | | | X | + | + | + |
| Dill | + | O | + | + | + | | + | | + | | | | + | + |
| Endivien | | + | O | | | + | | | | | | + | | |
| Erbsen/Kefen | X | + | | O | | + | | | + | X | X | + | + | + |
| Erdbeeren | | + | | | O | | | | | | + | + | | + |
| Fenchel | X | | + | + | | O | + | | | | | | | + |
| Gurken | + | + | | | | + | O | | | | + | + | | + |
| Kapuzinerkresse | | | | | | | | O | | | | | | |
| Karotten/Möhren | | + | | + | | | | | O | | + | | | |
| Kartoffeln | | | | X | | | | | | O | | | | |
| Knoblauch | X | | | X | + | | + | | + | | O | X | | |
| Kohlgewächse | + | | + | + | + | | + | | | | X | O | | + |
| Kohlrabi | + | | | + | | | | | | | + | | O | + |
| Kopfsalat | − | + | | + | + | + | + | | | | + | | + | O |
| Lauch | X | | + | | X | + | | | + | | + | + | + | |
| Mais | | | | | | | | | | | | | | + |
| Mangold | + | | | | | | | | + | | + | | | |
| Meerrettich | | | | | | | | | | + | | | | |
| Obstbäume | | | | | | | | + | | | + | | | |
| Petersilie | | | | | | | | | | | | | | X |
| Pflücksalat | + | + | | | | + | | | | | + | | | |
| Radies/Rettich | + | | | + | + | X | + | | + | | + | + | + | |
| Randen/Rote Rüben | + | + | | | | | + | | | X | + | | + | |
| Rhabarber | + | | | | | | | | | | + | | + | |
| Rüben | + | + | | | + | | | | | | | | | + |
| Schwarzwurzeln | | | | | | | | | | | + | + | | |
| Sellerie | + | | | | | | + | | | X | + | + | + | X |
| Spargeln | | + | | | | | | | | | | | + | + |
| Spinat | | | | | | | | | | | + | | | |
| Stangenbohnen | X | | + | X | | X | + | | | | X | + | + | + |
| Tomaten | + | | | X | | X | | | + | | X | + | + | + |
| Zichoriensalat | | | | | | + | | | + | | | | | + |
| Zuccetti | | | | | | | | | | | | | | |
| Zwiebeln | X | + | | | + | | + | | + | | X | | | + |

⊠ ungünstig     + günstig

| Mangold | Meerrettich | Obstbäume | Petersilie | Pflücksalat | Radies/Rettich | Randen/Rote Rüben | Rhabarber | Rüben | Schwarzwurzeln | Sellerie | Spargeln | Spinat | Stangenbohnen | Tomaten | Zichoriensalat | Zuccetti | Zwiebeln |
|---|---|---|---|---|---|---|---|---|---|---|---|---|---|---|---|---|---|
| + | | | | + | + | + | + | + | | + | | | X | + | | | X |
| | | | | + | | + | | + | | | + | | | | | + | + |
| | | | | | | | | | | | | | + | | | | |
| | | | | | + | | | + | | | | | X | X | | | |
| | | | | + | | | | | | | | | X | X | + | | |
| | | | | | X | + | | | | + | | | + | X | | | + |
| | | | + | | | | | | | | | | + | | | | |
| + | | | | + | | | | | | | | | | + | + | | + |
| + | + | | | | | X | | | | X | | + | | X | | | |
| | | | + | | | + | | | | | | | X | + | | | |
| + | | | | + | + | | + | | | + | | | + | + | + | | X |
| | | | | + | + | | | + | + | + | + | + | + | + | | | |
| | | | X | + | | | + | + | | X | + | | + | + | + | | + |
| | | | | | X | | + | + | | X | + | | X | + | | | |
| | | | | | | | | | | X | | | | + | | | |
| o | | | | + | | + | | | | | | | | | | | |
| | o | | | | | | | | | | | | | | | | |
| | | o | | | X | | | | | | | | | | | | |
| | | | o | + | | | | | | | | | + | | | | |
| | | | | o | + | + | + | + | | + | + | | + | | | | |
| + | | | + | + | o | | | | | | | | + | + | + | | |
| | | | | + | o | | | | | | | | | | | | + |
| | | | | + | | | o | | | + | | | | | | | |
| + | | | | + | | | | o | | | | | + | + | + | | |
| | | | | + | | | | | o | | | | | | | | |
| | | | | | | | | | | X | | | + | + | | | |
| | | | | + | | | | | | | o | | | | | | |
| | | | | | + | | + | + | | | | o | + | + | | | |
| | | | | | + | + | + | + | | | | + | o | + | + | + | X |
| | | + | + | + | | | + | | | + | | | | o | + | | |
| | | | | | | | | | | | | | + | + | o | | |
| | | | | | | | | | | | | | + | | | o | + |
| | | | | | + | | | | | | | | X | | | + | o |

⊠ ungünstig trotz gleicher Kultur      ▭ neutral - unter Beachtung unterschiedlicher Licht- und Feuchtigkeitsbedürfnisse von Nachbarschaftspflanzen.

*zenschutz.* Nicht nur die Beipflanzung von Gewürz- oder Heilkräutern, sondern die sinnvolle Zusammenpflanzung verschiedener, sich gegenseitig fördernder Pflanzen bewirkt den großartigen Effekt sowohl gegen pilzliche, mehr aber noch gegen Insektenschädlinge. Vorstehend eine Tabelle, aufgestellt von H. Rutz, Zürich, über diejenigen Pflanzen, die sich in Mischkulturen besonders wirkungsvoll ergänzen, wie aber auch derjenigen Pflanzen, die nicht untereinander stehen sollten, da sie sich nicht vertragen.

Im übrigen sei auf umfangreiche Literatur über Mischkultur verwiesen, hier insbesondere auf *Gertrud Franck* und *Ewald Könemann* (siehe Literaturverzeichnis).

Wenn auch Mischkultur im gewerbsmäßigen Anbau infolge des dort üblichen Maschineneinsatzes schwerer durchzuführen ist, so sollte sie doch im Hausgarten, in Gärtnereibetrieben, zur Standard-Anbaumethode gehören. Wer sich zum ersten Mal mit diesem Thema befaßt und die Regeln auch wirklich befolgt, wird voll Staunen feststellen, wie wenig er zukünftig noch mit Pflanzenkrankheiten oder Schädlingen zu tun haben wird!

Mischkultur ist aber nicht nur etwas für Gemüse- und Ziergärten, sondern genau so gut auch für den Obstgarten! Apfelbäume in Reih und Glied und auch noch nebeneinander gestellt, sind wesentlich anfälliger, als wenn Steinobst, z. B. Pflaume oder Kirsche, abwechselnd dazwischen gepflanzt wird. Auch das ist natürlich nur etwas für den kleineren Betrieb und Hausgarten, sollte aber zukünftig zur festen Anbauregel gehören.

### Mohrrüben (40)

Mohrrübenblätter mit ihrem ausgeprägten Geruch können sehr wirkungsvoll als Brühe oder Tee zum Schutz von Erdbeeren, Lauch, Zwiebeln, vor insektiziden Schädlingen verwendet werden. Besonders die sogenannte Lauchmotte auf Zwiebelgewächsen wird durch eine Mohrrübenblattbrühe sicher abgewehrt. Aufgetragen wird sie zur Zeit des Fluges, das heißt der Eiablage der Zwiebelmotte, im wöchentlichen Abstand, wobei nicht nur die Pflanze, sondern auch das umgebende Erdreich mit behandelt wird.

### NAB – NAB-plus (10)

Die erst seit wenigen Jahren bekannte Mischung aus *N*etzschwefel, *A*lgenkalk und *B*entonit ist eigentlich eine Zufallsentdeckung des bekannten Beraters der biologisch-dynamischen Wirtschaftsweise, *Georg Merckens*, der sie, da ein anderes, gewünschtes Präparat anläßlich einer Beratung einmal nicht vorrätig war, aus diesen drei Stoffen zusammenstellte.

Das Zufallsprodukt bewährte sich so ausgezeichnet, daß es nunmehr zu einem der Standarderzeugnisse im biologischen Anbau wurde.

138

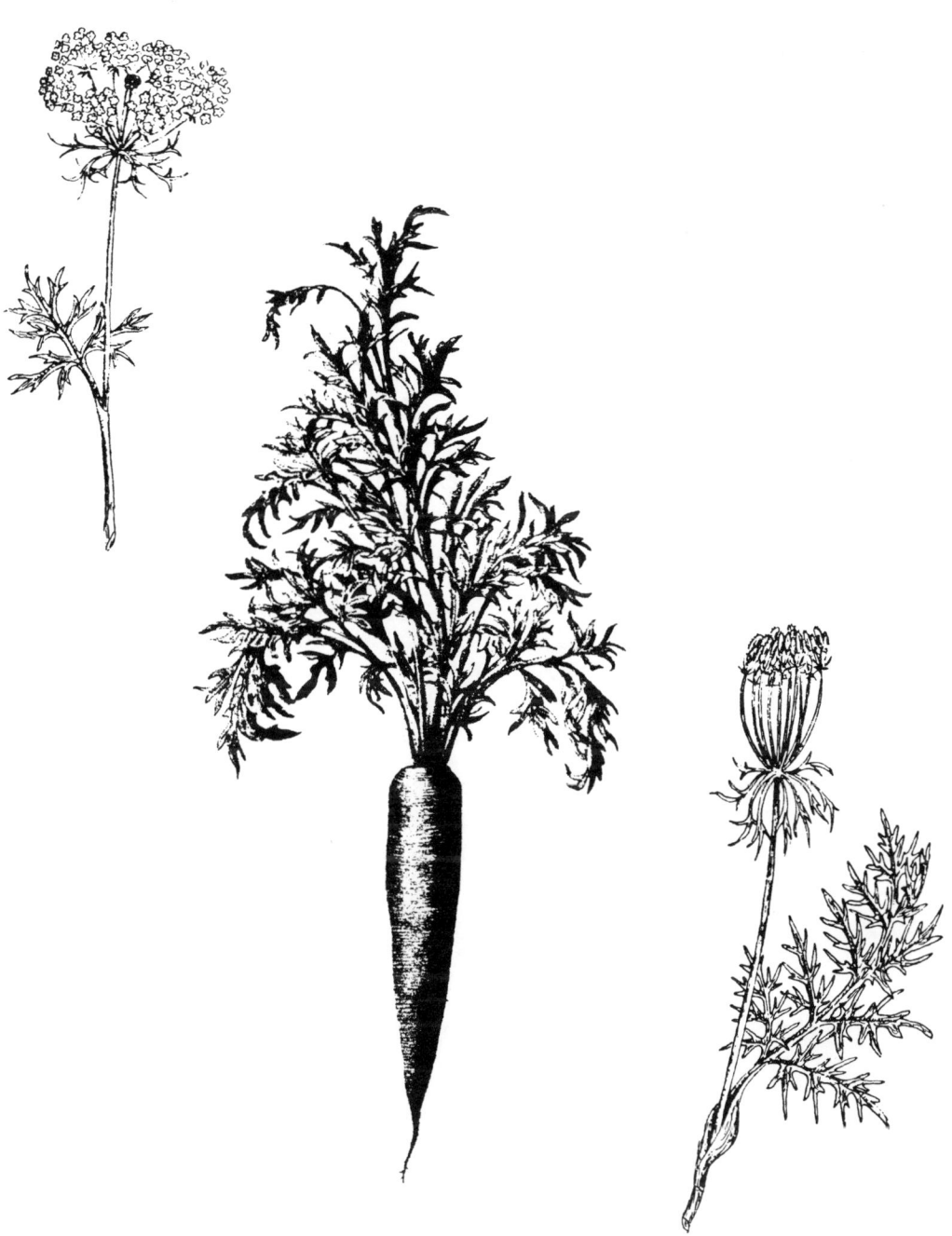

**Skizze 21**
Mohrrübe *Daucus carota.* Links Blütenstand, rechts Fruchtstand

139

Es wirkt, ähnlich wie Bio-S oder Gesteinsmehle mit Schwefelzusatz sowohl gegen Pilzerkrankungen, als auch eine Reihe von Schädlingsinsekten. *NAB-plus* ist eine Weiterentwicklung des Produktes durch die Fa. E. O. Cohrs. Allerfeinst vermahlene Rotalgen und Braunalgen (Algifert) vermitteln durch den enormen Reichtum an Spurenelementen und Meeresmineralstoffen eine zusätzliche pflanzenstärkende Wirkung.

Gesteinsmehl, Algenkalk, Pflanzenauszüge und, als pilzwirksames Produkt, der Netzschwefel – stets ist dies eine Basiszusammenstellung von Erzeugnissen, die im biologischen Anbau verwendet werden. Je nachdem nun die mineralische, die pflanzliche oder die Schwefelkomponente betont wird, erhält man spezialisiertere Erzeugnisse, die für diesen oder jenen Zweck vorteilhafter eingesetzt werden können. Mehr Mineralstoffe ergeben widerstandsfähigere Pflanzen gegen Pilze und Insekten, mehr pflanzliche Zugaben verbessern Wachstum und allgemeine Pflanzengesundheit. Mit etwas Phantasie kann sich jeder Landwirt „seine" Mischung so selber zusammenstellen.

### Nikotin (29)

Der Name stammt von der lateinischen Bezeichnung des Tabakgewächses *Nicotiana tabacum*, einer Pflanze, die zu den *Solanaceen* gehört und die Anfang des 16. Jahrhunderts aus dem mittelamerikanischen Raum, nach der Entdeckung dieses Gebietes durch Kolumbus und seine Nachfolger, bei uns in Europa eingeführt wurde. Ähnlich alt ist auch die Benutzung von Tabak bzw. Tabakblätterauszügen zur Bekämpfung von Insekten, und hier speziell der Blattläuse. Bis noch nach dem 2. Weltkrieg wurde Nikotin neben Arsen besonders im Weinbau in hohem Umfang zur Heu- und Sauerwurmbekämpfung verwendet, in Spezialfällen wird es auch heute noch in Gewächshäusern eingesetzt.

Gewonnen wird Nikotin aus der Extraktion der Tabakblätter. Verwendet hierzu wird vorwiegend der Abfall aus der Tabak-, Zigaretten- und Zigarrenproduktion. Man stellt daraus Rohnikotin, anschließend Reinnikotin und hieraus wieder Nikotinsulfatlösungen her. Es fällt unter die Giftabteilung 1 und wird nur gegen besonderen Erlaubnisschein abgegeben. Tabakblätter enthalten zwischen 0,3 und 1,5 % Nikotin. Die Holzteile, Stengel und Rippen der Tabakpflanze sind mit dem Nikotin besonders angereichert.

Nikotin ist neben der Blausäure eines der stärksten organischen Gifte, schon 0,05 g der Alkaloidbase können einen erwachsenen Menschen töten. Diese Menge ist bereits in einer halben Zigarre enthalten! Nur durch die Verbrennung des Tabaks wird das Gift zum größten Teil vernichtet und tötet daher nicht den Raucher. Als Pflanzenschutzmittel wirkt es als Atem-,

140

Kontakt- und Fraßgift. Interessant ist, daß Resistenzerscheinungen von Schädlingen gegen dieses Produkt nicht bekannt sind. Auch die Gefahr toxischer Rückstände auf den Pflanzen spielt praktisch keine Rolle, da die Nikotinbase im Verlauf einiger Tage vollständig verdunstet. Diese Eigenschaft ist besonders für Gewächshäuser interessant, die mit dem Nikotin angereicherte Luft ist nämlich ebenfalls wirksam und schützt kurze Zeit vor Neuzuzug. Dabei braucht der Gärtner keineswegs eine Gasmaske zu tra-

141

gen, nur ein Aufenthalt in den Gewächshäusern sollte in der Zeit des Be-
sprühens bis einige Tage danach vermieden werden.

Die Wirkung auf Insekten ist recht verschieden. Wirkt es gegen Läuse
hervorragend, so gegen Mücken oder Fliegen kaum. Wegen seiner hohen
Giftigkeit ist Nikotin als Pflanzenschutzmittel in Verruf gekommen und
wird deshalb kaum noch verwendet.

Wer Nikotin als Spritzmittel *gegen Läuse* gern einmal ausprobieren
möchte, dem sei eine alte Hausregel genannt: Man zerbrösele eine Zigarre
– die hellen Sumatrazigarren sind dabei wirkungsvoller als dunke Brasil – in
einem Topf und gieße 1 l warmes Wasser darüber. Der Topf bleibt zuge-
deckt 24 Stunden stehen, man rührt ab und zu einmal um. Anschließend
wird durch ein Tuch durchgeseiht und so viel Wasser nachgegossen, daß
man 5 l Spritzmittel erhält. Dieses füllt man in eine Spritze ein und zer-
stäubt die Brühe mit *möglichst feiner Düse* auf die von Läusen befallenen
Triebe. Nicht benutzte Spritzbrühe wird unbedingt weggegossen; eine Aufbewahrung ist auch sinnlos, da sich das Nikotin schnell zersetzt und unwirksam wird. Der Spritzbehälter wird gründlich mit Wasser gereinigt. Das
Spritzmittel wirkt sehr sicher, als Wartezeit bis zum Verzehr evtl. behandelten Obstes sollte man mindestens einen, besser drei Tage einhalten. Fügt
man solcher Spritzbrühe noch 2 % Brennspiritus und 1 % flüssiger Seife
hinzu, so hat man ein „klassisches" Spritzmittel, wie es bis zum 2. Weltkrieg
in den Hausgärten benutzt wurde, um auch die sehr schwer zu bekämpfenden Schmier-, Schild- und Blutläuse zu vernichten.

**Nutzinsekten, Nutzpilze** (59)

Die Anwendung von Nutzinsekten bzw. Präparaten mit Nutzinsekten
wie auch von Nutzpilzen wurde bereits auf Seite 71 ff. eingehend erläutert,
Liefermöglichkeiten sind im Lieferantenverzeichnis genannt.

Hier sei noch einmal betont, daß die Arbeit mit diesen „Insektiziden" nur
möglich und sinnvoll ist, wenn man über ein beheizbares Gewächshaus verfügt. Dabei müssen Temperaturen zumindest kurzfristig, über einen Zeitraum von etwa drei Tagen, bis zu 25° erzielt werden können.

Die Verwendung im Freiland wird zwar erprobt, ist aber wegen der in
Europa ja stets unsicheren Wetterverhältnisse wenig aussichtsreich.

Anders ist es mit den bei uns heimischen Nutzinsekten, die es in vielfälti-
ger Art gibt. Gerade ihre Erhaltung ist es ja, die uns auf den Einsatz von
breitwirkenden Insektiziden verzichten läßt.

**Oscorna-Wurzelstärkung** (58)

Statt der im laufenden Text beschriebenen Wurzelbäder für Stecklinge,
Stauden oder Gehölze empfiehlt es sich, wenn man nur wenig Bedarf hat,

auf ein Fertigpräparat zurückzugreifen. Das hier genannte Produkt ist stellvertretend auch für andere, ähnliche Erzeugnisse genannt. Es handelt sich stets um Auszüge aus Wildkräutern, Zwiebelgewächsen, mit Zusätzen von Bentonit, Algenkalk, Gesteinsmehlen usw.

Ob man sich nun Wurzelbäder selber herstellt oder Fertigprodukte verwendet – die Sicherheit in der Anwurzelung, das gesündere Wachstum, die größere Resistenz gegen Schädlingsbefall, sind auffällige Merkmale aller derartig wurzelbehandelten Pflanzen.

## Oscorna-Pilzvorbeuge, Ledax-rosal, Ledax-san, Eco-Rosenmittel und Ledax-Bio (12)

Auch hier sind wieder Produkte verschiedener Hersteller (siehe Lieferantenverzeichnis) stellvertretend für eine Reihe weiterer, ähnlicher Erzeugnisse, genannt. Sie sind Nachkömmlinge des bereits beschriebenen Bio-S (11) und vielfach auch ähnlich zusammengesetzt, wobei die Auswahl der verwendeten Pflanzen und ihre Mengenverhältnisse durchaus variieren. Während bei dem einen Erzeugnis das Algenpräparat dominiert, ist es bei anderen der Ackerschachtelhalm oder die Brennessel oder sonstige Heilkräuter. Auch die wirkungsverstärkenden Zusätze von Netzschwefel, Algenkalk, Bentonit oder Gesteinsmehlen sind unterschiedlich hoch.

## Pflanzenjauchen (61)

Im vorangegangenen Text wurden bereits die Unterschiede zwischen Pflanzenjauchen, -brühen und -tees und ihre verschiedenen Herstellungsarten erläutert. Auch wurden in dieser Mittelbeschreibung beispielsweise bei Comfrey- (19) oder Brennesseljauche (18) einige besonders beliebte Präparate vorgestellt.

Hier sei noch einmal gesagt, daß ein Gärtner sich nicht scheuen sollte, auch mit anderen, ihm möglicherweise neuen Pflanzenarten, solche Jauchen herzustellen.

Ein Beispiel: Man nehme etwas Thujaschnitt, kurz geschnittene Tannen- oder Fichtenzweige, Blätter vom Walnußbaum oder auch Holunderbusch, überbrühe diese kurz, fülle mit kaltem Wasser auf und lasse dann daraus eine Jauche entstehen. Im allgemeinen wird das Präparat in 6 bis 8 Tagen fertig sein, vorausgesetzt, es ist nicht zu kalt. Eine solche Jauche wird unverdünnt in die Gänge von Nagetieren aller Art gegossen und sie mit Sicherheit aus diesem Gangsystem vertreiben.

Oder: Eine Jauche aus Kapuzinerkresse und Lavendel, evtl. noch mit einigen Tomatentrieben versetzt, wird in Ameisenlöcher oder -bauten eingegossen. Dieses Verfahren hilft viel sicherer und länger anhaltend als das sonst oft geübte Eingießen von kaltem oder heißem Wasser.

Oder: Eine Jauche aus Tomatentrieben – man verwendet hierzu natürlich die Geiztriebe, die ja sowieso ausgebrochen werden, versetzt mit Kresse und einigen Tagetesblüten wird – in diesem Falle allerdings verdünnt über Kohlpflanzen ausgesprüht, um Raupen fernzuhalten.

Oder: Eine Jauche aus Zwiebelkraut, Schnittlauch und evtl. noch etwas Lauchkraut und, sofern vorhanden, Knoblauchkraut, wird über die Möhrenbeete gesprüht, wobei auch die Erde rund um den Wurzelkopf mit behandelt werden muß. Die Möhrenfliege wird sicher abgehalten, wenn man die Anwendung wöchentlich während der Falterflugzeit wiederholt.

Zu solchen Jauchen eignen sich im Grunde alle Pflanzen, die einen starken Eigengeruch aufweisen, Bitterstoffe enthalten, oder von denen man aus Erfahrung weiß, daß sich auf oder unter ihnen nicht *die* Tiere befinden, die man auf anderen Pflanzen vertreiben möchte.

Oft werden solche Jauchen einen starken, mistartigen Geruch aufweisen. Etwas Steinmehl darüber gepudert und sorgfältig verrührt, schafft zwar Abhilfe, vermindert jedoch die insektenvertreibende oder -abhaltende Wirkung des Produktes.

Das Material für diese Spezialjauchen wird, wenn möglich, etwas klein gehackt; das Übergießen dieser Pflanzenteile mit ein wenig kochendem Wasser schließt sie auf, so daß die Verjauchung eher beginnt. Die Gefäße sollten an einem schattigen Platz stehen, damit nicht durch intensive Sonneneinstrahlung eine zu stürmische Gärung vor sich geht. Selbstverständlich muß täglich mindestens einmal kräftig umgerührt oder, besser noch, Luft in die Brühe hineingestoßen werden. (S. Skizze Nr. 30, Seite 179). Der nach dem Durchseihen der Flüssigkeit verbliebene Rückstand kommt in jedem Fall auf den Komposthaufen. Bleibt Jauche übrig, so wird sie selbstverständlich nicht in den Ausguß geschüttet, sondern kommt immer auf den Komposthaufen – einzige Ausnahme von dieser Regel sind Jauchen aus Nadelgehölzen und Thujaschnitt: ihre zum Teil sehr scharfen ätherischen Öle stören das Kompostleben.

**Pheromone** (60)

Der Begriff kommt aus dem Griechischen *„pherein"*, d. h. „tragen". Wir verstehen hierunter Wirkstoffe, die als *Kommunikationsmittel* bei Tieren der gleichen Art dienen, beispielsweise in Duftmarkierungen staatenbildender Insekten (Bienen, Ameisen, Termiten), *Alarmsubstanzen*, die auf weite Entfernung wirken können (z. B. bei Blattschneiderameisen) und *Sexuallockstoffe* meist weiblicher Insekten, die – ebenfalls auf weite Entfernung – die Männchen herbeilocken. Bei den größeren Tieren dienen Pheromone auch zur *Reviermarkierung*, sie sind dann im Harn oder Kot enthalten oder werden durch besondere Drüsen ausgespritzt.

144

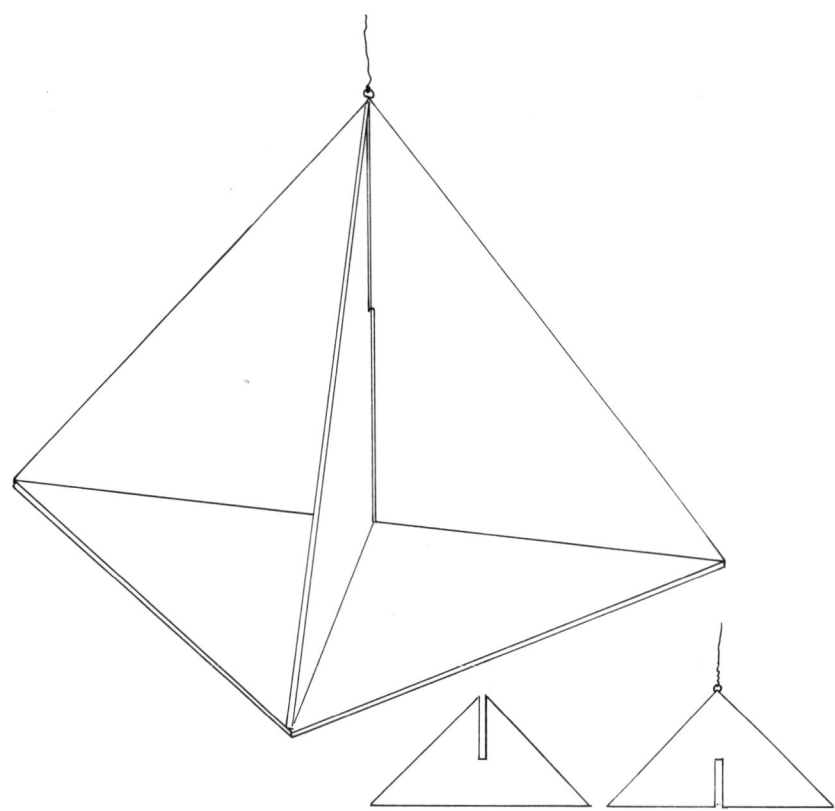

**Skizze 23**
**Pheromonfalle**
In Bäumen aufzuhängen und angefärbt nach den Vorschriften des Herstellers der Phero-
mon-Lockmittel.
Die Falle ist leicht selbst zu bauen: Auf einem quadratischem Grundbrett werden zwei
gleichschenkelige, ineinandergesteckte Dreiecke aufgeleimt. Als Material dient dünnes,
wasserfest verleimtes Sperrholz oder wetterfest lackierte Hartpappe.
Die Fallen werden mit einem Lockstoff-haltigem Leim bestrichen und während der Flugzeit
der jeweiligen Schadinsekten in den zu schützenden Bäumen aufgehängt.


Im Pflanzenschutz haben die Pheromone eine zur Zeit noch gar nicht ab-
sehbare Bedeutung erlangt, seitdem es gelang, die Sexuallockstoffe weiblicher Insekten synthetisch, das heißt preiswert, herzustellen. Derzeit sind
etwa 50 Präparate bekannt, die zur Anlockung von entsprechend vielen
männlichen Insektenarten dienen. Diese Pheromone werden in äußerst geringen Mengen gemeinsam mit einem Leimpräparat, ähnlich wie bei Leimringen, auf große und meist farbig eingefärbte Pappscheiben aufgetragen
und in Bäumen aufgehängt, in Feldern aufgestellt. Kommen nun die Männ-

145

chen angeflogen, so bleiben sie auf dem Leim kleben. Man verwendete die Methode zunächst im integrierten Pflanzenschutz für Zählaktionen, um festzustellen, wann mit einem möglichen Massenflug der Insekten zu rechnen ist. Heute aber werden solche Pheromonfallen als reguläre Pflanzenschutzmittel benutzt, indem man drei bis vier solcher Tafeln in die Bäume hängt oder entsprechend viele auf den Gemüsefeldern aufstellt. Zwar werden die weiblichen Insekten der gleichen Art noch gewisse Schäden verursachen, sie werden aber keine Eier mehr ablegen können, denn sie wurden ja nicht mehr befruchtet! Gleichzeitig wird natürlich die nachfolgende Generation stark dezimiert.

Mit Phermononfallen gelingt es, Insektenarten ganz gezielt sehr wirksam zu bekämpfen, und es ist abzusehen, daß mit steigender Produktion diese Produkte auch so wirtschaftlich werden, daß man sie in größerem Umfange als bisher einsetzen kann. Pheromonlockstoffe bzw. fertige Pheromonpräparate können über den Fachhandel bestellt werden; es gibt eine Reihe von Herstellern, die sich jeweils auf bestimmte Gebiete spezialisiert haben.

Auch für den Gartenbesitzer ist das Thema interessant; er mag einmal einen Versuch mit Pheromonen gegen die Kirschfruchtfliege oder die Pflaumensägewespe probieren, also gegen Tiere, die ohne systemische Insektizide heute noch schwer bekämpfbar sind, und gegen die sonstige biologische Behandlungsmittel nicht wirken.

**Phytonzide** (63)

*Albert von Haller* beschrieb in: „Lebenswichtig aber unerkannt" (s. Literaturnachweis) den Sammelbegriff „Phytonzide" so: „Phytonzide sind biologische Wirkstoffe, die von allen Pflanzen gebildet werden – angefangen von den niederen Pilzen und Bakterien bis zu den höheren Pflanzen."

„Phytonzid" ist ein biologischer Begriff, kein chemischer. Der chemische Aufbau der Phytonzide ist sehr verschieden. Gemeinsam ist ihnen eine antibiotische Wirksamkeit, die mehr oder weniger speziell ist. Der antibiotische Faktor innerhalb des Komplexes eines Phytonzids macht indessen nicht seine ganze biologische Aktivität aus. Die Phytonzid-Forschung hat nachgewiesen, daß die Phytonzide der wichtigste Faktor der natürlichen Immunität im gesamten Pflanzenreich sind, darüber hinaus aber auch eine regelnde oder ordnende Funktion in der Biozönose haben. Nach *Tokin* fördern oder hemmen Phytonzide die Vermehrung, das Wachstum und andere Lebensprozesse der Teilhaber einer Biozönose, wirken auf die Zusammensetzung der Mikroflora der Luft und regeln den Bestand der tierischen Organismen. Bestimmte Phytonzide sind für bestimmte Arten von Insekten, von Krebsen, Pflanzenfressern und anderen Tieren toxisch. Die Wirkung der Phytonzide ist nicht auf Pflanzen und niedere Tiere beschränkt. Auch

Säugetiere und der Mensch unterliegen ihren Wirkungen. Über die Atmungswege und die Nahrung gelangen sie in den Organismus und bewirken Veränderungen im Stoffwechsel. Gezielt können sie in der Heilkunde eingesetzt werden.

Von besonderer Bedeutung ist die von der Wissenschaft nachgewiesene Stimulierung der Abwehrkräfte und der Regeneration im menschlichen Organismus. Prof. *Grodsinski*: „Offensichtlich haben die von den Pflanzen ausgeschiedenen Phytonzide eine Wirkung nicht nur auf lebende Organismen, darunter den Menschen, sondern auch auf die Luftverschmutzung, also auf jene Stoffe, die von der Industrie, dem Verkehr und aus anderen Quellen in die Luft gelangen – Phytonzide können sie neutralisieren oder niederschlagen und so zur Luftreinigung beitragen." Soweit A. v. Haller.

Unter Phytonziden verstehen wir also alle diejenigen Stoffe der Pflanzen, Pilze, Bakterien, die in irgend einer Form eine Wirkung auf andere Lebewesen – also auch Pflanzen – ausüben. Ob es sich hierbei um bestimmte Wirkstoffe von Heilkräutern, Gewürzkräutern, um Duft- oder Giftstoffe handelt, ist gleich, alles fällt unter diesen Oberbegriff.

Alle in diesem Buch erwähnten pflanzlichen Behandlungsmittel beziehen daher einen Teil ihrer Wirkung durch die Phytonzide der betreffenden Pflanzen.

Bis Anfang dieses Jahrhunderts arbeitete sowohl die Medizin als auch der Pflanzenschutz viel, aber unbewußt, mit Phytonziden. Dann kam die Chemie, die jedoch oft nur versucht, pflanzliche Wirkstoffe nachzuahmen. (Statt Weidenrinde nun die auch in dieser vorhandene reine Salizylsäure und darauf aufbauend das bekannte „Aspirin".) Inzwischen kennen wir aber die Grenzen chemischer Synthese und erleben zur Zeit eine Rückbesinnung. Dabei können wir dank besserer Labortechnik heute viel genauer vorhersagen, warum diese oder jene Pflanze mit ihrem spezifischen Wirkstoff gegen eine bestimmte Krankheit, eine Pflanzenkrankheit, ein Insekt, wirksam sein wird. Die Pflanzenkunde ist also mit der analytischen und organischen Chemie eine Ehe eingegangen, die vielfach dazu führt, daß die Industrie nun versucht, sehr wertvolle, sehr seltene und daher teure pflanzliche Stoffe chemisch nachzubilden. Bei nicht allzu schwierigen Synthesen gelingt dies durchaus, so z. B. bei einigen Duftstoffen, Hormonen, pflanzlichen Säuren, Vitaminen u. ä.

Ein streng biologisch denkender Mensch wird solche synthetischen Nachahmungen ablehnen; der Verfasser meint zu Unrecht, denn es ist immer noch besser, einen nachgeahmten Pflanzenwirkstoff zu benutzen als ihn wegen des mitunter abnorm hohen Preises des Naturproduktes überhaupt nicht verwenden zu können.

Die Phytonzidforschung ist ein relativ junges Gebiet im biologischen

Pflanzenschutz; sie wird uns zweifelsohne in den nächsten Jahren noch viele erstaunliche Präparate bescheren und uns damit immer unabhängiger machen von giftigen Pflanzenschutzmitteln.

**Präparate 502 bis 507 der biologisch-dynamischen Wirtschaftsweise** (62)
Es handelt sich um das
Präparat 502, hergestellt aus Schafgarbenblüten,
Präparat 503, hergestellt aus Kamillenblüten,
Präparat 504, hergestellt aus Brennesseln vor oder während ihrer Blütezeit,
Präparat 505, hergestellt aus Eichenrinde,
Präparat 506, hergestellt aus Löwenzahnblüten, und das
Präparat 507, ein Baldrianblütenextrakt, durch Pressung gewonnen.

Die Präparate werden von den Beratern der biologisch-dynamischen Wirtschaftsweise an die Mitglieder des „Forschungsring für Biologisch-Dynamische Wirtschaftsweise" kostenlos in der benötigten Menge abgegeben. Der Mitgliedsbeitrag ist verhältnismäßig gering; er richtet sich nach Garten- bzw. Ackergröße. Mitglieder können auch Haus- und Kleingärtner werden. Die Mitgliedschaft verpflichtet nicht, nun unbedingt und ausschließlich nach den festgesetzten Regeln dieser Wirtschaftsweise zu arbeiten. Nur wer seine Erzeugnisse unter den geschützten Namen „Biodyn" (für Erzeugnisse aus Umstellungsbetrieben) oder „Demeter" (für Erzeugnisse aus langjährig nach dieser Methode arbeitenden Betrieben) verkaufen will, ist zur Einhaltung der Anbaurichtlinien verpflichtet.

Nähere Auskünfte und örtliche Adressen erhält man vom „Institut für Biologisch-Dynamische Wirtschaftsweise", Brandschneise 5, D–6100 Darmstadt.

Über die Herstellung der Präparate wird oft Wunderliches, aber auch Ironisches berichtet. Völlig zu Unrecht, sie ist gar kein Geheimnis, jedermann kann sie in Kursen erlernen. Ob nun einzelne Präparate beispielsweise in einem Kuhhorn, einer Tierblase oder sogar in einem Tierschädel ausreifen – hieran entzünden sich gerne die abschätzenden Meinungen – immer handelt es sich jedoch um durchlässige, natürliche Materialien, sogenannte „semiperbeable Membranen", um Umhüllungen also, die einen Kontakt des Inhalts mit dem Erdreich ermöglichen, in dem die Stoffe zu ihrer Reifwerdung eingegraben werden.

Es steht außer jedem Zweifel, daß die Kräutersubstanzen durch den Kontakt mit belebter, reiner Erde und den in ihr enthaltenen Milliarden Lebewesen in Mikrogröße während der Reifezeit angereichert, verlebendigt, wertvoller werden!

Der Verfasser wollte die Wirkung selber versuchen und hat in Parallelversuchen bei Kompostierung von Haushalts- und Gartenabfällen die glei-

148

chen Kräuter erstens nur vermahlen und mit Wasser leicht angegoren, verwendet, zweitens das Präparat „Humofix" der Abtei Fulda (56) benutzt und drittens auf einer weiteren Kompostmiete die hier erwähnten Präparate 502 bis 507 eingesetzt. Alle drei so behandelten Kompostmieten wurden dann mit einer nicht mit diesen Kräutern versehenen Miete verglichen. Die Unterschiede waren auffällig und auch für Laien erkennbar. Sie bestanden aus einer jeweils abgestuften Verbesserung des Kompostes in Farbe und Geruch, in einer jeweils erheblichen Vermehrung von Bakterien und Kleinlebewesen bis hin zu Würmern und einer ebenfalls abgestuften Verkürzung der Kompostierungszeit. Dabei waren die Unterschiede zwischen einer unbehandelten Miete und dem einfachen Kräutereinsatz am höchsten, die Differenzen einer Miete mit normalen Kräutern zu „Humufix" waren geringer, zwischen der „Humufixmiete" und derjenigen, die mit den hier aufgeführten Präparaten behandelt wurde, waren wieder etwas größer.

Auch die mit den verschiedenen Komposten, aber jeweils gleichen Pflanzen bestückten Felder zeigten, wenn auch geringe, Unterschiede. Auch hier lag wieder der Kompost, hergestellt mit den Präparaten 502 bis 507, an erster Stelle, die Pflanzen zeigten den gesündesten Zustand, ihre Krankheitsanfälligkeit war praktisch Null. Auch war der Regenwurmbesatz in diesem Bodenstück auffällig hoch.

Diese Eigenversuche, die eigentlich aus persönlicher Neugier vorgenommen wurden, bestätigen ein reichhaltiges Schrifttum über die Präparate.

Hingewiesen auf die Pflanzenprodukte hat der Begründer der Anthroposophie, *Rudolf Steiner*, erstmals in seinem landwirtschaftlichen Kurs, den er 1924 hielt. Die Vorschläge zu den genannten Präparationen stammen ebenfalls von ihm, er gab mithin die entscheidenden Impulse. Die Gedanken waren jedoch nicht vollkommen neu; älteres Schrifttum – nicht nur aus Europa, sondern bis nach China hin – zeigt, daß man schon lange um die Kraft bestimmter Kräuter zur Kompostverbesserung wußte.

Der Verfasser kann aus eigener Erfahrung allen Kompostbereitern empfehlen, diese Kräuterpräparate zu verwenden. Ob selbst zusammengestellt aus möglichst frischen oder in der Apotheke gekauften Drogen, ob „Humofix" oder die Präparate 502 bis 507, man erreicht mit all diesen Variationen eine erhebliche Kompostverbesserung.

Für den Verfasser ist es stets wieder staunenswert, wie eine so kleine Menge einer Pflanzenmischung so große Wirkungen hervorrufen kann. Es ist sicherlich nicht nur eine stoffliche Wirkung der Kräutersubstanzen; solche Produkte sind als „Animationsmittel", als „Liebesmittel" zu bezeichnen. Offensichtlich erfährt das Kompostleben von Bakterien und Pilzen bis

149

hin zu Würmern vielleicht gerade durch die geringe Menge der Produkte, die ja hier ähnlich wie homöopathische Produkte wirken, eine außergewöhnliche Anregung besonders hinsichtlich seiner Vermehrung. Diese größtenteils unsichtbaren, mikroskopisch kleinen Helfer, sind es ja, die das Kompostmaterial aufbereiten und daraus lebensspendenden Humus herstellen.

Man kann die Präparate auch noch für andere Zwecke benutzen, ohne daß dies bisher in Literatur oder Gebrauchsanweisungen genügend deutlich empfohlen wurde: so zu Saatbädern, wie sie unter diesem Stichwort (56) näher beschrieben werden; aber auch als Pflanzenschutzmittel im Sinne der Erläuterungen zum Stichwort Humus (25).

Man gibt je 10 g der Präparate zu 10 l Wasser, läßt sie 24 Stunden unter gelegentlichem Umrühren darin ausziehen und seiht die Lösung anschließend durch.

Dieses so gewonnene Spritzmittel ist hinsichtlich Impfvermögen gegen Pilzerkrankungen, Pflanzenkräftigung und Wachstumsverbesserung gleich hoch anzusetzen, wie die eines Humusspritzmittels, das unter diesem Stichwort beschrieben wurde.

Der Verfasser empfiehlt dabei, eine solche Spritzbrühe *nicht mit anderen Wirkstoffen*, z. B. Schwefel, Kupfer, Pyrethrum u. ä. zu versetzen, um die feine, komplexe Wirkung der Mischung nicht zu stören. Es handelt sich ja letztlich um ein „homöopathisches" Pflanzenschutzmittel.

Wer sich für die Wirkung der Präparate 502 bis 507 interessiert, kann über die oben erwähnte Anschrift ein reichhaltiges Schrifttum beziehen.

## Pyrethrum, Pyrethrumextrakt, Pyrethrumpuder, Pyrethrumstreumittel (27)

Pyrethrumprodukte werden aus den Blütenständen bestimmter *Chrysanthemumarten* gewonnen, einer Pflanzenfamilie, die auf der ganzen Welt vorkommt. Eine insektizide Wirkung haben jedoch nur die Blütenstände von *Chrysanthemum cinerariaefolium, Chrysanthemum roseum (coccineum)* sowie *Chrysanthemum marschalli* und auch hier nur wieder von den Pflanzen, die in Kenia und einigen benachbarten Gebieten Afrikas, auf dem mittelamerikanischen Isthmus, vorwiegend Guatemala und auf einigen streng abgegrenzten Regionen der Insel Guayana wachsen. Hinzu kommen noch einige wenige Gebiete auf dem Balkan. Es sind offensichtlich spezielle Bodenverhältnisse, die dort den Wirkstoff, das sogenannte *Pyrethrin*, hervorbringen. Und noch etwas: Nur wild wachsende Blumen enthalten diesen Wirkstoff; Versuche, die Pflanze, auch wenn es die gleichen Gebiete waren, gärtnerisch anzubauen, führten bisher zu Fehlschlägen, der Wirkstoffanteil war stets sehr viel geringer als von wildwachsenden Pflanzen.

150

**Skizze 24**
Pyrethrumblume *Chrysanthemum cinerariifolium*
Zur Herstellung von Pyrethrumpulver und -extrakten
wird nur das gelbe Blütenköpfchen verwendet.

In Handarbeit werden die Blütendolden gesammelt, getrocknet und mit Lösungsmitteln extrahiert. Damit der sehr licht- und luftempfindliche Wirkstoff nicht vorzeitig seine Wirksamkeit verliert, wird er mit Mineralöl konserviert. Die Verarbeitung der Pflanze zum Extrakt geschieht bereits in den Erntegebieten. Große, früher internationale, heute dagegen nationale Gesellschaften, sind zuständig für Ernte, Gewinnung, Vermarktung, wie aber auch Reinheit und Forschung über das Produkt.

Geliefert wird das Erzeugnis überwiegend als ein 25 %iger Extrakt der Pyrethrine in Mineralöl. Die Abgabe als Fertigprodukt erfolgt entweder in dieser Extraktform, dem nur noch ein wenig von einem Emulgator hinzugefügt wird, damit das Erzeugnis wasserlöslich wird, oder in einer noch weiter verdünnten Lösung. Teilweise wird nun dieser Extrakt mit Pudersubstanzen verarbeitet, um ein anwendungsfertiges Stäubemittel zu erhalten; teilweise wird er auch zu Fertigprodukten, z. B. Sprühdosen für den Haushaltsbereich oder Nebeldosen für den Vorratsschutz, verwendet.

Die Pyrethrumwirkstoffe, die sogenannten *Pyrethrine*, sind Nerven- und Kontaktgifte. Im Prinzip wirken sie also gleich wie verschiedene chemische insektizide Giftstoffe. Sie werden aufgenommen durch die Sinnesorgane und die Nervenenden an den Bewegungsorganen und durch die Gelenkspalten. Zunächst stellt man eine starke Erregung des kontaktierten Insektes fest, dadurch nimmt es nun noch mehr Wirkstoff auf; anschließend wird es gelähmt, und dann tritt meist rasch der Tod ein. Die Wirkung auf ver-

151

schiedene Insektenarten geht verschieden schnell vor sich, je nachdem, wie die empfindlichen Eintrittstellen durch eine dünne Hautschicht geschützt werden.

Pyrethrum ist nicht nur ein universales Tötungsmittel, das auf alle Insektenarten und ihre verschiedenen Lebensformen wirkt, es ist, bringt man es in *hoher Verdünnung* aus, auch ein sogenanntes *Repellent*, also ein Abwehrmittel. Wandte man dieses Erzeugnis bis nach dem 1. Weltkrieg als reinen Pflanzenextrakt an, z. B. in dem seinerzeit berühmten „*Flit*"-Sprühmittel, einer Mischung von Pyrethrumextrakt mit geruchlosem Petroleum, so entdeckte man später, daß eine Verbindung des Wirkstoffes mit einem sogenannten *Synergisten*, einem „Verstärker", die Wirkung erheblich zu steigern vermochte, oder umgekehrt, man weniger von diesem teuren Rohstoff benötigt, um trotzdem einen gleichen Effekt zu erreichen. Diese Synergisten sind ölhaltige Produkte, die z. T. aus Sesamöl gewonnen werden; es gibt aber synthetische Erzeugnisse. Je nach Produkt wird der Pyrethrumextrakt, bezogen auf den reinen Wirkstoffanteil, im Verhältnis 1:3, vorzugsweise 1:5, aber auch bis zu 1:10, vermischt. Am bekanntesten ist der Synergist mit der Bezeichnung „*Piperonylbutoxid*", ein Erzeugnis, das selber nur eine sehr schwache insektenfeindliche Wirkung hat.

Pyrethrumprodukte haben eine lange Geschichte. Schon die „alten Römer" pflegten sich mit dem zu feinem Pulver zermahlenen Blütenstaub der Chrysanthemenblüte einzupudern, um vor Läusen und Flöhen geschützt zu sein, sie zu töten. Es wird von parfümierten Körperpudern auf Basis Talkum oder Kreidemehl mit dem Pyrethrumblütenstaub berichtet, die im Altertum ein begehrtes Kosmetikum waren.

In Europa kannte man solche Präparate später als sogenanntes „Persisches Läusepuder" oder auch „Dalmatinisches Insektenpulver". Erst Mitte des vorigen Jahrhunderts begann man, den Wirkstoff mit Lösungsmitteln auszuziehen, um ihn dann mit Zerstäuberapparaten, wie der altberühmten „Flitspritze", in Räumen zu versprühen.

Bemerkenswerterweise ist gegen dieses Produkt bisher noch keinerlei Resistenz von Insekten festgestellt worden. Dieses rührt zweifelsohne daher, daß durch Einwirkung von Sonne, Licht und Luft die empfindlichen Wirkstoffe innerhalb von ca. 48 Stunden zerstört werden. Hierauf beruht auch die Empfehlung für den biologischen Pflanzenschutz. Die sogenannten „Wartezeiten" sind niedrig, sie werden vorsichtshalber für behandeltes Gemüse und Obst mit 5 Tagen angegeben, die Toxität für Warmblüter ist gering. Trotzdem ist das Präparat nicht vollkommen harmlos, der Wirkstoff selber oder die Einatmung des Sprühnebels kann durchaus zu Schädigungen führen. Es sind also hier im Grunde die gleichen Vorsichtsmaßnahmen zu beachten wie bei chemischen Insektiziden.

152

Obgleich Pyrethrummittel als pflanzliche, insektentötende Präparate mit geringer Giftwirkung auf Warmblüter im biologischen Pflanzenschutz zur Insektenbekämpfung weitgehend empfohlen werden, rät der Verfasser doch dazu, sie nur in äußersten Notfällen einzusetzen. *Sie sind Vollinsektizide!* Sie töten also *alle* Insekten, ohne Unterschied, ob Schädlinge oder Nützlinge. Wer in einem Jahr wegen starken Läusezuzuges sein Heil in einer Pyrethrumspritzung sucht, vernichtet die natürlichen Feinde der Läuse so stark, daß er nicht umhin kommen wird, in dieser Saison laufend Pyrethrum einzusetzen, wenn er einigermaßen ungezieferfrei bleiben will. *Der ökologische Kreislauf wird also durch Pyrethrumspritzmittel in jedem Falle genauso gestört wie durch chemische Insektizide! Es ist also in seiner Wirkung und Auswirkung nichts anderes als diese auch!*

Auch der Unterschied in der Giftwirkung gegenüber den Menschen oder im Wirkstoffabbau ist gegenüber *modernen* phosporhaltigen Insektiziden geringfügig. Es bleibt eigentlich nur, daß es ein natürliches Produkt ist und kein chemisches. Ist es aber noch „natürlich" in der Kombination mit Synergisten, Mineralölen, Lösungsmitteln? Es seien hier Bedenken angemeldet gegenüber der oft allzu forschen Werbung, daß es sich um ein natürliches, harmloses Produkt handelt, das überall bedenkenlos eingesetzt werden kann!

Gar kein Verständnis zeigt der Verfasser gegenüber der heute zugelassenen Aussage „Bienenungefährlich". Natürlich töten Pyrethrumerzeugnisse auch Bienen, kommen diese in Kontakt mit dem Sprühnebel. Und natürlich wird auch die Bienenbrut getötet, sofern sie mit Nektar gefüttert wird, der von Pflanzen stammt, die kurz vorher mit Pyrethrumprodukten behandelt wurden (und seien es nur die blühenden Blumen unter den Obstbäumen). Mit dieser Bezeichnung wird eine Verharmlosung gegenüber dem Laien betrieben, die leichtsinnig, ja gefährlich ist. Er glaubt, Pyrethrum könne nun überall, zu jeder Zeit, ja, auch noch zur Flugzeit der Bienen, ausgebracht werden. *Das ist falsch!* Es müssen bei Einsatz von Pyrethrum als Sprüh- oder Stäubemittel die gleichen Vorsichtsmaßnahmen beachtet werden wie für chemische Insektizide. Der Verfasser hält den Begriff „Bienenungefährlich" im Zusammenhang mit einem Vollinsektizid für schlicht unbegreiflich und versteht nicht, warum unsere sonst so peniblen Zulassungsbehörden eine solche Deklaration gestatten konnten.

Zusammengefaßt: Wer glaubt, ohne ein Insektizid nicht auskommen zu können, der möge Pyrethrumprodukte einsetzen; sie wirken auf die Garten-Ökosysteme zwar nicht anders als chemische Mittel auch; hinsichtlich der Folgewirkungen für Mensch und Tier sind sie aber mehr zu empfehlen als chemische Erzeugnisse.

**Quassia** (31)

Quassia, das den Wirkstoff Quassin enthält, war bis zum 2. Weltkrieg ein recht beliebtes Mittel, um Läuse und Fliegen niederzuhalten. Heute ist das Holz, das von den auf Jamaika und in Westindien heimischen *Simarubacien* – *Picrassma excelsa* und *Quassia amara* – stammt, kaum noch erhältlich. Man stellte hieraus einen wäßrigen bzw. Wasser-Spiritus-Auszug her, der unter Umständen noch mit Seife versetzt wurde, und spritzte diese Lösung dann gegen Blattläuse. Gegen Stubenfliegen tränkte man mit einem etwas konzentrierteren Auszug, dem noch Zucker beigefügt wurde, Löschblätter, die man auf eine Untertasse legte. Die Fliegen wurden durch den Zucker angezogen und vergifteten sich dabei.

Die Quassiabrühe zeichnet sich infolge ihrer weitgehenden Ungiftigkeit gegenüber Mensch und Haustier aus. Quassiapräparate wurden sogar gegen menschliche Würmer, aber auch als Tonikum bei Magenverstimmungen eingesetzt. Wer noch an das Bitterholz gelangen kann – man wird wohl einen Apotheker befragen müssen –, möge folgendes Rezept anwenden: 50 g Quassiaholz werden in 1 l Wasser eine Stunde lang gründlich gekocht, dann läßt man den Sud noch einen weiteren Tag kalt auslaugen. Die durch ein Tuch geseihte Flüssigkeit vermischt man mit 100 g Schmierseife und füllt diese Lösung dann auf insgesamt 5 l mit Wasser auf. Es handelt sich hier um das Rezept der „Quassia-Seifenbrühe", es ist ähnlich der seinerzeit sogenannten „Koch'schen Flüssigkeit". Läßt man in der Quassiabrühe *nach dem Kochvorgang* noch etwa eine viertel bis halbe Zigarre, die man vorher zerbröselt, mit ausziehen, erhält man ein hervorragendes Mittel gegen die sonst schwer bekämpfbaren Schildläuse und Blutläuse.

**Rhabarber** – *Rheum palmatum var. tanguticum Maximowicz* (41)

In der Heilkunde wird nur die Rhabarberwurzel verwendet, im Pflanzenschutz dagegen Blätter und Stiele.

Botanik: Der Rhabarber wächst als Staude in Europa bis zu 1 m hoch, in südlichen Ländern kann er bis 3 m hoch werden. Die Blätter sind für den Pflanzenschutz erntbar, wenn die Stiele ihre ausgeprägte rote oder rot-gelbliche Färbung erhalten haben. Die arzneiliche Wirkung der Pflanzenwurzel nutzt man bei Entzündungen der Mundschleimhaut, Magen- und Darmkatarrh wie auch homöopathisch als Stopfmittel. Die Wurzel könnte auch im biologischen Pflanzenschutz infolge ihres hohen Gerbstoffgehaltes die Eichenrinde ersetzen.

In Südafrika werden Rhabarberblätterbrühen oder Rhabarberblätterjauchen in recht hohem Umfang im Land- und Gartenbau als Pilzvorbeugungsmittel eingesetzt. Vermutlich ist die Wirkung auf den hohen Oxalsäuregehalt zurückzuführen.

Nach eigenen Versuchen ist Rhabarber, der ja im Garten leicht zu ziehen ist, ähnlich wirksam wie Ackerschachtelhalm, besonders wenn man der Rhabarberbrühe noch etwas Wasserglas oder feinstvermahlene Gesteinsmehle hinzufügt.

Wer also Mühe hat, Ackerschachtelhalm zu finden, versuche einmal diese Pflanze als Ersatz, er wird nicht enttäuscht werden. Auch Rhabarberbrühen dürfen selbstverständlich nur verdünnt (1:5) auf grüne Teile aufgesprüht werden. Wiederholungsspritzungen wie üblich wöchentlich bis zehntägig.

**Saatbäder** (56)

Die im Kapitel E genannten Präparate zur Herstellung von Saatbädern können noch ergänzt werden um folgende Produkte: Algenextraktlösung 1 %ig (16), SPS-Lösung nach Gebrauchsanweisung, 1- bis 2 %ig (24), Kuhmist-, Brennessel- oder Comfreyjauche 1:5 mit Wasser verdünnt. Die Jauchen müssen voll ausgegoren sein (26, 18, 19).

Die Saatbäder sollen stets handwarm angesetzt werden, kaltes Wasser mindert ihre Wirkung, zu warmes Wasser gibt zu heftige Reaktionen.

Allen Saatbädern gemeinsam ist, daß sie die z. T. sehr harten äußeren Schutzschichten der Samen zunächst erweichen, eine schwache Reizwirkung ausüben und somit das Signal geben: „Es geht los!"

Sie üben damit eine ähnliche Signalwirkung aus, wie sie sonst durch Sonneneinwirkung, Bodenfeuchtigkeit und Wärme im Boden auch erzeugt wird. Zugleich wirken die Bäder ganz schwach im Sinne einer Saatbeize.

Einen gewissen Schutz der Saatkörner gegen Erdinsekten erreicht man, indem man sie vor dem Aussäen in Steinmehl wälzt und die Saatrille zusätzlich hiermit auspudert. Anschließend wird etwas reichlicher gewässert, denn Steinmehl wirkt austrocknend.

**Schneckenbrühe** (51)

Man sammelt etwa 20 bis höchstens 50 Nacktschnecken oder kleine Gehäuseschnecken – nicht Weinbergschnecken, die heute bereits teilweise unter Schutz stehen! – und übergießt sie in einem 10-l-Eimer mit etwa 3 l kochendem Wasser. Die Tiere werden sofort getötet. Nach 2 bis 3 Tagen beginnt die Verjauchung, und man füllt nun Wasser bis insgesamt 10 l auf. Die Brühe wird einen widerlichen Geruch ausströmen, *der aber nicht durch Steinmehl neutralisiert werden darf.* Jetzt seiht man die Flüssigkeit von den toten Schnecken ab, verdünnt sie noch mit der doppelten Menge Wasser und gießt sie mit einer feinbrausigen Gießkanne auf die Beet*umrandungen. Keinesfalls dürfen hiermit Pflanzen benetzt werden,* denn diese Brühe enthält sehr viel giftige Eiweißabbauprodukte, die bei eventuellem Verzehr äußerst gefährlich werden können.

Man wird feststellen, daß in sehr vielen, aber keineswegs allen, Fällen die Schnecken einen so begossenen Erdstreifen nicht überqueren, sondern umkehren. Man wird weiter feststellen, daß diese Brühe intervallmäßig wirkt, das heißt, es gibt Tage, wo die Wirkung komplett ist, andere wieder, wo die Behandlung wirkungslos bleibt.

Möglicherweise liegen hier Einflüsse durch den Boden, aber auch durch die Witterung vor.

Vergleicht man die Schneckenbrühe mit den üblicherweise im biologischen Landbau abgelehnten Schneckenkörnern mit dem Wirkstoff Metaldehyd, so ist eine Schneckenbrühe bei weitem giftiger als diese.

### Schneckenfallen (52)

Schneckenfallen sind im vorangegangenen Text bereits ausführlich beschrieben. Die hier empfohlenen Joghurtbecher sollten natürlich aus Plastik und nicht aus Hartpapier oder Pappe bestehen. Den Schutzdeckel fertigt man sich aus dem abgeschnittenen Deckel einer üblichen Konservendose an, schlägt mit einem Nagel am Rand vier Löcher hinein und steckt durch diese Streichhölzer hindurch. Ratsam ist es, die Fallen nicht nur um die Beete herum einzugraben, sondern auch *in den Beeten* aufzustellen, denn es ist fast unmöglich, den Kompost frei von Schneckeneiern zu halten, so daß mit dem aufgebrachten Kompost auch Schnecken sich in den Beeten entwickeln, die nur so gefangen werden können. Kleine Marmeladengläser haben sich auf Dauer besser bewährt als Joghurtbecher, sie sind haltbarer und leichter auszuspülen. Ähnliches gilt für kleine Konservenbüchsen.

*In* den Beeten sind sie durch kein anderes Mittel zu ersetzen, als Beetumrandung sollte man jedoch lieber einen kompletten Schneckenzaun, wie an anderer Stelle beschrieben, aufstellen.

**Skizze 25**
**Schneckenfalle**
**Eingegrabener Joghurt-becher. Darübergestellt Konservendosendeckel oder Bierdeckel zum Schutz vor Regenwasser.**

156

**Schneckenkorn** (53)

Industriell hergestellte Schneckenkörner enthalten meist Kleie oder Mehl als Träger- und Lockstoff, bei den meisten Produkten gemischt mit dem Wirkstoff Metaldehyd, in einer Konzentration von 6 %. Die Giftwirkung auf den Menschen ist nicht sehr ausgeprägt, die sogenannte akute orale LD-50-Dosis bei einem Hund beträgt beispielsweise 0,6 bis 1 g pro kg Körpergewicht. 2 g des Wirkstoffes bei einem Kinde bzw. 4 g bei einem Erwachsenen können unter Umständen tödlich wirken. Damit ein Kind diese 2 g Wirkstoff aufnimmt, muß es etwa 35 g der Körnchen aufessen, immerhin schon eine ganze Menge. Nach einschlägigen Berichten ist dieses noch nicht vorgekommen, denn vorher stellt sich erheblicher Brechreiz ein. Leichte Vergiftungssymptome wie Übelkeit, Leibschmerzen, Erhöhung der Körpertemperatur usw. kommen aber recht häufig vor, da die Tüten oder Behältnisse mit den Schneckenkörnern viel zu wenig gesichert werden!

Negativ für das Bodenleben ist das Produkt auch deshalb, weil Metaldehyd nicht wasserlöslich ist, sondern nur sehr schwach verdunstet. Bei wiederholtem Gebrauch der Schneckenkörner – und das ist ja die Regel – wird der Boden also nach und nach verseucht, mit der Gefahr, daß Pflanzenwurzeln den Wirkstoff aufnehmen und einlagern.

Die Gefahr dagegen, daß Igel oder Vögel das Material direkt aufnehmen oder hiermit vergiftete Schnecken fressen, ist relativ gering, denn die toten, durch Entschleimung auch noch verhärteten Schnecken, werden als Futter nicht angenommen.

Trotz dieser hier geschilderten Gefahren wird Schneckenkorn bei übermäßiger Schneckenplage aber auch von biologischen Gärtnern eingesetzt, zumindest dann, wenn sie ein zweites oder gar ein drittes Mal eine Pflanze ausgesät haben, die immer wieder von diesen Schädlingen vernichtet wurde. Wenn man jedoch glaubt, sich mit diesem Produkt helfen zu müssen, dann nur in der auf Seite 86 empfohlenen Art und Weise, die auf eine Anregung schweizerischer Landwirte fußt.

**Schwefel** (6)

Unter Schwefel, bei Anwendung als wirksames Mehltaumittel, wird ausschließlich der sogenannte *Netzschwefel* verstanden.

Schwefel ist ein biologisch unverzichtbares Element, er ist in praktisch allen organischen Verbindungen enthalten. Gewonnen wird er durch Erhitzen oder Schmelzen schwefelhaltiger Gesteine oder Erze. Er wird in große Blöcke oder Stangen gegossen und in der Chemie und der Medizin zu vielen Präparaten benutzt. Insbesondere kennen wir ihn als ein hochwirksames Desinfektionsmittel bzw. bakterientötendes Präparat, beispielsweise bei der Nahrungsmittelherstellung, der Weinbereitung, in seiner Oxidform, dem Schwefeldioxid ($SiO_2$).

Reiner Schwefel wird zur Desinfektion von Holzfässern benutzt. Er wird innerhalb der Fässer verbrannt, das entstehende Schwefeldioxid tötet Schimmelpilze, Bakterien und Hefen ab. Bleiben die Fässer weiterhin geschlossen, so entsteht durch die innewohnende Feuchtigkeit anschließend schwefelige Säure ($H_2SO_3$), die ebenfalls stark desinfiziert, aber auch holzzerstörend wirkt. Zur Herstellung des Netzschwefels wird erhitzter, reiner Schwefel in dünnem Strahl in eiskaltes Wasser gegossen, worin er sich sofort in allerfeinster Form als Kristall ausscheidet. Netzschwefel hat nicht die hellgelbe Farbe natürlichen Schwefels, sondern ist meist dunkelbraun gefärbt, infolge seiner Herstellung ist er durch Wasser besser „benetzbar" als normales Schwefelpulver.

In Wasser gelöst und als Spritz- oder Pudermittel auf die Pflanzenzellen aufgetragen, dringt er in evtl. dort siedelnde Pilzzellen ein und entwickelt *in ihnen* Schwefelwasserstoffverbindungen, die den Pilz von innen heraus töten.

Besonders ausgeprägt ist seine Wirkung gegen den echten Mehltau (Oidium), Rostpilze, Schrotschußkrankheit, Rußtaupilze u. ä. Wenig Wirkung zeigt Netzschwefel gegen falschen Mehltau (Peronospora) und fast keine gegen den Schimmelpilz (Botrytis).

Jedoch wirken auch nicht in Pilz- oder Blattzellen eingedrungene Schwefelteilchen insoweit noch pilz- und insektenabwehrend, da sich durch Einwirkung von Feuchtigkeit, Sonne und Luft ganz schwach Schwefeldioxid bildet, das ja für alle Lebewesen ein starkes Gift ist. Die Problematik dieser Schwefeleigenschaft ist andererseits durch das Thema des Waldsterbens bekannt geworden. Der biologische Anbau versucht daher, die Schwefelanwendung so gering wie möglich zu halten.

Die Anwendung des Schwefels in der Medizin wie auch im Pflanzenschutz ist seit Jahrhunderten bekannt. Seine Einsatzmenge wird jedoch in den meisten Fällen viel zu hoch angegeben. Schwefel wirkt nämlich noch in außerordentlich großer Verdünnung, und auch dann, wenn er biologisch gebunden ist, z. B. in Pflanzenauszügen schwefelhaltiger Lauchpflanzen.

Die Anwendung relativ hoher Schwefelmengen von beispielsweise 0,6 % in der Spritzbrühe beruht auf den Vorstellungen des chemischen Pflanzenschutzes. Wiederholte Spritzungen in geringerer Dosierung bewirken gleich gute Effekte.

Im biologischen Landbau ist der Schwefel ein unverzichtbares Behandlungsmittel gegen Pilzerkrankungen, mit zudem deutlicher Nebenwirkung gegen Insektenzuflug. Verwendet man nicht die Schwefel enthaltenden Fertigprodukte, wie sie unter der Nr. 11 und 12 beschrieben wurden, so ge-

158

nügen Einsatzmengen von 0,1 bis 0,3 %. Durch diese geringe Dosierung wird zudem weder die Blüte noch der Bienenflug in die Blüte gestört.

## Schwefelleber *(Hepar sulfuris)* (7)

Ein Produkt, das durch Zusammenschmelzen von Kaliumcarbonat (Pottasche) und Schwefel unter Luftabschluß erhalten wird und das verschiedene Schwefelverbindungen enthält (Kaliumsulfid, Kaliumpolysulfid, Kaliumsulfat, Kaliumthiosulfat). Schwefelleber enthält nur einen gewissen Anteil reinen Schwefels, die genaue Menge ergibt sich aus dem Verhältnis der verwendeten beiden Bestandteile. Die Einsatzmenge in der Spritzbrühe ist trotz des geringeren Schwefelanteiles gleich hoch wie bei Netzschwefel. Schwefelleber, derzeit wohl nur in Apotheken erhältlich, war früher ein gebräuchliches Heilmittel, sie ist heute nur noch schwer zu erhalten. Ein Vorzug gegenüber der Verwendung von Netzschwefel ist eigentlich nicht zu sehen. Sie soll jedoch milder wirken.

## Seife (32)

Verwendet wird ausschließlich die cremweiche bis flüssige *echte Kaliseife*. Früher konnte man sie als sogenannte Schmierseife erhalten, heute kennt man sie kaum noch.

1- bis 2 %ige Seifenlösungen, insbesondere, wenn sie noch mit etwas Spiritus versetzt und den hier vielfach angeregten Pflanzenbrühen, bis hin zur Nikotin- oder Quassiabrühe, zugesetzt werden, sind ein hervorragendes Mittel, um Läuse zu bekämpfen. Manche Anwender berichten, daß sie auch mit wesentlich geringeren Einsatzmengen – von 0.3 bis 0.6 % – bereits ausreichend gute Erfolge erzielen konnten. Dies wird sicherlich von Lausart zu Lausart etwas verschieden sein.

Nachstehend sei ein altes Hausrezept genannt, nach dem man diese weiche Seife, die sich hervorragend in Wasser löst, selber herstellen kann:

500 g Schweineschmalz werden in einem Topf geschmolzen und danach Kalilauge vom spezifischen Gewicht 1,180 mit 300 g hinzugegeben. Bei gleichbleibender Hitze rührt man jetzt ca. 20 Minuten lang die Mischung kräftig um, so daß sie homogen bleibt, und setzt dann 50 g Brennspiritus hinzu. Man rührt noch einmal kräftig um und stellt jetzt das Gefäß in einer Kochkiste für 10 bis 12 Stunden beiseite. Kochkisten kennt man heute kaum noch. Man bedeckt daher den Topf von unten und allen Seiten mit Handtüchern und legt rundherum Kissen, damit die Wärme möglichst lange gehalten wird.

Nach dieser Zeit wird die Verseifung beendet sein, worauf man anschließend noch 175 g Glycerin zufügt und gut umrührt.

Die Seife enthält etwa 12 % unverseiftes Fett, sie ist mild und wirkt neutral. Sie wird in einen Steinguttopf umgefüllt, der mit Pergament, Aluminiumpapier oder ähnlichem geschlossen wird, damit sie nicht eintrocknet.

Die Herstellung bereitet keinerlei Probleme. Man vergewissere sich, ob die Kalilauge genau das angegebene spezifische Gewicht besitzt. Die erhaltene Menge von ca. 1 kg reicht bei einem mittleren Garten einen ganzen Sommer lang. Das Glycerin sorgt dafür, daß die Seife nicht austrocknet und sich leicht in Wasser verrühren läßt, wobei man stets zunächst die benötigte Seifenmenge mit einem kleinen Wasseranteil verrührt, dann nach und nach den Wasseranteil vergrößert, bis man die Gesamtmenge der Spritzflüssigkeit erhalten hat. (Rezept nach „Dieterich".)

Da Seife gerne mit Spiritus zusammen verwendet wird – der Spiritus löst die wachsartige Schutzhaut der Insekten auf, so daß die Seife stärker wirkt – sei nachstehend noch das Rezept der flüssigen „Kaliseife mit Spiritus" genannt: Man füllt 100 g Leinöl und 70 g Brennspiritus in eine Literflasche, schüttelt kräftig um und stellt die Flasche in ca. 50° warmes Wasser.

Nun löst man reines Kaliumhydroxid, 20 g, (als Tabletten in Drogerie oder Apotheke erhältlich. Vorsicht, ätzend!) in 33 g lauwarmen Wassers. Diese Lösung setzt man jetzt dem Leinöl-Brennspiritus-Gemisch zu und schüttelt kräftig durch. Die Seifenbildung wird nach ca. 5 Minuten vollendet sein, solange muß man immer wieder schütteln. Die abgeschlossene Seifenbildung erkennt man daran, daß sich eine kleine Probemenge dieser Mischung in Wasser klar löst. Sind noch Fett-Tröpfchen vorhanden, so ist die Seifenbildung noch nicht vollendet.

Jetzt fügt man noch einmal 166 g Brennspiritus und 80 g Wasser hinzu, schüttelt kräftig durch, und die flüssige Kaliseife ist fertig. Vor Verwendung filtriert man sie zweckmäßigerweise durch ein Handtuch, damit kleine Klümpchen, die die Spritzdüsen verstopfen können, ausgeschieden werden.

Man verwendet diese flüssige Kaliseife 2- bis max. 3 %ig, in Wasser gelöst, als Spritzmittel speziell gegen Läuse. Ebenso gut kann man sie aber auch 1- bis 2 %ig anderen pflanzlichen Spritzmitteln hinzufügen, um deren Wirkung zu verstärken.

**Spiritus** (2)
Unter Spiritus wird üblicherweise reiner Äthylalkohol, 96 %ig verstanden. Infolge der Spiritusbesteuerung ist dieses Produkt aber für den Pflanzenschutz unbezahlbar. Wir können an seiner Stelle ohne Einschränkung Brennspiritus verwenden; von manchen Anbauern wird auch berichtet, daß sie den sogenannten *Isopropylalkohol* ohne Wirkungseinschränkung verwendet haben. Letzteren kann man in Drogerien oder Apotheken sehr preiswert einkaufen.

160

Brennspiritus wird in Mengen von 1 bis max. 3 % der Spritzbrühen zur Läusebekämpfung zugegeben. Insbesondere bei Brühen, die gegen die sonst schwer angreifbare Schildlaus, Wollaus oder Blutlaus wirken sollen. Diese Tiere besitzen nämlich einen wachsartigen Überzug, den wäßrige Spritzmittel nicht durchdringen können. Der Spiritus, möglichst noch gemeinsam mit Seife, löst jedoch diese Schutzschicht an, mitunter sogar ab, so daß nunmehr die Wirkstoffe das Tier direkt treffen.

Spritzbrühen, die Spiritus enthalten, müssen stets mit der vollen Wassermenge im Spritzansatz hergestellt werden, um mögliche Verätzungen an empfindlichen Blättern durch eine konzentriertere Brühe zu vermeiden. Sie werden gut feucht, jedoch nicht tropfnaß gespritzt, so daß die Brühe nicht an den Blatträndern zusammenläuft und sich hier wiederum konzentriert. Geräte mit Luftverwirbler sind ebenfalls ungeeignet, genauso wenn zu weiträumig mit hohem Druck gesprüht wird, denn hierdurch verdunstet bereits ein erheblicher Teil des Spiritus in der Luft – diese technischen Fragen müssen beachtet werden, damit es nicht nachher heißt: Spiritus in der Spritzbrühe taugt nichts, er kostet nur Geld. Versuche, Spiritus durch andere fett- oder wachslösende Lösungsmittel wie Benzin, Petroleum, Dieselöl, ja sogar Trichloräthylen oder Perchloräthylen zu ersetzen – hiervor sei ausdrücklich gewarnt! Abgesehen davon, daß die Produkte aus der Petrochemie eine außerordentliche Tiefenwirkung in das pflanzliche Zellgewebe besitzen und dieses weich und damit anfällig machen, verdunsten alle diese Stoffe keineswegs rückstandsfrei.

### SPS, SPS-microb (24)

Der Name ist abgeleitet von „*S*chumachers-*P*flanzen*s*chutz". Der Erfinder Schumacher stellte aus verschiedenen Wildpflanzen gemeinsam mit Zwiebeln und Knoblauch, die mittels eines besonderen Verfahrens ausgezogen werden, ein hochwirksames Produkt zusammen, das sich schon seit Jahrzehnten als biologisches Behandlungsmittel außerordentlicher Beliebtheit erfreut. Auch SPS gehört gewissermaßen zu den Veteranen biologischer Präparate und wird für vielerlei Zwecke verwendet: Zur Erhöhung der Widerstandskräfte der Pflanzen gegen Pilz- und Viruskrankheiten, zur schnellen und besseren Bewurzelung von Stecklingen, Steckholz, Blumenzwiebeln und Knollen, der Anzucht von Jungpflanzen, zur Frischhaltung von Schnittblumen wie auch als Saatbeize.

Die Anwendung des Extraktes ist üblicherweise 1- bis max. 5 %ig, vorzugsweise 2 %ig.

Auch hier wieder: Ausgenutzt werden die Phytonzide der verwendeten Pflanzen zum Schutz und zur Stärkung unserer Nahrungs- und Zierpflanzen.

SPS-Lösungen wirken nach vielerlei Berichten mindestens gleich gut wie beste Pflanzenjauchen. Wer sich also mit der Herstellung dieser nicht befassen möchte, hat in SPS ein vollwertiges Ersatzpräparat.

### Stammanstrich (44)

In den Monaten Februar und März kann die Baumrinde bei Sonnenschein am Tage und nächtlicher Frostgefahr erheblichen Schaden erleiden. Sie platzt auf, und Schädlinge nisten sich ein. Auch kann der Baum durch die vermeintliche Wärme, die der Stamm durch die Sonne bekommt, schon viel zu frühzeitig zu treiben beginnen.

Altbekannt ist daher, die Stämme zu kalken, das heißt mit einer weißen Schicht zu versehen, die die Sonneneinstrahlung reflektiert.

Ein altes Rezept besteht darin, je ein Drittel Kuhmist, Lehm und Kalkbrühe zu einem Brei zu verrühren und die Bäume damit einzustreichen.

Kuhmist ist fast unersetzlich, Lehm kann dagegen durch Bentonit oder Gesteinsmehle ausgetauscht werden, statt der hochalkalischen Kalkbrühe nahm man auch Kreide.

Für den Hausgärtner ist die Selbstherstellung etwas aufwendig, und es wurden daher gute Fertigpräparate ähnlicher Zusammensetzung entwickelt. Bekannt ist „Preicobakt" wie auch ähnliche Produkte anderer Hersteller (siehe Lieferantenverzeichnis).

Diese Erzeugnisse können, nachdem man sie mit der vorgeschriebenen Menge Wasser anteigt, gestrichen, aber auch gespritzt werden. Sie schützen die Rinde, beeinträchtigen oder töten sogar die in ihr überwinternden Insekten, ernähren den Baum mit ihren Wirkstoffen über die Rinde und tragen somit ganz hervorragend zum Pflanzenschutz bei.

In Höhenlagen über 500 m sollte es eigentlich selbstverständlich sein, seine Baumstämme – einschließlich der Hausspaliere –, wie auch die Stämme empfindlicher Ziergehölze, mit diesen Präparaten zu versorgen. Aufgetragen werden sie an frostfreien Tagen im Januar und Februar; wer die weiße Einfärbung der Stämme nicht liebt, kann sie ab Mai mit hartem Wasserstrahl wieder von dem Auftrag befreien.

### Theobald'sche Lösung (33)

Dieses schon recht lange bekannte und auch heute noch im biologischen Landbau gerne verwendete Produkt wird im häuslichen Gartenbereich aus Unkenntnis oder auch Scheu vor der eigenen Herstellung kaum eingesetzt.

Die Lösung wirkt jedoch in der Herbst-Frühjahrszeit gegen die auf den Bäumen überwinternden Insekten und Larven sowie auch gegen Eigelege hervorragend. Auch Baumflechten und Moose verschwinden nach der Anwendung. Die Herstellung ist leicht:

162

1. 500 g eines Kalidüngesalzes mit mindestens 50, besser 60 % Kalianteil werden in 4 l lauwarmem Wasser gelöst.

2. 1 kg gebrannter Kalk (in Drogerien erhältlich) werden in 4 l lauwarmem Wasser gelöst.

3. 0,5 l Wasserglas (Eiereinlegemittel, aus der Drogerie) wird in 2 l Wasser gelöst.

Die Lösungen 1 und 2 werden zusammengemischt und durch ein Siebtuch gegossen, anschließend wird die Lösung 3 hinzugefügt – fertig ist die Theobald'sche Lösung.

Sie wird unverdünnt mit einem Anstreicherpinsel auf Bäume und große Äste, vor allen Dingen Astgabeln, ab Laubfall bis zum Knospenschwellen, aufgestrichen. Vorteilhafteste Anwendungszeit sind warme Dezember-/Januartage.

Die Lösung ist also ein Baumanstrich mit spezifischer Wirkung gegen Insektenschädlinge. Wurden im vergangenen Jahr sehr viel Spinnmilben – „Rote Spinne" – beobachtet, so kann man dieser Lösung noch 3 % Brennspiritus hinzufügen, um eine besonders gute Wirkung gegen die Spinneneier zu bekommen.

## Tomaten (38)

Tomatenblätter haben den bekannten strengen, scharfen Geruch; knipst man die Triebe ab, so werden die Finger nachhaltig durch Gerbstoffe braun gefärbt.

Die Geiztriebe der Tomaten, die ja laufend anfallen, kann man hervorragend zu einer Brühe oder auch Jauche ansetzen, um damit die Kohlarten gegen verschiedene Raupen zu besprühen. Die Jauche wird wie üblich 1:3 bis 1:5 verdünnt; nur wenn ein sehr starker Kohlweißlingsraupenbefall festzustellen ist, kann man sie auch einmal unverdünnt einsetzen.

Auch als Zusatz zu anderen Pflanzenbrühen haben sich Tomatenauszüge hervorragend bewährt, um festsitzende, also saugende oder blattfressende Insekten zu vertreiben.

## Tonmineralien (37)

Unter diesem Sammelbegriff werden *Tone*, reine *Lehme*, speziell aber *Bentonit* oder der wertgebende Anteil der Bentonite, das *Montmorillonit*, zusammengefaßt.

Tonmineralien sind eigentlich Gesteinsmehle und besitzen auch vom Mineralteil her eine ähnliche Zusammensetzung wie diese. Sie sind jedoch durch Millionenjahre langer, natürlicher Schleifarbeit durch Eis, Flüsse, Wind, zu allerfeinsten Mineralstoffen zerkleinert worden und besitzen eine durchschnittliche Korngröße von nur 2 μ und darunter! Diese sehr lange andauernde Auswaschung bedingt aber auch, daß der Spurenelementanteil in den Tonmineralien deutlich geringer ist als in frisch vermahlenen Gesteinsmehlen. Dafür haben sie aber andere, für den Land- und Gartenbau höchst wertvolle Eigenschaften: sie sind hoch quellfähig und binden dadurch Bodenwasser.

Eingesetzt werden sie vorzugsweise zur Kompostbereitung wie auch Bodenverbesserung, speziell auf leichten Böden, um diese bindiger zu machen.

Im Pflanzenschutz sind sie bekannt geworden als Schutzmittel gegen Insekten, und hier bevorzugt gegen Spinnmilben. Ihr feiner Überzug wirkt ähnlich wie bei den beschriebenen Spezialgesteinsmehlen, besonders wenn man der Spritzlösung, die 3- bis 5 %ig angesetzt wird, noch 1 bis 2 % Wasserglas *oder* 2 % Seife mit 1 % Spiritus hinzusetzt. Auch gegen die Wurmgespinste verschiedener Falter an Beerenobst, Kernobst und im Weinbau werden solche Spritzungen mit gutem Erfolg verwendet. Natürlich ist es auch hier vorteilhaft, einer fertigen Brühe 0,1 % Algenextrakt oder SPS bzw. Schwefel oder Kupfer hinzuzufügen, um ein breitenwirksames Erzeugnis zu bekommen.

Auf eine Besonderheit dieser Tonmineralien sei noch hingewiesen: Wendet man sie auf dem Komposthaufen an, so nur feinstgepudert, *in kleinen Mengen und sorgfältig eingeklopft*. Fressen nämlich Würmer große Anteile von Bentonit, so quellen sie in deren Darm auf und legen die Darmsäfte fest, so daß diese dadurch verenden können.

Den Namen erhielten Bentonite nach dem Hauptfundort namens *Benton* in USA und die Montmorillonite nach dem Fundort *Montmorillon* in Frankreich. In Deutschland werden diese Tonmineralien hauptsächlich im bayerischen Donaugebiet abgebaut. Die Lagerstätten sind keineswegs groß, der Abbau und die Rekultivierung des Landes kostenaufwendig. Die gewonnenen Tone werden später noch gereinigt, vermahlen und für die verschiedenen Anwendungszwecke präpariert. Sie besitzen große Bedeutung auch außerhalb der Landwirtschaft.

**Verbrennen** (5)

Moniliakranke Zweige oder Früchte, viruserkrankte Pflanzen, müssen so schnell wie möglich aus dem Garten verschwinden und dürfen *auf gar keinen Fall auf den Komposthaufen* gebracht werden. *Sorgfältiges Verbrennen auch kleiner Mengen ist Pflanzenschutz!* Wollen Früchte, grüne Sträucher oder feuchte Zweige nicht brennen, so unterlegt man sie mit genügender Menge Holz, Papier, oder gießt Benzin darüber – in jedem Fall muß das Verbrennen penibel und vollständig erfolgen, will man vermeiden, daß die

164

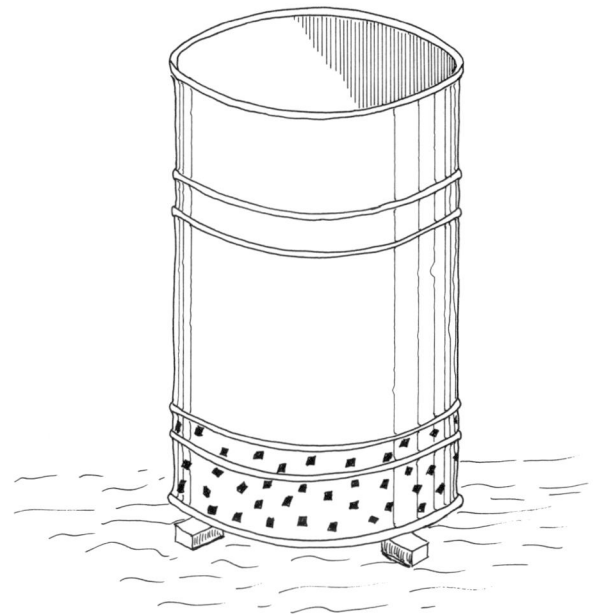

schwerbekämpfbaren Sporen weiteres Unheil im Garten anrichten. In sorgfältig geführten Anlagen gibt es für diesen Zweck sogar eigens Brandton-
nen, hergestellt aus alten Eisenfässern, bei denen der Deckel entfernt
wurde und die im unteren Drittel kräftig Löcher zur Luftzufuhr eingeschlagen bekamen. Hier wird ganzjährig alles verbrannt, was nur irgendwie anfällig wurde. Hierzu gehören selbstverständlich auch moniliakranke Früchte, *die sofort vom Baum entfernt oder aufgesammelt werden müssen.*

Dem erfahrenen Anbauer mag dieser Abschnitt lächerlich erscheinen –
die meisten Gartenbesitzer aber nehmen diese Arbeit nicht wichtig. Weder
verbrennen sie Zweige, noch sammeln sie Früchte auf. Oder sie bringen
diese Pflanzenteile sogar auf den Kompost! Sie werden dann stets unter
Moniliaerkrankungen zu leiden haben!

### Vogelschutznetze (54)

Die heute sehr preiswerten Vogelschutznetze sind bestens geeignet, über
Beete gespannt, über Bäume gelegt oder an Weinzeilen befestigt zu werden. Man kauft keine Gespinnste ein, *das ist Vogelmord!* Auch die elasti-
schen Netze aus Polyaethylen haben sich für diese Zwecke nicht bewährt,
am zweckmäßigsten sind die wie Fischernetze gewebten und geknüpften
Netze aus relativ harten Kunststofffasern. Man wählt eine lichtechte Aus-
führung mit grüner Einfärbung und kann sie jahrelang wiederverwenden.

Wer aber Netze auslegt, sollte doch täglich einen Rundgang machen, denn zu gern verfangen sich in ihnen Amseln, Drosseln, aber auch Igel und verenden dann kläglich.

## Wasser (43)

Es mag merkwürdig klingen, wenn hier ein Kapitel über ein so selbstverständliches Lebenselement eingefügt wird. Aber – Wasser ist keineswegs gleich Wasser! Beträgt die Wasserhärte aus dem Hausanschluß mehr als 20 Kalkgrade, so sollte man ein solches Wasser nur verwenden, wenn es mindestens 14 Tage lang vorher in einer Tonne abgestanden ist. Man kann es auch noch neutralisieren, indem man pro 100 l je nach Härtegrad 5 bis 10 g Zitronensäure hinzufügt, die den im Wasser enthaltenen Kalk ausfällt.

Und das vielgepriesene Regenwasser? Es ist keinesfalls das, was es früher einmal war! Jedermann kann heute mit Indikatorpapier leicht feststellen, daß der Regen „sauer" vom Himmel fällt. Durchschnittlich werden Säuregrade von pH 6 bis pH 5 gemessen; der Verfasser konnte aber auch schon Säuregrade von pH 3 feststellen!

Dazu sei an die Ausführungen über die Luftverschmutzung unter dem Stichwort „Luft" erinnert.

Fällt also Regen, so sollte man erst dann einen Regenwasserfänger anschließen, wenn das Dach einigermaßen „gewaschen" worden ist, eine halbe Stunde Regen ist hierzu wohl erforderlich. Das Wasser in der anschließend gefüllten Tonne überprüft man jetzt mittels eines Indikatorpapieres auf den Säuregrad anhand der Farbveränderungen des Papieres. Liegt der ermittelte Säurewert unter pH 6.0, so muß das Wasser neutralisiert werden. Hierzu genügen zwischen pH 5 und pH 6 pro Tonne zwei bis drei Hände voll Gesteinsmehl, bei niedrigeren Werten wird Algenkalk untergerührt. Die Menge wird dadurch bestimmt, daß man nach einer ersten Zugabe erneut den pH-Wert mißt und je nachdem, wie weit schon neutralisiert wurde, nun noch weitere Portionen hinzufügt.

Die Anregung hört sich etwas umständlich an, die Praxis ist aber leicht, denn es stellen sich Erfahrungswerte ein, die man zukünftig berücksichtigt. In jedem Fall aber lohnt die Mühe! Denn nur durch diese Neutralisation wird das Regenwasser wieder zu dem, was es früher einmal war.

Indikatorpapier oder Indikatorprodukte erhält man in Drogerien und Apotheken, aber auch der gut sortierte Fachhandel führt heute bereits entsprechende Produkte. Die Handhabung ist unproblematisch, eine Packung reicht meist einen Sommer lang.

Kurz, den sauren Regen vermögen wir nicht zu neutralisieren – mit dem Gießwasser können wir aber einen Ausgleich herstellen, um somit einer Übersäuerung des Bodens entgegenzuwirken.

## Wasserdampf – Heißwasser (1)

*Wasserdampf,* der in bestimmten Geräten sogar als überhitzter Dampf, also mit Temperaturen über 100° hergestellt werden kann, ist ein in der Berufsgärtnerei heute unverzichtbares Mittel geworden, um gegen bestimmte Bodenschädlinge (Nematoden, Älchen) vorzugehen. Es ist selbstverständlich, daß auch die übrigen Bodenlebewesen, also Bakterien, Würmer usw., unter dieser Heißdampfbehandlung in Mitleidenschaft gezogen werden. Hier ist eine Interessenabwägung notwendig, ob diese bestimmten Schädlinge mehr schädigen, ob man Fruchtwechsel vornehmen kann oder im Interesse der Nützlinge auf eine solche Behandlung verzichtet.

In Hausgärten wird der Einsatz solcher Geräte nicht nötig sein, hier kann man sich anders behelfen. In den immer beliebter werdenden Kleingewächshäusern wird es jedoch schon einmal notwendig werden, die Erde gewissermaßen zu sterilisieren. Nach einer solchen Behandlung wird dann durch Auftrag von gutem Humus dafür gesorgt, daß sich das Bodenleben wieder regeneriert und schnell vermehren kann.

*Heißwasser.* Wir werden schon in einigen Jahren, nach weiterer Erprobung durch die Geräteindustrie, vermutlich ganz neue Möglichkeiten besitzen, beißende und fressende, also festsitzende Insekten zu vernichten. Man nutzt hierbei die Erkenntnis aus, daß die Zellen der Insekten keine Temperaturen über 45° vertragen, darüber sterben sie ab, das Tier verendet. Pflanzenzellen dagegen vertragen Temperaturen von 50 bis z. T. 55°, ehe sie für dauernd geschädigt werden.

Versteht man es, Wasser über 45 bis max. 50° auf die Pflanze zu bringen, so verfügt man also über ein sicheres und natürlich vollkommen ungiftiges Insektenvertilgungsmittel.

Der Verfasser hat sowohl bei Handspritzen wie auch an einer Rückenspritze, die entsprechend sorgfältig isoliert wurde, dieses Verfahren ausprobiert. Es funktioniert! Zwar machen die so behandelten Pflanzen einige Stunden einen etwas traurigen, schlappen Eindruck, erholen sich dann aber schnell wieder, während Insekten vollständig verschwanden.

Durch thermostatisch gesteuerte Heizvorrichtungen im Spritzwasserbehälter, gut isolierte Schläuche und Spritzstangen, kann man heute schon funktionstüchtige Geräte herstellen – allerdings nur zu einem Preis, den kaum einer bezahlen wird. Aber die Entwicklung steht ja nicht still: Bastler sind gefordert, und was verlangt wird, stellt die Industrie auch her. Es ist daher nur eine Frage der Zeit, wann diese Möglichkeiten des Pflanzenschutzes effektiv werden.

**Wasserglas** (14)

Wasserglas ist ein Salz der Kieselsäure und wird hergestellt durch Schmelzen von Siliciumdioxid mit Soda, Kaliumcarbonat oder Ätznatron. Es ist ein dickflüssiges, glasiges Produkt und wird je nach verwendetem Rohstoff Natronwasserglas – $Na_2O \cdot 3\,SiO_2$ – oder Kaliwasserglas – $K_2O \cdot 3\,SiO_2$ – genannt.

Wasserglas ist der alkalische Bestandteil von vielen Seifen, Wasch-, Reinigungs- und auch Enthärtungsmitteln, es dient als Klebstoff und wird in Farbanstrichen, speziell Außenanstrichen, verwendet und war früher altbekannt als Eiereinlegemittel.

Genau das Eiereinlegemittel kaufen wir auch für Pflanzenschutzzwecke, denn das Produkt ist bereits etwas vorverdünnt, die Ätzgefahr also herabgesetzt, und es hält sich in den handlichen 500-g-Packungen unbegrenzt.

Die Wirkung des Wasserglases im Pflanzenschutz ist ähnlich der von alkalischen Gesteinsmehlen. Seit alters her ist es daher auch bekannt als ein hochwirksames Produkt, grüne Pflanzenteile vor Pilzinfektionen zu schützen. Die Gründe hierfür sind ebenfalls die gleichen wie bei Gesteinsmehlen: alkalisches Milieu, das die Pilzsporen schädigt, feiner Filmüberzug.

*Ewald Könnemann* empfahl schon seit 1935 die Verwendung von Wasserglas im Pflanzenschutz. Ein weiterer Altmeister des biologischen Landbaues, *Leo Fürst*, empfahl das Produkt stets und hat in manchen Aufsätzen sein Unverständnis darüber ausgedrückt, warum man höchst komplizierte chemische Verbindungen verwenden müßte, wenn ein so einfaches Produkt doch ebenfalls eine hervorragende Wirkung besitzt. Stets war die Frage beigeschlossen: „. . . oder ist etwa Wasserglas wohl nur zu billig und darf aus diesem Grunde nicht empfohlen werden?"

In der Tat – ähnlich wie die ausführlich besprochenen Gesteinsmehle – ist Wasserglas eines der billigsten und erfolgreichsten Produkte, Pilzinfektionen zu begegnen. Eingesetzt wird es als konzentriertes Mittel, 1- bis 1.5 %ig – nur bei robustem Blattwerk 2 %ig. Verwendet man das fertige Eiereinlegemittel, so wird diese Konzentration *verdoppelt*.

Weitere Wirkstoffe, wie Schwefel oder Kupfer, können selbstverständlich zugegeben werden; ein Ansatz mit Ackerschachtelhalmbrühe dagegen wäre bei dem hohen Silikatgehalt des Präparates sinnlos. Die Zugabe von Algenflüssigextrakt dagegen wird unbedingt empfohlen, da dieser die etwas scharfe Wirkung der Wasserglasbrühe abmildert.

Kann Wasserglas im Obst- und Weinbau überall eingesetzt werden, so sollte man es im Gemüsebau nicht verwenden, denn der Film ist lange haftend und kann, einmal eingetrocknet, auch mit Wasser nicht mehr entfernt werden! Er ist zwar gesundheitlich unbedenklich, stört aber doch den reinen Genuß der Gemüse, besonders der Blattgemüse.

168

Wasserglas hat für den Anwender eine unangenehme Eigenart: Trocknet es innerhalb der Spritzgeräte, Spritzrohre oder -düsen ein, so ist dieser Film praktisch mit nichts wieder entfernbar! *Sofort* nach Beendigung der Spritzarbeiten muß also kräftig mit Wasser nachgespült und auch Spritzrohr und -düse gründlich gesäubert werden, will man spätere Verstopfungen vermeiden.

Verträgt sich auch Wasserglas mit den meisten anderen Wirkstoffen, so sollte man es jedoch nicht mit Gesteinsmehl kombinieren, da auch hier ein kumulierender Effekt eintritt, Verbrennungsschäden befürchtet werden müssen und eine zu hohe Blattfestigung erfolgt.

**Wermut** – *Artemisia absinthium* (39)
Volksnamen: Absinth, bitterer Beifuß, Heilbitter, Magenkraut, Ölde, Wurmkraut, Schweizer Tee.

Verwendet wird das Kraut.

Wermut enthält sehr viel Bitterstoffe (Abinthin), ätherische Öle wie auch Gerbstoffe.

Seine Verwendung zu Magenbittern und Wermutweinen ist bekannt; wer unter Appetitlosigkeit, schwacher Gallenblase oder Magenverstimmung leidet, für den ist Wermuttee ein vielverordnetes Heilmittel.

**Skizze 27**
**Wermut**
*Artemisia absinthium*

Im Pflanzenschutz wird dieses Kraut, das in Süddeutschland, in Österreich und der Schweiz an Wegrändern und Feldrainen wie Unkraut wächst, viel zu wenig eingesetzt. Dabei ist Wermutbrühe, auch Wermutjauche, ein hervorragendes Mittel gegen blattfressende Insekten, sowohl bei den Vollinsekten als auch deren Larven. In Gespinnste eingesprüht, vertreibt es die Larven schnell, auch auf Kohlarten kann man es mit gutem Erfolg einsetzen.

Kann auch das ganze Kraut verwendet werden, so sind die oberen Blätterteile eines Stieles die inhaltsreichsten. Sammelt man auf Vorrat, so sollte dieses kurz vor und während der Blütezeit geschehen, die Blüten werden dabei selbstverständlich mitverwendet.

Wegen der verbessernden Wirkung aller Pflanzenjauchen gegen Insekten kann man dort, wo Wermut nicht wild wächst, ihn im Garten anbauen. Er bevorzugt sonnige und trockene Stellen. In der Nähe eines Kompostplatzes vertreibt er die Fliegen, in der Nähe eines Sitzplatzes die Mücken.

Dem Wermut sehr ähnlich ist der *Beifuß* (*Artemisia vulgaris*), der etwas größer als Wermut wächst, dessen Stengel auch oft rötlich überlaufen sind und dessen Blüten nicht so klar gelb wie beim Wermut, sondern mehr rötlich gefärbt sind. Er kann für alle Zwecke gleich gut wie Wermut verwendet werden.

**Winterspritzmittel** (34)

Besonders in der Berufsgärtnerei, im Obstbau, ist die sogenannte Winterspritzung unverändert beliebt. Ausgeführt wird sie ab Frostende bis vor Knospenaufbruch, indem man an den Sträuchern, Büschen und Bäumen eine regelrechte Stamm- und Astwäsche vornimmt. Gespritzt wird also mit hohem Wasseraufwand und scharfem Strahl.

Der Spritzbrühe werden ölige Substanzen zugesetzt, wie Weißöl oder Paraffinöle – früher nahm man Kreosolöle – die, damit sie wasserlöslich werden, emulgiert sind. Dadurch werden sie gleichzeitig kriechfähiger, mit großer Oberflächenverteilung, der sogenannten Spreitwirkung.

Dieser feine Ölfilm überzieht Eier, Larven, mitunter auch Vollinsekten, so daß ihre Atmung beeinträchtigt, wenn nicht gar unterbunden wird und sie daran eingehen. Vom Einsatz der scharfen Kreosolmittel ist man abgekommen, der biologische Landbau verwendet zudem keine Winterspritzmittel, die chemische Insektizide enthalten.

Wenngleich auch behauptet wird, daß beispielsweise Marienkäferchen oder andere Vollinsekten nicht getötet werden, so steht außer jedem Zweifel, daß zumindest Eier und Larven von Nutzinsekten auch getötet werden. Es handelt sich also hier um ein regelrechtes Insektizid. Umweltbewußte Landwirte, die auf Zusammenarbeit mit Nutzinsekten bauen, verwenden daher diese Winterspritzung schon seit Jahren nicht mehr, fangen aber rechtzeitig im Jahr, das heißt sofort bei Knospenaufbruch, mit den normalen Spritzungen gegen Insekten an. Auch Stammanstriche machen eine Winterspritzung natürlich überflüssig, Leimringe können sie dagegen nur zum Teil ersetzen.

Die Selbstherstellung von Winterspritzmitteln ist möglich, man verwendet einfach ein Paraffinöl, wie es beispielsweise unter dem Namen *„Paraffinum liquidum"* in der Apotheke oder Drogerie erhältlich ist, und versetzt dieses mit etwa 0.2 – 0.5 % eines Spülmittels, beispielsweise „Pril". Man fügt das Spülmittel dem Öl nur in kleinen Portionen zu und überprüft jeweils, ob die Menge schon ausreichend war, das Öl „wasserlöslich" zu machen, so daß also keine Öltröpfchen mehr auf der Wasseroberfläche zu sehen sind.

Der Spareffekt macht sich jedoch nur bei großem Verbrauch bemerkbar, für kleinere Mengen lohnt die Selbstherstellung nicht, Fertigprodukte vom Fachhandel sind preiswert (siehe Lieferantenverzeichnis).

Der Verfasser rät: Nur wenn bis in den Herbst hinein eine starke Läuseplage, viel Spinnmilben, Gespinstmotten bzw. deren Larven festgestellt wurden, sollte eine Winterspritzung durchgeführt werden, sonst wird sie durch die rechtzeitig einsetzenden Frühjahrs- und Sommerspritzungen ersetzt.

**Zwiebel** (21) – *Allium cepa*
Die Zwiebel gehört zu den Liliengewächsen.
Volksnamen: Bolle, Zippel, Fölle.
Botanik: Die Zwiebelgewächse kommen aus dem asiatischen Raum, aber schon die Römer führten sie in Mitteleuropa ein, und sie sind seit dieser Zeit als Gewürz- und Speisepflanze, aber auch als Heilkraut nicht mehr wegzudenken. Als Wirkstoffe enthält sie ätherische Öle, organische Säuren, Vitamine, eine herzwirksame Substanz und die für den Pflanzenschutz so wichtigen Thiosulfinsäureester. Diese besitzen nach vorangegangener fermentativer Spaltung hohe bakteriostatische und fungizide Wirkungen. Ein weiterer Wirkstoff, Thiopropionaldehyd, ist für die tränenreizende Wirkung verantwortlich. Bei Bereitung von Zwiebelauszügen gilt es, diese wertvollen Inhaltsstoffe zu erhalten. Lange Kochvorgänge, wie bei Brühen üblich, sind falsch. Zwiebeln werden zu Tees oder Jauchen verwendet.

Uns interessiert hier der Einsatz von Zwiebeln, Lauch, Knoblauch, Schnittlauch, also aller Zwiebarten für den Pflanzenschutz.

Viele der hier beschriebenen Fertigpräparate, wie Bio-S, SPS, oder die unter der Nr. 12 beschriebenen Produkte, erhalten durch hohe Anteile von Zwiebelgewächsen ihre gute Wirkung.

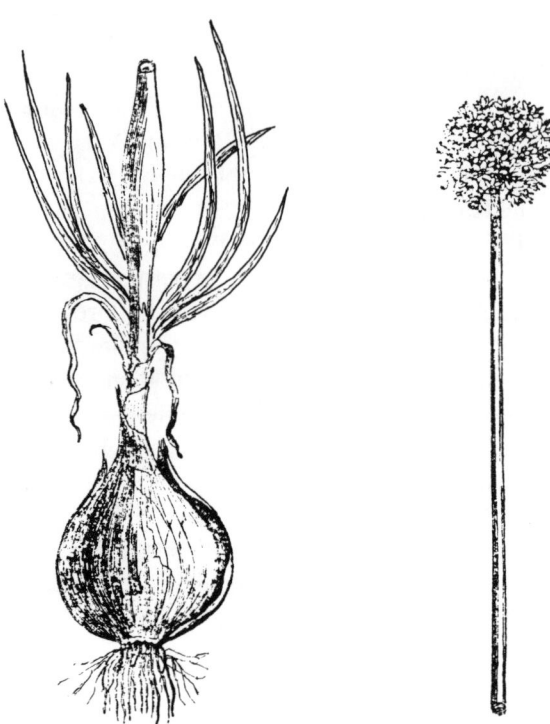

**Skizze 28**
**Zwiebel (Küchenzwiebel)**
*Allium Cepa*

Verwendet wird dabei nicht nur die Knolle, sondern das ganze Kraut, obgleich natürlich in der Knolle die Wirkstoffe konzentriert enthalten sind.

Die gute Wirkung dieser Pflanze beginnt bereits beim Anbau. Man pflanzt heute Zwiebeln nicht mehr beetweise, sondern setzt sie mit unter die übrigen Gemüsepflanzen ein – besonders wichtig im Erdbeerbeet, bei Mohrrüben (!) und Salaten. Nur zwischen Kohlgewächsen und Busch- sowie Stangenbohnen haben sie nichts zu suchen. Auch die Baumscheiben können mit Zwiebeln oder Knoblauch bepflanzt werden und halten die Bäume, ähnlich wie Kapuzinerkresse, von Ungeziefer frei.

Der Verfasser rät, zu *jeder* Pflanzenjauche, gleich aus welchen Kräutern sie besteht, pro 30- bis 50-l-Faß zwei bis drei kleingehackte Zwiebel- oder Knoblauchpflanzen, also Zwiebel mit Kraut, hinzuzufügen und mitverjauchen zu lassen. Die desinfizierende, pilzfeindliche Wirkung einer solchen Jauche wird stets verbessert.

Wer bisher Zwiebelgewächse zum Pflanzenschutz noch nicht eingesetzt hat, sollte dies ab sofort tun und entsprechend natürlich mehr Zwiebeln in seinem Garten anbauen. Werden für Eßzwecke gerne milde, weiße wie auch rote Zwiebeln verwendet, so nimmt man für den Pflanzenschutz natürlich die scharfen, beißenden Sorten, die mehr der hier gewünschten Wirkstoffe enthalten.

172

# Alte Rezepte

Nachfolgend sind unter dem Stichwort des jeweiligen Schädlings Rezepte aus alten Handbüchern wiedergegeben, wobei nur solche Rezepte bzw. Produkte genannt werden, die nachweislich eine gute Wirkung entfalteten.

## Ameisen

Kaliumcarbonat 1.0 g wird mit Wasser 9.0 g und Honig 10.0 g verrührt, auf Pergamentpapier oder Bierdeckeln aufgestrichen und in Nähe der Gänge ausgelegt. Die Tiere verenden.

## Blattläuse

„Ohrwürmerwohnungen" aufhängen, also Blumentöpfe, Stücke von alten Schläuchen u. ä., locker mit Holzwolle füllen und in den Bäumen so

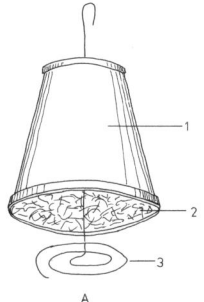
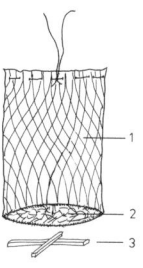

A

B

**Skizze 29**
„Ohrwürmerwohnungen"
Beispiel zweier verschiedener Möglichkeiten, Ohrwürmern tagsüber einen gesicherten Aufenthalt zu ermöglichen.
Derartige Ohrwürmerbehausungen werden mit Draht oder Schnur in den Bäumen aufgehängt, wobei sie mit einer weiteren Schnur am Baumstamm oder Ast angebunden werden, damit die Tiere direkten Baumkontakt bekommen. Derartige Behausungen können auch mitten in ein Blumenbeet gestellt werden, indem man sie mittels eines Stöckchens ca. 20 cm über dem Boden befestigt.
Die Füllung besteht aus Holzwolle oder trockenem Gras, dieses wird auch durch eine Drahtspirale bzw. Holzstöckchen am Herausfallen gehindert.
A = Blumentopf aus Ton. 1 = Topf, 2 = Holzwollfüllung, 3 = selbstgebogene Drahtspirale, deren langes Ende von unten durch die lockere Füllung gestoßen und dann fest eingezogen wird. Das obere Ende dient zum Aufhängen. Die Spirale schützt zugleich den Inhalt davor, von Vögeln herausgezupft zu werden.
B = Stück eines alten Feuerwehrschlauches. 1 + 2 wie vor, 3 = Holzkreuzchen anstelle der Drahtspirale.
Die Ohrwürmerwohnungen werden im Spätherbst abgenommen und mit der Öffnung zur Erde direkt am Stamm aufgestellt, damit die Tiere in Stammnähe ihre neue Brut versorgen können.
Diese Behausungen werden dort aufgehängt, wo Läuse beobachtet werden, man kann sie auch von einem Baum in einen anderen hängen, auf einem völlig läusefreien Baum sollten sie nicht verbleiben, da die Gefahr besteht, daß sie dort Blütenblätter anfressen.

aufhängen, daß zumindest der Draht, besser aber noch der Topf, an einen Ast zu liegen kommt. Töpfe von unten gegebenenfalls mit Maschendraht abdecken, damit Meisen nicht die Ohrwürmer herauspicken. Pro Baum mehrere Töpfe aufhängen.

Alaun 50 g in 3 l heißem Wasser lösen, auf Befallsstellen aufspritzen.

Koloqinthen 1 g, Roßkastanien, 10 g, gemahlen, werden in 100 cm³ 50%igen Spiritus 5 Tage lang ausgezogen. Dieser Lösung fügt man 1 g Salizylsäure und 5 g Schmierseife hinzu. Die Befallstellen werden mit dieser Lösung eingesprüht.

### Blutlaus

Alaun 1.0 plus Soda 2.0 wird in 15.0 Teilen heißen Wassers gelöst. Mit Pinsel auftragen und mit harter Bürste die Befallsstellen abbürsten.

Wiederholtes Einstreichen der Befallstellen mit Leinöl.

Stamm- und Aststellen, wo sich Blutlausansammlungen an saftreichen Wucherungen zeigen, werden mit Spirituslack bepinselt.

Man kocht Tabakrippen 20 g mit 150 cm³ Wasser, verdünnt Schmierseife 25 g mit 150 cm³ Wasser, vereinigt beide Flüssigkeiten und fügt 400 cm³ 50 %igen Spiritus hinzu.

Die Befallstellen werden mit dieser Lösung satt eingepinselt und anschließend kräftig abgebürstet. Die Anwendung muß nach 14 Tagen wiederholt werden.

### Botrytis

Starken Knoblauchtee aufsprühen. Zur Bereitung werden drei ganze Knoblauchzwiebeln durchgedreht, mit 1 l kochendem Wasser übergossen; sie verbleiben noch fünf Stunden in dem Wasser, bevor man abseiht.

### Erdbeermilbe

Knoblauch – ganzes Kraut – zerkleinern und auspressen bzw. im Safter entsaften. 5 % des Konzentrates werden mit Wasser gemischt und aufgesprüht.

### Erdflöhe

1 Teil Wermutkraut mit 20 Teilen Wasser kochen, die Lösung auf das Beet gießen.

Kleingehackte Farnkräuter auf den Boden ausstreuen.

Den Boden mit Thomasmehl bestreuen.

Den Boden mit kräftiger Knoblauchjauche begießen.

Den Erdboden – zumindest um die Pflanzen herum – mit feinstgemahlenem, gelben Schwefelpuder dünn bestreuen.

### Feldmäuse

Kaliumpyrosulfit (in Drogerien erhältlich als Pulver oder Tabletten zum „Schwefeln" des Mostes) 3 Teile und Weinsteinpulver (Drogerien oder Apotheken) 1 Teil, werden *trocken* gemischt und mit einem Teelöffel möglichst tief in die Gänge gebracht, je Loch etwa 1/2 Teelöffel. Das Loch wird mit Erde verschlossen. Durch die Bodenfeuchtigkeit entwickelt sich aus der Salzmischung Schwefeldioxid – $SiO_2$ –, ein giftiges, ätzendes Gas, das die Mäuse tötet oder vertreibt.

Kalciumkarbidbrocken werden in die Gänge gelegt und diese mit Erde verschlossen. Es entwickelt sich Acethylengas, das die Mäuse vertreibt.

### Käfer auf Bäumen

Von Zweigen und Ästen durch kräftiges Dagegenschlagen mit einem Stock entfernen, auf einem darunter ausgelegten Tuch einsammeln, in einer Bratpfanne rösten, den Rückstand fein in einem Mörser verreiben, und hiervon 2 g mit 100 $cm_3$ Wasser mischen. Dieses Gemisch wird auf die befallenen Stellen wieder aufgesprüht. Wirkt tatsächlich – auch mit Läusen und Kohlraupen kann man derartig verfahren.

### Maulwurfsgrille (Werre)

Bei starkem Besatz mit Maulwurfsgrille in jedem Fall den Maulwurf tolerieren, er jagt sie in seinen Gängen unerbittlich.

Eventuell gefangene Werren, wie oben bei Käfer beschrieben, veraschen, die Asche in die Gänge streuen.

Pflanzenöl-Wasserlösung in die Gänge eingießen. Hierzu nimmt man 15 Teile Pflanzenöl und emulgiert dieses mit 2 g Kaliseife (heute kann man ein halbes g Pril hierzu verwenden) und fügt 85 Teile Wasser hinzu. Das wird kräftig umgerührt. Sollten noch Teile des Öles auf der Wasseroberfläche schwimmen, so wird noch zusätzlich Seife (oder Pril) hinzugefügt. Pflanzenöle: Rüböl, Rapsöl, Maisöl, Erdnußöl, Sojaöl, Sonnenblumenöl usw., man verwende das billigste Öl.

### Mohrrübenfliege

Rainfarn oder Wurmfarn, getrocknet und im Mixer fein zermahlen, um den Mohrrübenhals aufstreuen.

**Monilia** auf Sauerkirschen.

Etwa 500 g Meerrettich – Blätter mit Wurzel, oder 300 g Wurzel zerkleinert, 1 l Tee daraus bereiten, mit Wasser auf 10 l Spritzbrühe auffüllen und vor, während und nach der Blüte anwenden.

### Schnecken

Holzasche 75 g, Gips 25 g wird mit der gleichen Raummenge feinsten Sägemehles vermischt und in Streifen um die Beete ausgestreut.

Grobes Gesteinsmehl wird mit gemahlenem Pfeffer gemischt (ca. 2- bis 5 %ig) und in Streifen um die Beete ausgelegt.

Grobes Gesteinsmehl mit 10 % Kochsalz vermischen (oder Tannennadeln mit Salz bestreuen) und um die Beete in Streifen auslegen.

5 cm breite Papierstreifen werden dünn mit Schmierseife bestrichen und um die Beete gelegt, mit durchgestoßenen Stöckchen verhindert man ein Fortwehen.

### Wühlmaus

Befallener Gartenteil wird großräumig mit Kaiserkrone, Hundszunge, Knoblauch, Holunder bepflanzt.

## G. ANWENDUNGSEMPFEHLUNGEN BIOLOGISCHER ANBAUVERBÄNDE

Mitglieder biologischer Anbauverbände – jeder kann Mitglied werden, also auch Privatgärtner – erhalten auf Tagungen oder in Einzelberatungen eine hervorragende Schulung auch für den Pflanzenschutz. Zudem geben die Verbände allgemeine Merkblätter heraus, die ähnlich aufgebaut sind wie beispielsweise die Spritzpläne der chemischen Industrie – nur daß hier eben biologische Mittel aufgezählt werden.

Es handelt sich um die gleichen Präparate wie hier im Buch aufgeführt. Man beschränkt sich selbstverständlich auf eine kleine, aber erprobte Auswahl. Zu den Standardprodukten gehören: Wasserglas, Netzschwefel, Kupferpräparate (zum Teil wird jedoch auf Kupferprodukte verzichtet!), Gesteinsmehl, sowie Bio-S, NAB, oder sehr ähnlich zusammengesetzte Fertigprodukte.

Empfohlen wird stets auch Pflanzenjauche (Brennessel, Brennessel/Akkerschachtelhalm, Comfrey).

176

Leider wird auch der Einsatz von Pyrethrummitteln für *propylaktische Spritzungen* gegen eiablegende Insekten sowie bei starker Läuseplage genannt.

Der Falterflug bzw. Wespenflug dauert jedoch viel zu lange, als daß er mit dem kurzlebigen Pyrethrumspritzpräparat ernstlich beeinträchtigt werden könnte. Die in den Früchten oder im versteckten Blattwerk abgelegten Eier werden durch den Spritznebel kaum erfaßt, die Larven können sich deshalb entwickeln. Die Ökologie aber im Hinblick auf Nutzinsekten wird empfindlich gestört! Prophylaktische Spritzungen bringen daher mehr Nachteile als Vorteile, belasten außerdem noch den Geldbeutel.

Nur direkt sichtbare Insekten oder ihre Raupen können also mit Erfolg behandelt werden. Und gegen Läuse oder blattfressende Insekten gibt es harmlosere Mittel.

Alle Spritzpläne der Anbauvereinigungen setzen Mitdenken und stetige Pflanzenbeobachtung voraus. Sie gestatten dem Anwender auch eine größere Mittelauswahl, als dies bei chemischen Spritzplänen der Fall ist. Dadurch kann manche Spritzung vermieden oder mit harmloseren Mitteln durchgeführt werden, als wenn man lediglich „nach Plan" arbeiten würde.

Adressen von Anbauverbänden: Siehe Anhang.

# Selbstherstellung biologischer Pflanzenbehandlungsmittel

Die meisten biologischen Pflanzenschutzmittel lassen sich ohne großen Aufwand und Mühe selbst herstellen! Man benötigt auch keine besonderen Kenntnisse dazu. Lediglich die verwendeten Gerätschaften, Töpfe, Eimer usw. sollten für diesen Zweck reserviert bleiben.

Was braucht man? Eine alte *Küchenwaage*, die bis zu 3 kg auswiegt, und eine *Briefwaage*, mit der man Mengen bis 100 g recht genau wiegen kann. Zwei, drei alte *Küchentöpfe*, möglichst emailliert und möglichst groß. Dazu die notwendigen *Holzlöffel*. Ein *Mensurglas* mit cm³-Einteilung für 100 cm³ Flüssigkeit, einige *Plastikeimer*, möglichst mit Litermarkierung, und für die Jauchebereitung 30- bis höchstens 50-l-*Holzfäßchen*, Holzzuber oder Plastikfaß – jeweils mit voller Öffnung, aber durch einen Deckel, ein engmaschiges Gitter, von oben abdeckbar. Dazu, so noch vorhanden, einen alten *Wäschestampfer*, dessen Stiel man etwas verlängert. So ein Gerät kann man sich leicht aus einer 2- bis 3-l-Konservendose (erhältlich in Gaststätten, Lebensmittelgeschäften) selbst bauen. Die nachstehende Skizze erläutert es. Für die Jauchebereitung ist dieses einfache Hilfsmittel fast unerläßlich.

Ein möglichst feines *Küchensieb*, das so fein sein muß, daß die hier durchgeseihte Flüssigkeit einwandfrei die Spritzdüsen passiert, ohne sie zu

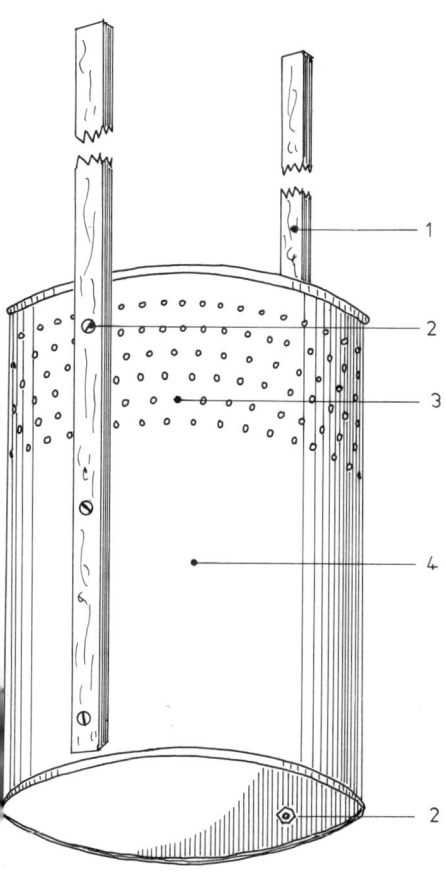

**Skizze 30**
**Luftstampfer**
Eine 2-l-Konservendose dient zum Einbringen
von Luft in die Pflanzenjauchen. 1- bis 2mal
täglich wird die Jauche hiermit behandelt.
1 = Hartholzstäbe ca. 1 m lang
2 = Mutterschrauben aus Messing oder
      Stahl
3 = Luftlöcher, mit Nagel eingeschlagen
      oder eingebohrt, ∅ 3 mm
4 = Weißblechdose, ca. 2 l Inhalt

verstopfen. Üblicherweise enthalten auch Rückenspritzen solche Feinsiebe – man kann diese natürlich ebenfalls verwenden.

Und nun wird's schon etwas professioneller: Wenn man sich weiter in das Gebiet der Selbstherstellung hinein bewegt und gemäß den Anregungen dieses Buches auch Mittel zubereitet, die nur sehr kleine Wirkstoffmengen enthalten, z. B. Gesteinsmehle mit zusätzlichen Pflanzenextrakten oder Kräutermischungen u. ä. herstellt, dann ist ein *Küchenmixer* unerläßlich. In vielen Haushalten gibt es ein ausrangiertes Gerät, weil ja auch hier die Technik stets voran schreitet. Wir benötigen für unsere Zwecke keine hochkomplizierte Technik, sondern lediglich das Mixgerät mit den Schlagmessern, das gleichzeitig auch gut mischt. Hat man keines, so wird sicherlich ein Gebrauchtgerät billig zu erstehen sein – es lohnt sich.

Für den Hausgarten bis zu einer Fläche von etwa 3000 m² genügen diese Gerätschaften. Ist das Areal größer, so leistet für Mischarbeiten der verschiedensten Art eine kleine Zementmischmaschine hervorragende Dienste. Sie sollte mit einem Elektromotor ausgerüstet sein, damit auch längere Mischungen, über 1/2 bis zu 1 Stunde, ohne Lärm eines Benzinmotors erfolgen können. Hat man selber keine, so kann man vielleicht von einem Nachbarn eine ausleihen, um sich die herzustellenden Produkte gleich in größerer Menge damit anzufertigen.

Die mineralischen Wirkstoffe wie Gesteinsmehl, Algenkalk, Bentonit u. ä. bezieht man über den einschlägigen Landhandel, der Verfasser empfiehlt aber auch die Spezialhäuser, die sich auf die biologischen Produkte spezialisiert haben, Adressen sind im Anhang angegeben. Wirkstoffe, die wir nicht selbst herstellen können, wie Algenextrakt, Aminosäure, Hefeprodukte, Pflanzenpulver, Industrieprodukte usw., werden von den gleichen Lieferanten bezogen.

Sonstige pflanzliche Wirkstoffe aber, die wir selber erzeugen können, holen wir uns aus unserem Garten, sammeln sie auf Wanderungen bzw. suchen sie auf Plätzen zusammen, die wir eigens deswegen aufsuchen. Beispiele: Brennessel, Ackerschachtelhalm, Schafgarbe, Kamille, Löwenzahn. Seltenere Drogen wie Baldrian, Rosmarin oder Thymian, werden wir jedoch im Garten anpflanzen müssen. Nach den Hinweisen dieses Buches werden die Kräuter entweder frisch verarbeitet, oder aber auch getrocknet und später im Mixer pulverisiert.

Wer sich der Mühe des Sammelns und nötigenfalls Trocknens nicht unterziehen will, kann natürlich auch alle Kräuter über die Drogerie und Apotheke schon fertig geschnitten oder gemahlen beziehen. Erfolgt der Bezug über die Apotheke, so ist man sicher, daß stets eine arzneiliche Qualität mit höchster Reinheit geliefert wird.

Man kann aber noch einen Schritt weiter gehen und all die bekannten Kräuter auch als *Extrakt* beziehen. Ein zwar bequemes, aber auch natürlich teueres Verfahren, das jedoch überall dort zu empfehlen ist, wo nur geringe Mengen des Wirkstoffes benötigt werden, beziehungsweise die eingekaufte Menge möglichst lange halten soll, ohne Wirkstoffverlust zu erleiden, wie dieses bei sehr langer Lagerung getrockneter Kräuter nie zu vermeiden ist. Auch diese Extrakte sollte man nur in Arzneibuchqualität einkaufen, um sicher zu sein, eine unverfälschte, absolut reine und nicht mit fremden Zusätzen versehene Ware zu bekommen. Als Faustregel rechnet man: 1 kg frisches Kraut = 200 g getrocknetes Kraut = 20 g Pflanzenextrakt.

Nun zur Herstellung:

Es müssen einige Grundregeln beherzigt werden, die lauten:

1. Biologische Präparate werden nicht erhitzt. Jede Erwärmung, die höher liegt als 35 bis max. 40°, schadet den oft außerordentlich empfindlichen Inhalt- und Wirkstoffen. Hierauf muß man bei Mahl- oder Rührprozessen,

180

besonders wenn sie mit Maschinen durchgeführt werden, Rücksicht nehmen.

2. Bei allen Mischungen, gleich ob bei Flüssigkeiten oder Pulvern, beherzigt man die alte Haushalts- wie auch Apothekerregel „vom Kleinen zum Großen". Man mischt also den oft nur sehr kleinen Wirkstoffanteil zunächst mit einer ebenfalls kleinen Menge der weiteren Substanzen oder der Füllmittel und gibt dann nach und nach die weiteren Füllmittel hinzu, bis man mindestens ein Drittel oder sogar die Hälfte der gesamten Menge gemischt hat; dann erst kann man die ganze restliche Menge des Füllmittels der Vormischung beifügen.

Niemals gibt man also wenige Tropfen eines Extraktes in 5 l Wasser und rührt dann um, sondern vermischt diese wenigen Tropfen zunächst mit wenig Wasser, fügt dann etwas mehr Wasser hinzu und füllt erst nach und nach unter ständigem Rühren bis zur gewünschten Menge auf.

3. Je besser und länger und intensiver gemischt wird, um so höher ist die zu erwartende Wirkung! Gerade bei sehr feinen Wirkstoffkonzentrationen ist es notwendig, lange und kräftig zu rühren, um eine möglichst innige Verteilung der geringen Wirkstoffmengen im Wasser oder den Füllstoffen zu erreichen. Die biologisch-dynamische Wirtschaftsweise zeigt uns bei den Produkten „Hornmist" und „Hornkiesel" in einer schon fast extremen Weise, wie es richtig gemacht wird: geringe Wirkstoffmengen werden unter wechselseitigem Rühren *eine Stunde lang* mit Wasser vermischt, ehe sie aufs Feld verbracht werden. Die unzweifelhafte Wirkung dieser geringen Wirkstoffmengen auf eine große Fläche ist ganz sicher auf diese Vermischung zurückzuführen. Auch in der Homöopathie wird auf langdauernde Misch- und Rührprozesse Wert gelegt, um Feinstverteilung und optimale Wirkung der Wirkstoffe zu gewährleisten.

4. Man mische nie mehr, als man für die jeweilige Anwendung am betreffenden Tage benötigt, Vorratsmischungen verlieren schnell an biologischer Wirksamkeit. Das ist einer der Gründe, warum der Verfasser rät, die biologischen Präparate selber herzustellen und nicht fertig am Markt zu kaufen. Die vorangegangene Lagerzeit ist ja meist unkontrollierbar.

5. Man spiele nicht Apotheker und versuche nicht, gegen jedes Einzelinsekt eine Spezialmischung zu entwickeln, gegen jede Schadpilzart ein besonderes Pülverchen herzustellen. Auch biologische Präparate sind breitenwirksam und gehen meist gegen eine ganze Gruppe von Schädlingen oder Schaderregern vor. Man konzentriere sich daher auf wenige Produkte, deren Herstellung und Anwendung man dann aber beherrscht. Beispiel: Zweifelsohne wirken Farnauszüge gegen bestimmte Lausarten etwas stärker als ein Brennesselauszug – aber eben nur etwas. Viel wichtiger ist in diesem Falle die „Bezugsquelle". Wachsen Farne im nächstgelegenen Wald in

reichlicher Menge, nun, so arbeitet man sich eben auf Farnbrühen ein; findet man dagegen in der Umgegend reichlich Brennesseln, so wird man sich hierauf spezialisieren. Spezialisieren heißt dabei, die Herstellung zu beherrschen, aber auch die so hergestellten Präparate noch durch Zusätze zu verbessern, sie für verschiedene Anwendungszwecke einsetzbar zu machen, um also möglichst zu einem unversalen Mittel zu kommen. Im Beispielsfall der Brennessel also mit Zusätzen wie Seife, Spiritus, evtl. auch Schwefel oder Kupfer, arbeiten, damit durch eine Spritzung viele Anwendungszwecke ermöglicht werden.

Ein bis zwei Pflanzenjauchen, eine zur Bodenverbesserung und eine mit zusätzlichen Wirkstoffen gegen Schädlinge, zwei Brühen oder Pflanzenauszüge, einmal gegen tierische, einmal gegen pilzliche Schädlinge, zwei Puder- oder Pulvermischungen, auch hier einmal gegen tierische und einmal gegen pilzliche Schädlinge –, das genügt! Mit den Jahren wird sich von ganz allein die Erfahrung einstellen, wie man durch bestimmte Zusätze diese Grundprodukte noch verbessern kann. Man sollte sich also durch die vielen Hinweise in diesem Buch nicht verwirren lassen, sondern sich zunächst mit wenigen Präparaten ein Basiswissen erarbeiten.

6. Es werden keine Metallgefäße verwendet, ausgenommen sie sind emailliert. Holz, Keramik, Plastik – das ist die Qualitätsreihenfolge. Bei Plastik verwendet man nur die sogenannte „Lebensmittelqualität", da diese ohne chlorhaltige Weichmacher gefertigt wird. Längere Lagerungen empfindlicher biologischer Produkte in Plastikmaterial sollen grundsätzlich vermieden werden.

7. Unsere Arbeitszeit und der gewünschte Erfolg sind wertvoller als billiger Einkauf! Eine billig eingekaufte Brennesseldroge, die womöglich schon jahrelang in einem Regal gelagert hat, ist wertlos. Irgendwo billig eingekauftes Gesteinsmehl wird niemals die Erwartungen, die wir in dieses Produkt legen, erfüllen; und wir brauchen hiervon bedeutend mehr, als wenn wir von vornherein allerfeinst vermahlene Produkte verwenden. Entsprechend dem Mehrpreis kann man sie viel geringer dosieren und noch eine bessere biologische Wirkung erwarten!

*Zur Herstellung*

Haben wir es mit Präparaten zu tun, die Kräutersubstanzen enthalten, so werden diese Kräuter entweder frisch oder getrocknet oder als Extrakt verwendet.

*Frische Kräuter* werden entweder in dem bereits ewähnten Mixer zu Mus zerschlagen und anschließend mit Wasser oder, will man das Präparat pulverförmig, mit Gesteinsmehl, Bentonit u. ä. weiter vermischt. Wird ein wäßriger Auszug zum Versprühen angefertigt, so werden die Kräuter mit der benötigten Wassermenge kräftig verrührt und der Ansatz 2 bis 5 Stunden stehengelassen, damit man sicher sein kann, daß die Wirkstoffe sich auch im Wasser gelöst haben. Anschließend seiht man durch ein Küchentuch oder Feinstsieb die Flüssigkeit durch und versprüht die Lösung möglichst umgehend.

In Ermangelung eines Mixers kann man frische Kräuter auch mit einem Fleischwolf zermahlen, um die Zellstruktur möglichst weit aufzuschließen. Da dieser aus Metall besteht, ölt man ihn mit einem Pflanzenöl leicht ein und gibt auch während des Durchmahlens ab und zu einige Tropfen Öl hinzu. So geht der Mahlvorgang leichter, und die Aufnahme unerwünschter Metallteilchen verringert sich wesentlich.

Extrakte werden grundsätzlich als „wäßrige Vollextrakte" eingekauft. Man verwendet also keine alkoholischen Auszüge oder gar Auszüge mit anderen Lösungsmitteln.

Werden ätherische Öle verwendet, wie z. B. Fichtennadel-, Rosmarin-, Thymian- oder Lavendelöl, so verlange man grundsätzlich Arzneibuchware, frisch vom Großhandel bezogen. Solche Öle lagern mitunter jahrelang in den Geschäften und verlieren dadurch an Wert.

Nachstehend sind einige Rezepturen genannt, die auf die Mittel des Kapitels 7 Bezug nehmen, soweit nicht dort schon deren Rezept oder genaue Zusammensetzung aufgeführt wurde.

### Pflanzenauszüge

Wir unterscheiden Pflanzenkaltwasserauszüge, Pflanzentees, Pflanzenbrühen.

### Pflanzenkaltwasserauszug

Hierunter wird der Auszug beliebigen Pflanzenmateriales mit kaltem Wasser verstanden, wobei zwischen 12 bis längstens 24 Stunden ausgezogen wird. Verwendet werden vorwiegend solche Pflanzen, die speziell Insekten vertreiben, da hier nur ganz bestimmte aktive Pflanzenstoffe zur Wirkung kommen sollen. Bekannt ist z. B. der Brennesselauszug zur Bekämpfung von Läusen. Ausgezogen wird in Holzgefäßen, Tontöpfen oder Plastikeimern unter häufigem Umrühren mit kaltem Wasser.

### Pflanzentee

Hier überbrüht man zerkleinerte Pflanzenteile mit kochendem Wasser und läßt sie für etwa 3 Stunden darin ziehen. Alsdann wird abgegossen bzw. durchgeseiht und der Tee innerhalb eines Tages verwendet. Je nach Vorschrift verwendet man den Tee unverdünnt oder verlängert ihn durch Wasser.

## Pflanzenbrühe

Es werden frische oder auch getrocknete Pflanzen einen Tag lang in Wasser eingeweicht, anschließend in diesem Wasser noch eine halbe Stunde lang gekocht. Nach Abkühlung und Seihung ist die Brühe dann verwendbar.

Pflanzentees und Pflanzenbrühen werden vorzugsweise verwendet, um den Gehalt an ätherischen Ölen wie auch Bitterstoffen für die Schädlingsbekämpfung auszunutzen. Man verwendet hierzu inhaltsreiche, stark duftende Pflanzen, wie Lavendel, Thymian, Rosmarin, Pfefferminze, um nur einige zu nennen. Aber auch Blumen und Blätter können Verwendung finden; so vertreiben beispielsweise Pflanzenbrühen aus Tagetes (Studentenblume), Wacholder, Thuja, Walnuß, recht sicher Läuse, Ameisen und Nagetiere. Neue Möglichkeiten kann jeder selber finden, wenn er nur aufmerksam beobachtet, auf welcher Pflanze sich auf Dauer keinerlei Schädlinge ansiedeln – diese wird auch meistens geeignet sein zur Herstellung solcher insektenabwehrender Präparate.

Die Herstellung der Tees und Brühen ist natürlich aufwendig und kann auch nur in kleinen Partien erfolgen. Tees oder Brühen werden daher niemals über die Gießkanne ausgebracht, sondern nur mit Hand- oder Rückenspritze und bei jeweils feiner Düseneinstellung versprüht. Das Sprühbild soll nur feucht, also nicht tropfnaß sein, damit das Material möglichst sparsam verwendet wird. So eingesetzt, reichen beispielsweise 5 l Pflanzentee oder Pflanzenbrühe, um bis zu 200 m² Gemüsefläche zu behandeln.

## Pflanzenjauche

Uns interessieren in diesem Buch nicht die bodenverbessernden Möglichkeiten dieser Präparate, wie beispielsweise der Brennesseljauche, sondern die pflanzenschützenden Jauchen. Es sind also Produkte aus mehreren Pflanzen. Die Rezeptur einer Standardjauche und ihre Herstellung wird nachfolgend beschrieben:

Man füllt ein 50-l-Faß zu einem Drittel mit Brennesseln und zwei Dritteln mit Ackerschachtelhalmkräutern, die frisch gesammelt wurden. Dem füge man hinzu 5 Zwiebeln, ganzes Kraut grob gehackt, oder 5 Knoblauchknollen (man kann auch beides kombinieren), eine handvoll Lavendelzweige, zwei Hände voll Tomatentriebe und eine handvoll Thujaschnitt *oder* Wacholderschnitt *oder* Tannen- bzw. Fichtenzweige, kleingeschnitten.

Wem Ackerschachtelhalm nicht zugänglich ist, der kann gegen Rhabarberblätter mit Stielen, grob gehackt, austauschen.

Das Faß wird mit Wasser bis kurz an den oberen Rand gefüllt und anschließend ein Deckel oder ein dichtes Drahtgeflecht aufgesetzt, so daß keine Vögel darin ertrinken können. Nach 2 bis 3 Tagen – je nach Lufttem-

184

peratur – werden Bläschen aufsteigen, der Inhalt beginnt zu gären. Nun stößt man *täglich* ein- bis zweimal mit dem weiter vorne beschriebenen Stampfer die nach oben aufschwemmenden Pflanzenteile herunter und bringt damit gleichzeitig Luft in die Jauche hinein. Nach 5 bis 8 Tagen wird die Gärung abgeschlossen sein; die Schaumbildung läßt nach, Bläschen steigen kaum mehr hoch, die Blätter sind weitgehend aufgelöst, nur Strünke, Äste sind noch zu sehen. Ab sofort kann der Inhalt verwertet werden. Man verwendet ihn mit der 8- bis 10fachen Menge Wasser verdünnt zum Überbrausen, Übersprühen, auf die zu schützenden Nutzpflanzen. Die Anwendung wird wöchentlich wiederholt. Es entsteht hierdurch ein kumulativer Effekt. Diese Brühe stärkt die Pflanzen sowohl gegen Pilzerkrankungen wie auch gegen Insektenzuzug bzw. vertreibt diese Tiere. Sie wirkt gleichzeitig gegen Bodenschädlinge. Es ist also ein Universalprodukt, das je nach Einsatzzweck noch verstärkt werden kann, indem man gegen Schadpilze noch folgende Substanzen hinzugibt: Gegen echten Mehltau (*Oidium*) 0.2 % Netzschwefel und 0,1 % Algenextrakt.

Gegen amerikanischen Mehltau *(Peronospora)* 0,05 % Kupfer und 0,1 % Algenextrakt.

Verwendet man die Brühe gegen Insekten, so wirkt sie schon an sich sehr gut gegen fest sitzende Insekten, also speziell gegen Läuse. Diese Wirkung kann verstärkt werden durch Zugabe von 3 % allerfeinstem Gesteinsmehl *oder* 1 % Flüssigseife mit 2 % Brennspiritus; letztere Rezeptur besonders dann, wenn es sich um hartnäckige Läuse handelt, wie Schild-, Woll- oder Blutläuse.

Diese Brühe kann gleichfalls verwendet werden gegen Ameisen, indem man sie in die Nester eingießt. Hier ist der Zusatz von 5 % Brennspiritus empfehlenswert.

Diese Pflanzenschutzjauche kann auch nach Ende der Gärung als Vorratslösung abgefüllt und bis zu 2 Wochen in einem Vorratsgefäß aufbewahrt werden.

Man wird bald wissen, welche Mengen einer solchen Pflanzenschutzjauche über den Sommer hin benötigt werden. Diese stellt man in zwei bis drei kleinen Fäßchen dann sinnvoller kontinuierlich her, als auf einmal eine große Menge anzusetzen.

Haupteinsatzzeit ist April bis Juni gegen Pilzschäden und beginnende Insektenschäden und Juli bis August gegen beide Schädlingsgruppen.

# KAPITEL 9

# Anwendungsempfehlungen

Wie mehrfach betont, werden biologische Behandlungsmittel weniger gegen einzelne Symptome als im Sinne einer Stärkung der gesamten Pflanze verwendet. Sie entsprechen also einer „Ganzheitsmedizin".

Die Anwendungsempfehlungen sind dabei einfach, sie beschränken sich auf nur wenige und einfache Regeln.

1. Zusätzlich zu einer guten Bodenbehandlung, richtiger Pflanzenauswahl, guten Schnittmethoden usw. versucht man, durch Pflanzenjauchen, Algenflüssigkeit, Gesteinsmehle und andere *Pflanzenkräftigungsmittel* die pflanzeneigenen Widerstandskräfte zu mobilisieren, zu stärken. Welche der vielen Möglichkeiten man anwendet, ist dem Einzelnen überlassen. Er laboriere jedoch nicht mit vielen Produkten, sondern beschränke sich – zumindest in der laufenden Saison – auf wenige Präparate.

2. Besteht durch Witterungsumstände die Gefahr eines höheren Infektionsdruckes durch Pilze oder Insekten, so setzt man vorsichtshalber zusätzlich *Schutzmittel* ein. Dies geschieht nach den ersten warmen Maireegen, nach Schlagregen oder Hagel sowie während Trocken- und Hitzeperioden.

3. Nur dann, wenn durch abnorme Verhältnisse starke Schäden auftreten und die Gefahr besteht, daß mehr als 20 % der möglichen Ernte vernichtet wird, greift man zu den in Kapitel 7 Abschnitt A bis D genannten *stark wirkenden Produkten* oder *Tötungsmitteln*.

Das ist, um diesen Ausdruck auch hier zu benutzen, „integrierter Pflanzenschutz" im Sinne eines biologisch eingestellten Landwirtes.

4. Biologische Produkte müssen regelmäßig, in nicht zu langen Intervallen, eingesetzt werden. Empfohlen wird ab Knospenschwellen bis zur Zeit nach der Blüte eine wöchentliche bis zehntägliche Wiederholungsanwendung, danach, bis zum Beginn der Fruchtreife, betragen die Spritztermine 14 Tage bis drei Wochen. Die jeweiligen Abschlußspritzungen richten sich dann nach der Fruchtart; zwei bis drei solcher Abschlußspritzungen sind notwendig. Auf sogenannte Wartezeiten braucht man kaum Rücksicht zu nehmen, die Präparate sind ja überwiegend ungiftig. Bei einigen Erzeugnissen, z. B. Schwefel oder Kupfer, halte man sich an die amtlichen Empfehlungen.

5. Ausgezeichnet wirken sogenannte *Intervallspritzungen*. Dabei wird das gleiche Präparat an drei aufeinanderfolgenden Tagen zum jeweils gleichen Zeitpunkt – vorzugsweise zwischen 16 und 17 Uhr – angewendet. Dann folgt eine 14tägige Spritzpause mit nachfolgender Intervallspritzung. Es wird von vielen Anbauern berichtet, daß zwei, höchstens drei Intervallspritzungen nötig sind, um für die laufende Saison mit dem Schaden oder Schädling endgültig Ruhe zu haben! Stark wirkende Produkte wie Schwefel, Kupfer, Wasserglas, Gesteinsmehl u. ä. werden hierbei *nicht* verwendet, wohl aber alle pflanzlichen Präparate.

6. Da nur die Regelmäßigkeit der Anwendungen den Erfolg bringt, ist eine „Buchführung" unerläßlich. Aufgeschrieben wird, was wann angewendet wurde und wie der Erfolg war. Auch Niederschläge und andere Wetterbedingungen sollten notiert werden. Zusammen mit dem unerläßlichen Pflanzplan dienen diese Aufzeichnungen zur Beurteilung und Festlegung der Maßnahmen für das nächste Jahr.

7. Alle Mittel werden frisch angesetzt und alsbald verbraucht. Jedes Stehenlassen beeinträchtigt die Wirkung.

8. Gespritzt wird niemals bei Sonnenschein bzw. vor oder gleich nach Regen. Die beste Zeit ist der späte Nachmittag, bei Windstille.

Es werden keine Haftmittel – außer Wasserglas oder emulgierte Pflanzenöle – und keine Detergentien zugesetzt, ausgenommen diese werden in geringstmöglicher Menge als Emulgiermittel benötigt.

Spritzt man aus Pflanzenauszügen hergestellte homöopathische Verdünnungen – z. B. Ackerschachtelhalm D 6 bis D 8 gegen Pilzinfektionen im Intervallverfahren –, so werden diesen Spritzbrühen k e i n e anderen Mittel zugegeben, um die Feinstofflichkeit der Verdünnung nicht zu gefährden.

9. Viele Produkte können gestäubt werden. Oft ist die Wirkung bei Anwendung als Stäubemittel sogar stärker als bei Spritzanwendung, der Materialauftrag ist ja höher.

Gestäubt wird entweder in den frühen Morgenstunden auf noch tau-feuchte Pflanzen, oder nach Regen bzw. Wassersprengen, damit die Stäube auf den noch feuchten Pflanzen haften bleibt. Stets die Blattunterseiten mitbehandeln. Stets nur *mit dem Luftzug* stäuben und *nie bei starkem Wind*. Stäube niemals einatmen, Schutztuch tragen!

Keine Primitivmethoden – Handfeger, Bürste, Strumpf – anwenden, das ist Vergeudung des Materiales; sondern Puderspritze oder Stäubegerät (s. Lieferantenhinweis) verwenden.

Im Gemüse-, Beeren-, Blumengarten und bei kleinen Bäumchen wird gerne gestäubt! Die Anwendung ist ja viel unproblematischer, als eine Spritzbrühe anzusetzen.

Soweit die allgemeinen Anwendungshinweise. Sie ersetzen *nicht* eventu-elle Einzelempfehlungen bei bestimmten Produkten. Weichen diese hier-von ab, so sind die Einzelempfehlungen anzuwenden!

TABELLE ZUR MENGENBERECHNUNG AUS % - ANGABEN

| %  l | 0,001 | 0,002 | 0,005 | 0,01 | 0,02 | 0,05 | 0,1 | 0,2 | 0,5 | 1,0 | 2,0 | 5,0 |
|---|---|---|---|---|---|---|---|---|---|---|---|---|
| 0,5 l | 0,005 | 0,0 1 | 0,025 | 0,05 | 0,1 | 0,25 | 0,5 | 1 | 2,5 | 5 | 10 | 25 |
| 1,0 l | 0,01 | 0,0 2 | 0,05 | 0,1 | 0,2 | 0,5 | 1 | 2 | 5 | 10 | 20 | 50 |
| 2,0 l | 0,0 2 | 0,04 | 0,1 | 0,2 | 0,4 | 1 | 2 | 4 | 10 | 20 | 40 | 100 |
| 5,0 l | 0,05 | 0,1 | 0,25 | 0,5 | 1 | 2,5 | 5 | 10 | 25 | 50 | 10 0 | 250 |
| 10 l | 0,1 | 0,2 | 0,5 | 1 | 2 | 5 | 10 | 20 | 50 | 100 | 200 | 500 |
| 15 l | 0,15 | 0,3 | 0,75 | 1,5 | 3 | 7,5 | 15 | 30 | 75 | 150 | 300 | 750 |
| 20 l | 0,2 | 0,4 | 1 | 2 | 4 | 10 | 20 | 40 | 100 | 200 | 400 | 1000 |
| 50 l | 0,5 | 1 | 2,5 | 5 | 10 | 25 | 50 | 100 | 250 | 500 | 100 0 | 250 0 |
| 100 l | 1 | 2 | 5 | 10 | 20 | 50 | 100 | 200 | 500 | 100 0 | 2000 | 5000 |

**Skizze 31**

1 g Wasser = 20 Tropfen 1 Tropfen = 0,05 g
1 g ätherisches Öl = 50 Tropfen 1 Tropfen = 0,02 g

Alle Mengenangaben innerhalb der Tabelle sind g oder ml (ccm).
Man ermittelt aus der oberen, waagerechten %-Spalte und der linken, senkrechten l-Spalte für die Spritzbrühenmenge am Kreuzpunkt beider Spalten die benötigten Wirkstoffmengen.
Beispiel: 15 l Spritzbrühe mit 0,2 % Wirkstoffmenge = 30 g bzw. ml
Bei anderweitigen %-Angaben oder l-Mengen wird der Bedarf durch Addition errechnet.
Beispiel: 17 l Spritzbrühe mit 0,3 % Wirkstoffmenge

| | | |
|---|---|---|
| = | 15 l – Spalte zu 0,2 % | = 30 g bzw. ml |
| + | 2 l – Spalte zu 0,2 % | = 4 g |
| + | 15 l – Spalte zu 0,1 % | = 15 g |
| + | 2 l – Spalte zu 0,1 % | = 2 g |
| | insgesamt | = 51 g bzw. ml |

Bei sehr geringer Wirkstoffkonzentration, die auch auf einer guten Briefwaage nicht mehr wägbar ist, behilft man sich mit Verdünnung des Wirkstoffes in Wasser, Spiritus (bei ätherischen Ölen u. ä.) oder feinem Gesteinsmehl.
Beispiel: Man benötigt 5 l Spritzbrühe mit einer 0,002%igen Wirkstoffkonzentration: Man wiegt die zehnfache Wirkstoffmenge = 1 g aus und verdünnt sie mit 9 ml Wasser oder 9 g Gesteinsmehl. Es wird gut gemischt und von dieser Mischung nunmehr 1 g bzw. ml abgewogen und den 5 l Spritzbrühe zugesetzt.

189

# KAPITEL 10

# Anwendungsgeräte

## 1. Im Hausgarten

Neben den Eimern zum Mischen einer Spritzenbrühe, den Holz- oder Plastiktonnen zum Ansetzen einer Pflanzenjauche oder eines Tongefäßes, zum Aufbrühen eines Pflanzentees werden eigentlich nur noch Gartenspritzen und ein Puderausbringungsgerät gebraucht.

Bei Gartenspritzen tut bereits für kleinere Anwendung die übliche 1-Liter-Handspritze beste Dienste. Sieht man beim Durchgehen durch seine Beete, seinen Obstgarten, einen Schaden, so ist der Ansatz einer 1-Liter-Spritzbrühmenge schnell gemacht und man kann hiermit schon 3 bis 4 Johannisbeersträucher, kleinere Obstbäumchen oder auch mehrere Quadratmeter eines Beetes behandeln. Kurz, ein solches Gerät sollte eigentlich immer zur Hand sein.

Es folgt eine größere Gartenspritze. Hier gibt es zwei Alternativen. Für Gemüsegärten bis 200 m² einschließlich eines kleineren Obstgartens reicht eine 5-Liter-Spritze vollkommen aus. Üblicherweise wird sie mit der fertigen Spritzbrühe befüllt, dann wird der Spritzdruck aufgepumpt und nun kann man den gesamten Inhalt, ohne nachpumpen zu müssen, verarbeiten.

Für größere Gärten haben sich dagegen die Rückenspritzen bewährt, die heute meist einen Inhalt von etwa 15 Liter aufweisen. Der Spritzdruck wird während des Arbeitens durch laufende Pumpenbetätigung erzeugt.

190

Bei Rückenspritzen bevorzuge man *Kolbenhochdruckspritzen*, die über einen Windkessel das Material ausbringen. Bei den mitunter schleifenden Substanzen wie z. B. Gesteinsmehl, wird so eine Beschädigung der Mechanik vermieden und der erreichbare Spritzdruck ist doch etwas höher als bei sogenannten Membranrückenspritzen.

Egal, ob kleine 5-Liter- oder Rückenspritze – egal auch, ob diese Spritzen aus Kunststoff, Messing oder Edelstahl gefertigt sind – das ist heute nur noch eine Frage des Geldbeutels, weniger der Haltbarkeit –, so empfiehlt der Verfasser doch grundsätzlich, die Spritzmechanik, das heißt also das Momentventil am Spritzstab und die Spritzdüsen, vom Verkäufer umrüsten zu lassen auf Metallausführung, vorzugsweise in Messing oder Bronze. Die geringere Mehrausgabe gegenüber Plastikausführungen macht sich bezahlt durch exaktere Spritzmengenausbringung, weniger Verschleiß, also längere Lebensdauer.

Wenn auch heute die Kunststoffgeräte einen hohen Gebrauchswert aufweisen und vor allen Dingen sehr leicht sind, so sollte man trotzdem bei Anschaffung einer solchen Spritze nicht zu sehr sparen, sondern einem robusten, langlebigen Metallgerät letztlich den Vorzug geben. Grundsätzlich aber kaufe man nur ein zugelassenes Gerät eines anerkannten Markenherstellers, bei dem man sicher ist, auch noch nach Jahren die Ersatzteile zu bekommen.

**Pudergeräte**

Hierunter werden nicht wie bereits oben erwähnt die Primitiv-„Geräte" verstanden, wie Socken, Damenstrümpfe, Kehrbesen, Anstreichpinsel usw., mit denen man das Material ausschüttelt oder ausklopft bzw. die in die Puder eingetunkt werden, worauf dann durch Überstreichen die Pudersubstanzen auf die Pflanzen kommen. Hier ist der Materialauftrag viel zu dick, der Verbrauch also zu hoch, die Wirkung ungewiß.

Pudergeräte fangen mit einfachen Pumpenzerstäubern an, die es heute in Messingausführung mit etwa 500 g Inhalt im Behälter bzw. in Plastikausführung mit etwa 2 kg Inhalt im Behälter, in jedem Fachgeschäft zu kaufen gibt. Für den kleinen bis mittleren Garten reichen diese einfachen Ausführungen durchaus. Die Zerstäubung ist fein genug und geht auch weit genug, ebenfalls ist eine Behandlung der Blattunterseite durch den feinen Staubnebel gewährleistet.

Komfortabler wird es dann, wenn man ein Handzerstäubegerät erwirbt, wo mittels eines von Hand betätigten Lufträdchens der Staub verwirbelt wird. Hier hat der „Kiuritsu"-Handzerstäuber sich einen guten Namen erworben. Er ist über den einschlägigen Fachhandel zu bekommen, wo nicht, Herstellerangabe im Anhang. Kann mit dem kleinen Handgerät etwa 1 kg

Pudersubstanz verarbeitet werden, so stellt die gleiche Firma auch ein 5-kg-Gerät her, das auf der Brust getragen wird und nun schon für größere Flächen und auch höhere Bäume bestens geeignet ist. Verschiedene Spritzrohre oder Düsen können aufgesetzt werden, die Ausbringungsmenge kann sehr genau dosiert werden, ja, man kann sogar körniges Material, z. B. Düngemittel, ebenfalls mit austragen.

Die dritte Möglichkeit, die sich aber eigentlich nur für gewerbsmäßige Anwendung lohnt, ist die Anschaffung eines motorgetriebenen Rückengerätes, wie es beispielsweise von den Firmen *Solo* oder *Holder* hergestellt wird. Hier wird das Windrad durch einen kleinen Hochleistungsmotor angetrieben, die Pudereinfüllmengen betragen bis zu 15 kg, der Puderstrahl reicht bis 15 m weit. Nur für Hausgärten über 3000 m² nutzbare Anbaufläche ist solch ein Gerät lohnenswert, darunter genügen die beschriebenen Handgeräte vollauf.

## 2. Auf größeren Anbauflächen, im gewerblichen Betrieb

Für die Spritztechnik werden im Grunde die gleichen Geräte verwendet, wie sie sonst auch für die Ausbringung chemischer Erzeugnisse eingesetzt werden. Besonders wichtig bei biologischen Behandlungsmitteln ist jedoch eine gute Rühreinrichtung im Materialkessel. Es sind ferner solche Geräte zu bevorzugen, die eine leichte Düsenreinigung ermöglichen. Biologische Präparate, insbesondere, wenn sie mit Pflanzenjauchen angesetzt und nicht sorgfältig durchgeseiht wurden, neigen gerne zum Verstopfen der Spritzdüsen bzw. der vorgeschalteten Feinfilter. Ihre leichte Reinigungsmöglichkeit muß also gewährleistet sein.

Für die Puderausbringung haben sich die tragbaren Rückengeräte, wie weiter oben beschrieben, bewährt, sie genügen selbst für große Anbauflächen.

Über die Ausbringung biologischer Produkte mittels Hubschraubereinsatz, der ja heute unter Umständen sehr kostengünstig durchgeführt wird, liegen keine Ergebnisse vor. Im Prinzip spricht nichts dagegen, zumal ja die Gefährdung der Umwelt durch diese Präparate, im Gegensatz zu chemischen Mitteln, überhaupt kein Problem darstellt.

Nicht empfohlen wird dagegen die Anwendung von Flüssigstäubegeräten, bei der mit hoher Mittelkonzentration, aber geringem Wasseraufwand, ebenfalls durch Luftstrom die Präparate auf die Pflanze verbracht werden. Die notwendige Wassermenge übt gerade bei biologischen Produkten einen notwendigen Effekt aus, der nicht unterschätzt werden darf. Wasser

sorgt dafür, daß viele derartige Mittel über die Mikroporen und die Spalt-
öffnungen auch in das Blattinnere gelangen, um dort aktiv zu wirken.

Dies steht scheinbar im Widerspruch zu den Bemerkungen, daß ein Puderauftrag besonders gut wirkt, aber der direkte, meist massive Puderauftrag ist etwas anderes, als wenn über diese Sprühgeräte nur hauchfein Material auf die Pflanzen gelangt.

# KAPITEL 11

# Ausblick – wohin geht der Weg des Pflanzenschutzes?

Für den Verfasser ist die in der Überschrift gestellte Frage längst beantwortet. Der chemische Pflanzenschutz, so segensreich er zunächst beurteilt wurde und so sicher er in manchen Wirkungen für die behandelte Pflanze ist, hat uns nicht nur in eine, sondern gleich in viele Sackgassen geführt: sei es die immer stärker werdende Resistenz der Schadorganismen, sei es die immer weitergehende Verseuchung von Luft und Boden, seien es die jetzt erst erkannten gesundheitlichen Auswirkungen auf Mensch und Tier, seien es die Störung im Bereich der Ökologie, die Verringerung der Artenvielfalt, Verödung der Landschaften, die Energieverschwendung usw. Wir erkennen, daß dieser Weg zu Ende geht, ja, schnellstens beendet werden muß, um nicht noch viel weiter gehende Schäden zu verursachen.

Als Ausweg aus dieser Situation wurde ja bereits vor Jahren der sogenannte integrierte Pflanzenschutz eingesetzt, der sich bemüht, mit möglichst natürlichen Methoden und erst, wenn diese nicht mehr helfen, mit zunächst milden und erst ganz zuletzt mit harten chemischen Präparaten zu arbeiten. Der integrierte Pflanzenschutz hat schon sehr vieles besser gemacht, aber ganz zuletzt arbeitet er eben doch auch mit chemischen Präparaten.

Anders dagegen die Möglichkeiten bei den biologischen Behandlungsmitteln. Hier trat man jahrzehntelang auf der Stelle und begnügte sich mit

194

altväterlichen Methoden, ohne moderne Erkenntnisse auch auf diesem Gebiet zu verwerten.

Das hat sich grundlegend geändert. Phytonzide, Pheromone, Züchtung von Nutzinsekten, all das sind Schlagworte, die aufzeigen, mit welch großen Schritten hier die Forschung voranschreitet, um nun mit ungiftigen, natürlichen oder naturgemäßen Mitteln, die in diesem Buch beschriebene, völlig andersartige Pflanzenbehandlung erfolgreich zu machen.

Leisten heute biologische Anbauer vielfach noch Pionierarbeit, so werden sich ihr Idealismus und die gewonnenen Erkenntnisse schon in wenigen Jahren einem viel größeren Anwenderkreis als heute vermitteln lassen. Die Bereitschaft von Hausgärtnern aber auch Berufslandwirten ist ja da! Sie wird noch gefördert dadurch, daß ja biologische Präparate oftmals sehr viel preisgünstiger sind als chemische Erzeugnisse und daß im Grunde für jeden Menschen die Anwendung von Gift unheimlich ist und ihm nicht liegt. Erst die Werbung, daß diese Pflanzenschutzgifte notwendig, ja unersetzbar und bei richtigem Einsatz auch harmlos für den Menschen seien, hat unsere Sinne abstumpfen lassen und uns in falscher Sicherheit gewiegt.

Je besser aber unsere Kenntnisse über biologische Möglichkeiten werden, je wirksamer die Produkte auch sind, um so sicherer wird eine zunächst geistige und dann auch praktische Umstellung auf diese Möglichkeiten des Pflanzenschutzes erfolgen. Das vorliegende Buch zeigt nur die jetzigen Erkenntnisse auf und deutet zukünftige Möglichkeiten an – schon in wenigen Jahren müßte es sicherlich umgeschrieben werden, so schnell geht die Entwicklung voran.

Der Verfasser und viele ungenannte Mitarbeiter an diesem Buch haben die begründete Hoffnung, daß ein Umbruch, ein Umdenken, erfolgt, dem sich auch die heutigen Verfechter des chemischen Pflanzenschutzes nicht entziehen werden. Es liegt an uns, an jedem einzelnen und keineswegs an der Industrie oder an den im bisherigen Denken verhafteten Wissenschaftlern. Der Verfasser hofft, daß dieses Buch einen Beitrag zum Umdenken leisten wird.

# Literaturhinweise, Lieferantenempfehlungen, Kontaktadressen

**Literaturhinweise zum Buchthema:**

H. Bollow: Die Wühl- und Schermaus

R. Diercks: Alternativen im Landbau

G. Franck: Gesunder Garten durch Mischkultur

J. M. Franz u. A. Krieg: Biologische Schädlingsbekämpfung

J. Helbach: Schädlingsbekämpfung ohne Gift

E. Henning: Humus-Stickstoff-Urgesteinsmehl

v. Heynitz u. G. Merckens: Das biologische Gartenbuch

O. Hitschfeld: Naturgemäße Schädlingsabwehr

Louise Howard: Die biologische Kettenreaktion

H. Kabisch: Grundzüge eines biolog.-dynam. Land- und Gartenbaues /
     Forschungsring für Biolog.-Dynam. Wirtschaftsweise, Darmstadt

W. Perkow: Die Insektizide

O. Schmid u. S. Henggeler: Biologischer Pflanzenschutz im Garten

H. Snoek: Gesunde Pflanzen im Zier- und Nutzgarten

H. Snoek: Nützlinge im Garten und Gewächshaus

H. Snoek: Biologisch richtig düngen

H. Snoek: Das Buch vom biologischen Weinbau

196

H. Snoek/Wülfrath: Das Buch vom Steinmehl

A. M. Toms u. M. H. Dahl: Krankheiten + Schädlinge an Obst und Gemüse

Voitl, Guggenberger u. A.: Biologischer Land- und Gartenbau

**Fachzeitschriften:**

„bio-land" – Fördergemeinschaft organisch-biologischer Land- und Gartenbau e. V., Gartenstraße 26, D – 7326 Heiningen

„Der biologische Land- und Gartenbau" – Mitteilungsblatt der Schweizerischen Gesellschaft für Biologischen Landbau, E. Hinz, Kapellenstraße 10, CH – 5610 Wohlen

„garten organisch" – Volkswirtschaftlicher Verlag GmbH, Postfach 70 19 20, D – 8000 München 70

„Lebendige Erde" – Forschungsring für Biologisch-Dynamische Wirtschaftsweise, Baumschulenweg 11 D – 6100 Darmstadt

„z. B." – Forschungsinstitut der Schweizerischen Stiftung zur Förderung des biologischen Landbaues, Bernhardsberg, CH – 4104 Oberwil BL

**Bodenuntersuchungsinstitute**

Dr. F. Balzer, Ellenberg 5, D – 3551 Amönau

Dr. V. Rusch, Reuterberg, D – 6348 Herborn/Dillkreis

Dr. Wenzl, Maygasse 8, A – 8020 Graz

Forschungsanstalt für Agrikulturchemie, Schwarzenburgstraße 155, CH – 3097 Liebenfeld BE

CBB, W. Felderer, Speckbacherstraße 5, I – 39012 Meran

Central Bodemkundig Bureau, Dr. Rispens, Singelstraat 19, NL – Deventer

**Kontaktadressen,** die Anfragen werden ggf. weitergeleitet

D „abq" Bundesgeschäftsstelle, Postfach 11 12, 7900 Ulm

Redaktion „garten organisch" G. Siebeneicher, Postfach 36 45, 7900 Ulm

Stiftung Ökologischer Landbau, Eisenbahnstraße 28, 6750 Kaiserslautern

CH „SGBL" Geschäftsstelle, Gerlikoner Strasse 22, 8500 Frauenfeld

A Ref. für naturgem. Qualitätsanbau, H. Kürzl, Dittenberg 53, 8563 Ligist

Die nachfolgend genannten Herstelleradressen geben Auskunft über Verkaufsstellen ihrer Produkte. Sie stellen nur eine kleine Auswahl möglicher Produkte und Lieferanten dar und beinhalten keine spezielle Empfehlung oder Qualitätshinweis. Es wird zudem auf den örtlichen Fachhandel verwiesen.

**Herstellerangaben**

*Algenextrakte:*

| | |
|---|---|
| A | S + H Furtner, Dürrwiesenstr. 5, A – 3021 Pressbaum (alle Cohrs-Produkte) |
| | F. Brenner Ges. mbH, A – 3390 Melk (alle Neudorff-Produkte) |
| CH | „Flüssigalgen"ZimmerliAG,Hohlstr.500,CH – 8048Zürich |
| D | E. O. Cohrs, Postfach 11 65, D – 2720 Rotenburg |
| | Neudorf GmbH, Postfach 12 09, D – 3254 Emmerthal |

*Algenkalk:*

| | |
|---|---|
| A + D | Furtner / Cohrs Adr. s.o. |
| | Brenner / Neudorff Adr. s.o. |
| CH | Zimmerli Adr. s.o. |

*Gesteinsmehle:*

| | |
|---|---|
| A | Diabasmehl, Diabaswerk Saalfelden |
| | Basaltmehl, Basaltwerk Pauliberg |
| A + D | Furtner / Cohrs Adr. s.o. |
| | Brenner / Neudorff Adr. s.o. |
| CH | Zimmerli Adr. s.o. |
| | Ledona AG, Ottigenbühlstrasse 25, CH – 6030 Ebikon LU |

*Gesteinsmehle feinst für den Pflanzenschutz:*

| | |
|---|---|
| A + D | Furtner / Cohrs Adr. s.o. CP und CI Mineralpulver |
| CH | Zimmerli Adr. s.o. CP und CI Mineralpulver |
| D | Lava Union D – 5485 Sinzig, „Lava-Gold" |
| | H. Hauri, 7805 Bötzingen, „FFM 300" und FFM 500" |
| | Süd-Chemie, 8000 München, „Edasil" und Bentonit |

*Insektenmittel:*

Pyrethrumprodukte:

| | |
|---|---|
| A + D | Furtner / Cohrs Adr. s.o. „Spruzit"-Erzeugnisse |
| | Brenner / Neudorff Adr. s.o. „Spruzit"-Erzeugnisse |
| | Farbwerke Höchst, D – 6000 Frankfurt, „Parexan" |

198

| CH | Ledona Adr. s.o., „Ledax Bio-insecticide" |
|---|---|
| D | Detia-Freiberg GmbH, D – 6941 Laudenbach |
| | „Detia-Universallösung" |
| | Corna Werk Wölper GmbH, Postfach 4267, |
| | D – 7900 Ulm, „Oscorna Insektenschutz" |

Leimringe:

| A + D | Brenner / Neudorff Adr. s.o. |
|---|---|
| CH | Ledona Adr. s.o. |

Nutzinsekten:

Jan Mertens B. V., Vergelt 3, NL – 5991 P. J. Baarlo

Pheromone:

| A+CH+D | BASF AG, Abt. Pflanzenschutz |
|---|---|
| | D – 6300 Ludwigshafen |
| | Wacker Chemie GmbH, D – 8000 München 22 |

Seife:

| A + D | Furtner / Cohrs Adr. s.o. |
|---|---|

Raupenmittel – Bac. thuringiensis:

| A + D | Furtner / Cohrs Adr. s. o. |
|---|---|
| | Brenner / Neudorff Adr. s.o. |
| | Aagrunol Stähler GmbH, D – 2160 Stade |

*Winterspritzmittel:*

| A + D | Furtner / Cohrs Adr. s.o. |
|---|---|
| | Brenner / Neudorff Adr. s.o. |
| D | Detia-Freyberg Adr. s.o. |

## Kompostverbesserer

| A + D | Furtner / Cohrs Adr. s.o., „ECO Kompoststarter" |
|---|---|
| | Brenner / Neudorff, Adr. s.o., „Bio-Komposter" |

| A+D+CH | Adressen über Forschungsring für Biolog.- |
|---|---|
| | Dynam. Wirtschaftsweise, Baumschulenweg 19, |
| | D – 6100 Darmstadt, für „Präparate 502 bis 507" |
| CH | Ledona, Adr. s.o., „Ledax-ko" |
| D | Abtei Fulda, Nonnengasse 19, D – 6400 Fulda, „Humofix" |

*Kräuter, getrocknete*

A + D        Furtner / Cohrs, Adr. s.o.
Brenner / Neudorff, Adr. s.o.

*Pflanzenstärkung*

A + D        Furtner / Cohrs, Adr. s.o., „Artanax", „Artanax-S",
„Algifert", „NAB-Plus"
CH          Ledona, Adr. s.o., „Ledax-Bio", „Ledax-rosal"
Zimmerli, Adr. s.o., „Flüssigalgen"
D           Christoffel, Ruverstraße 26, D – 5500 Trier, „Siapton"
Schätte GmbH, Stahlstraße 5, D – 7967 Bad Waldsee,
„Polymaris", „SPS", „Bio-san", „Bio-S"

*Saatbäder*

A + D + CH „Präparate 502 bis 507" s.u. Kompostverbesserer
A + D        „Baldrianblütenextrakt" Furtner / Cohrs, Adr. s.o.
D           „Humofix" s.u. Kompostverbesserer
„SPS" s.u. Pflanzenstärkung

*Wühlmausmittel*

A + D        Furtner / Cohrs, Adr. s.o., „Quiritox"
Brenner / Neudorff, Adr. s.o., „Quiritox"

*Wurzelbäder*

D           Corna Werk, Adr. s.o., „Oscorna Wurzelstärkung"
Schätte GmbH, Adr. s.o., „SPS-microb"
Abtei Fulda, Adr. s.o., „Humofix"

*Testgeräte,* pH-Teststreifen, Kalkprüfer

A + D        Furtner / Cohrs, Adr. s.o.
Brenner / Neudorff, Adr. s.o.

*Pudergeräte*

A + D        Furtner / Cohrs, Handpuderspritzen
Lava-Union, Adr. s.o., Handpuderspritzen
CH          Zimmerli Adr. s. o., Handpuderspritzen
D           H. Dill KG, D – 7000 Stuttgart-Feuerbach,
Pudermaschinen „Kiuritsu"

# Anhang

# Einige Fachausdrücke und ihre Erläuterung

### Algen, Algenextrakt

Hierunter versteht man Extrakte aus verschiedenen Braunalgen des Atlantik und der Nordsee der Arten: Laminaria, Fucus und Ascophyllum. Teilweise werden auch Rotalgen mitverwendet. Die Algen leben in Wassertiefen von 0 bis 12 m unter Wasser, sie werden lebend geerntet, getrocknet, schonend vermahlen, wieder in Wasser aufgeweicht und nun ausgepreßt. Algenextrakte sind ungewöhnlich reich an Mineralien des Meeres und eigenen Eiweißstoffen, Zuckerarten, Spurenelementen und energiereichen Fettstoffen.

Ihre Bedeutung für den Landbau als wirkstoffreiches Düngemittel, speziell für die Gründüngung, zur Wurzelanregung, als Saatbeize usw. wächst ständig. Die nachstehende Analyse, bezogen auf die Trockensubstanz der Algenart Ascophyllum, macht ihre Bedeutung verständlich:

*Organische Substanzen insgesamt:* 70 – 73 %. Davon Alginate 20 – 25 %; Zellulose 7 – 9 %; Proteine 7 – 9 %; Fettstoffe 3 – 4 %; Polysaccharid Fucoidin* 12 – 14 %; Polysaccharid Laminarin 3 – 7 %; Mannitzucker 6 – 12 %.

*Mineralische Substanzen insgesamt:* 27 – 30 %. Davon Kalzium 1,3 – 2 %; Natrium 4 – 6 %; Kalium 3 – 5 %; Schwefel 1 – 2 %; Chlor 3 – 7 %; Magnesium 0,5 – 0,9 %; Mangan 0,010 – 0,015 %; Phosphor 0,05 – 0,10 %; Jod 0,08 – 0,10 %.

*Spurenelemente:* Strontium 700 – 2000 ppm; Zink 60 – 100 ppm; Kupfer 2 – 4 ppm; Eisen 500 – 700 ppm. Vorhanden sind: Antimon, Barium, Blei, Bor, Brom, Chrom, Kobalt, Lithium, Molybdän, Nickel, Silber, Vanadium, Wismut.

* *Fucoidin:* 56,7 % L-Fucose ($C_6H_{12}O_5$); 38,3 % Sulfat, 8,2 % Metalle, vorwiegend Kalzium; 4 % Galactose ($C_6H_{12}O_6$); 3,3 % Uronsäure und 1,5 % Xylose, eine Holzzuckerart, von der sich Knöllchenbakterien auch außerhalb von Leguminosen ernähren! (Nach K. R. Umiker)

### Aminosäuren

Es sind organische Säuren, in deren Kohlenstoffgerüst Wasserstoffatome gegen die Aminogruppe $NH_2$ ersetzt sind. In der Biologie nennt man A. auch „Bausteine des Lebens", denn aus ihnen entstehen pflanzliche und tierische Eiweißverbindungen. Umgekehrt gewinnt man aus pflanzlichem oder tierischem Eiweiß Aminosäuren, um sie als düngewirksame Substanzen wieder zu verwenden (z. B. Siapton®). St. L. Miller gelang 1953 erstmals die künstliche Herstellung der A. „Glycin", indem er ein Gemisch aus den Gasen Methan, Ammoniak und Wasserstoff elektrischen Entladungen aussetzte. Er vollzog damit eine Situation in der Urzeit der Erde nach, in der sich die ersten Aminosäuren bildeten, aus denen sich dann Peptide und hieraus vermehrungsfähige Eiweißstoffe als organische Substanz und erstes „Leben" entwickeln konnte.

Reine A. werden als Gründüngemittel verwendet; in den pflanzlichen und tierischen Bestandteilen organischer Dünger sind ebenfalls A. vorhanden.

### Emulgator

Ein E. hat die Aufgabe, ölige Substanzen in Wasser (Öl in Wasser = O/W-Emulgator) oder wässrige Substanzen in Öl (Wasser in Öl = W/O-Emulgator) homogen zu verteilen und ein Absetzen oder Trennung zu verhindern.

Neben natürlichen Emulgatoren wie Seifen, Lezithin (im Eigelb enthalten) werden ungewöhnlich viele E. für diverse Anwendungszwecke chemisch hergestellt, wobei die verwendeten Substanzen vielfach auch natürlichen Ursprungs sind.

### Extrakte

Für den landwirtschaftlichen Gebrauch werden Auszüge aus ganzen Pflanzen (Herba), Blüten (Flores), Wurzeln (Rhizoma, auch Radix), Samen (Semen), Rinden (Cortex), Früchten (Fructus) oder Blättern (Folia) verwendet. Diese werden mittels Wasser, Wasserdampf, Alkohol, Ölen oder Lösungsmitteln ausgezogen, um die verschiedenartigen Wirkstoffe der Pflanze oder des Pflanzenteiles zu erhalten. Die Lösungsmittel werden ganz oder teilweise wieder entfernt, man erhält den mehr oder weniger konzentrierten Extrakt, der, um lagerfähig zu sein, in den meisten Fällen konserviert werden muß.

### Gesteinsmehl, Steinmehl, Mineralmehl

Sammelbegriff für sand- bis mehlfein zermahlene Gesteine verschiedenster Art und Herkunft (Granit, Basalt, Lava). Sie fallen an bei der Herstellung von Steinen als Abfall oder Staub, werden aber heute bei wertvoller Zusammensetzung auch speziell vermahlen. Sie werden je nach Zusammensetzung und vorliegenden Bodenverhältnissen als Bodenverbesserungsmittel (Mineralisierung, langsam fließende Nährstoffquelle, Spurenelementversorgung, Bodenerwärmung, Bodenverdichtung bei leichten Böden) verwendet, sie werden aber auch gebraucht zur Gülle- (Jauche) Verbesserung und Geruchsbindung und als Pflanzenschutzmittel direkt sowie als Trägerstoff für hochwirksame andere Pflanzenschutzmittel. Die Bedeutung der G. für die Landwirtschaft wächst ständig.

### Insekten

Sammelbegriff für alle Insektenarten und jeden Lebenszustand (Vollinsekt, sog. Imago; Eier; Larve, oft auch Raupe genannt, und Puppe).

Im Pflanzenschutz unterteilt man in oberirdisch lebende I. und in Bodeninsekten, die auf oder in der Erde leben.

Die oberirdisch lebenden I. werden unterteilt in saugende I. (z. B. Läuse) in beißende oder fressende I. (z. B. Käfer oder Larven) und in fliegende I., die die Pflanze vornehmlich zur Eiablage bemötigen. Die aus den Eier ausschlüpfenden I. zählen im Larvenstadium dann meist zu den fressenden I.

Während man die beiden erstgenannten Gruppen gut fernhalten oder bekämpfen kann, ist die dritte Gruppe schwer zu erfassen, erst die Larven kann man wieder bekämpfen, ein oft erheblicher Schaden ist dann aber bereits angerichtet.

### Kalk

Summarische Bezeichnung für viele Kalziumverbindungen, die im Zusammenhang mit Kalziumoxid stehen. So gibt es kohlensauren Kalk, gebrannten oder gelöschten Kalk, Kalk aus Kalkgesteinen, Kreiden, Kalkspäte usw. Für die Landwirtschaft wird besonders der fossile oder junge Algenkalk verwendet. Die Herkunft und Beimengungen der Kalkpräparate sind entscheidender für die Wirkung, als der Kalk an sich.

204

**Kontaminieren**
1. In Kontakt bringen. 2. Mit Fremdstoffen verunreinigt (in Kontakt gebracht).

**Kunststoffe**
Eine heute schon unglaublich große Zahl chemischer Verbindungen für anwendungstechnische Zwecke. Im landwirtschaftlichen Bereich für Geräte und Behälter fast unentbehrlich geworden. Man unterscheidet drei Hauptgruppen in:
1. PVC = Polyvinylchlorid. Ein preiswerter Kunststoff, viel verwendet für Folien, Eimer usw., mit geringerer Haltbarkeit. Durch ständigen Anstoß von Chlor-Ionen aus dem Material negativ für das Bodenleben und feinstoffliche Lebensprozesse.
2. PE = Polyaethylen. Ein Kunststoff, aus dem vornehmlich die sog. „Lebensmittelqualitäten" von Gefäßen, Leitungen usw. hergestellt werden. Ein chemisch neutrales, unbedenkliches Produkt, wenn es aus reinen Grundstoffen hergestellt wird.
3. Glasharze, Epoxyharze, Zweikomponentenharze. Hier reagieren zwei Kunststoffe, ein Harz und ein Härter, miteinander und bilden eine glasähnliche Substanz, die durch eingelegte Glasfasern, Metallgitter u. ä. in bestimmte Formen gebracht werden. Bei richtiger Mischung und guter Aushärtung sowie Auslüftung werden hieraus widerstandsfähige Großbehälter oder Werkstücke großer Haltbarkeit hergestellt, die besonders in der Lagerhaltung das früher verwendete Holz verdrängt haben und in Konkurrenz zu Stahl stehen.

**Kupfer**
Unter diesem Sammelbegriff versteht man diverse kupferoxidhaltige Spritzmittel gegen Pilzerkrankungen mit verschieden hohen Kupferanteilen. Die Mengenangaben sind auf den Kupferoxidanteil berechnet.

**Läuse**
In der Landwirtschaft haben wir es sowohl mit den Blattläusen (Aphidina), einer Unterordnung der Pflanzenläuse und Röhrenläusen (Aphididae), einer sehr artenreichen Familie der Blattläuse, zu tun. Sie sind nicht zu verwechseln mit den echten Läusen (Anoplura), einer Unterordnung der Tierläuse, die Tiere und Menschen befallen.
Läuse können sich zweigeschlechtlich oder auch eingeschlechtlich (Jungfernzeugung) für mehrere Generationen fortpflanzen. Ihre Vermehrungsfähigkeit ist enorm. Es gibt ungeflügelte und geflügelte Läuse, die sich jeweils durch Pflanzensäfte ernähren, die mit einem haarfeinen Rüssel ausgesogen werden. Sie haben sich in den einzelnen Arten auf bestimmte Wirtspflanzen spezialisiert, wobei man annimmt, daß die Auswahl durch die jeweils verschiedenartigen Aminosäuren der einzelnen Pflanzenarten bestimmt wird.
Blattläuse schwächen ihren Pflanzenwirt an sich, in ihrem Gefolge siedeln sich aber auch stets Schadpilze wie Viruserkrankungen an. Hauptfeinde der Blattläuse sind Nutzinsekten wie Schlupfwespen, Florfliegen, Marienkäfer und deren Larven. In Zeiten besonders starker Vermehrung reichen die natürlichen Feinde nicht aus, um ernste Schäden zu vermeiden. Wir müssen den Pflanzen helfen durch: Kaltwasserabspritzungen, Blatthärtung durch kieselhaltige Spritzmittel, oder Tötungsmittel, die jedoch zugleich auch stets die natürlichen Feinde mit dezimieren.

**Mehltau**
Wir unterscheiden im Pflanzenschutz den echten Mehltau (Oidium) und den fal-

schen, auch amerikanischen Mehltau genannt (Peronospora). Es sind verschieden-
artige Schadpilze, die auch verschiedene Behandlungsmittel erfordern. Die äußeren Erscheinungsformen beider Pilze, der sog. Pilzrasen, ist je nach befallener
Pflanzenart unterschiedlich, man sollte sie kennen, um nicht eine falsche, unwirk-
same Behandlung durchzuführen.

### Milben
Kleine Spinnen, oft nur durch eine Lupe oder unter dem Mikroskop zu erkennen.
Die durch sie angerichteten Schäden werden oft mit Pilzschäden verwechselt. Chemische Milbenmittel, Akarizide, zeigen wegen der ungeheuren Vermehrungsfähigkeit der Milben wenig Wirkung, erzeugen dagegen resistente Stämme.
Beste Behandlungsmittel sind gesunde, nicht überdüngte Pflanzen. Konzentrierte
Pflanzenauszüge mit Seife, Spiritus, Wasserglas oder Paraffinöl versetzt. Reichli-
ches Einpudern der Befallstellen mit feinen Mineralmehlen (Bentonit, Gesteinsmehle). Förderung ihrer natürlichen Feinde, den Raubmilben.

### Monokultur
Die Anpflanzung nur einer Pflanzenart auf einem großen Geländestück. Monokulturen begünstigen stets Pilz- und Insektenschäden. Sie sind unnatürlich, die Natur
wehrt sich durch die Schädlinge gegen diese Art des Pflanzenanbaues, dies zwingt
nun den Anbauer, wiederum mit meist chemischen Giften gegen die Schädlinge vorzugehen, denn biologische Mittel wirken bei starkem Schädlingsdruck bei dieser
Anbauart nur wenig.

### Nutzinsekten
Alle Insektenarten, die für uns oder unsere Nahrung schädliche Insektenarten entweder fressen oder für ihre Fortpflanzung benötigen. N. vernichten, läßt man sie
sich entwickeln, mehr Schadinsekten als Spritzmittel!

### Ökologie
Die Lehre über die Beziehungen der Lebewesen untereinander und zur Umwelt.

### Ökonomie
Wirtschaft, auch Wirtschaftlichkeit, Sparsamkeit, durchdachter, sinnvoller Einsatz
aller Hilfsmittel und Verfahren.

### Pyrethrum
Hierunter wird in der Landwirtschaft und beim Pflanzenschutz stets der 25 %ige Extrakt aus der Pyrethrumblüte, der sogenannten Pyrethrum-Wirkstoffe, auch Pyrethrine genannt, verstanden. Pyrethrine werden seit einigen Jahren auch synthetisch
hergestellt, da das natürliche Produkt den Weltbedarf nicht deckt. Wenn möglich,
verwende man den natürlichen Extrakt, da die synthetischen Pyrethrine eine radi-
kalere Wirkung besitzen und längere Wartezeiten bedingen.

### Repellent
Ein Stoff, der, möglichst ohne eine andere Wirkung zu besitzen, schützen soll. Bekannt sind Repellentien zum Schutz vor Insekten bei Mensch und Tier. Hier handelt
es sich um für unsere Geruchssinne geruchlose Wirkstoffe, die jedoch durch ihre
Ausstrahlung Insekten abwehren.

Neuerdings verwendet man Repellentien auch für Pflanzen, um Insekten abzuwehren.

## Resistenz
Lt. „Brockhaus“: „*Ererbte* Widerstandsfähigkeit, d. h. die angeborene, arteigene Fähigkeit für Mensch, Tier und Pflanze, Infektionen, Vergiftungen oder sonstigen chemischen, physikalischen und biologischen Schäden gegenüber Widerstand zu leisten. Hiervon ist die während des Individuallebens *erworbene* Immunität zu unterscheiden.“ – Besser und kürzer kann man es nicht formulieren.
Resistenz heißt also nicht, daß z. B. ein Insekt sich an ein Gift gewöhnt, sondern daß die Widerstandsfähigkeit sich bereits in seinen Erbeigenschaften manifestiert hatte. Pflanzt sich nun ein solches Insekt fort, so wird diese spezifische Widerstandsfähigkeit gegenüber einem ganz bestimmten Gift, auf alle Nachkommen vererbt – es entwickeln sich nun gegen dies bestimmte Gift widerstandsfähige, resistente, Nachkommen.
Heute bereits sind annähernd 400 Schädlingsarten resistent geworden, ein nicht vorhersehbar gewesener „Erfolg“ der Insektenbekämpfung mit chemischen Insektiziden.

## Seife
Im Landbau wird nur die echte, weiche Kaliseife, hergestellt aus natürlichen Fetten oder Ölen und Kalilauge, verwendet. Nicht verwendet werden sollten die harten Natronseifen oder etwa synthetische Seifen (waschaktive Substanzen, Detergentien).

## Schadinsekten
Alle Insektenarten, die Mensch und Tier belästigen, oder unserer Nahrung Schaden zufügen. Angeblich wird auch heute noch über 1/3 der Welternte durch Schadinsekten vernichtet oder verdorben.

## Schwefel
Für die Verwendung als Spritzmittel, vorwiegend gegen den echten Mehltau, wird unter diesem Sammelbegriff stets der Netzschwefel verstanden. Im weiteren Sinne nennt man aber auch das Gas Schwefeldioxid zur Nahrungsmittelkonservierung, oder den reinen Schwefel z. B. für die Faßkonservierung, lediglich „Schwefel“ oder man „schwefelt“.

## Spritzmittelmengen
Die meist sehr geringen Mengen, oft nur in Prozentteilen verwendet, sind stets *genau* abzuwiegen oder abzumessen! Schon geringfügige Mehrmengen können Pflanzen schädigen, zu Gift werden, oder zur Verlängerung der Wartezeiten führen. Zu geringe Mengen begünstigen Immunitätsbildung bei den Schädlingen.

## Spurenelemente
Diverse, meist seltene Elemente, die für den Aufbau und Erhaltung des organischen Lebens unerläßlich sind, dabei aber nur in kleinsten Mengen – Spuren – benötigt werden. Z. B. Kobalt, Blei, Bor, Jod, Fluor, Zink, Kupfer, Vanadium usw.
Die erst in neuerer Zeit erkannte Bedeutung der Spurenelemente wächst ständig.

**Synergist**

Ein Stoff, der – möglichst ohne eine eigene Wirkung zu besitzen – einem Wirkstoff beigemischt wird, um dessen Eigenschaften zu verstärken, so daß man von dem meist teuren Wirkstoff nur noch geringere Mengen verwenden muß, um trotzdem jedoch eine ausreichende Wirkung zu erzielen. Z. B. der Synergist Piperonylbutoxyd, der dem Pyrethrumextrakt beigemischt wird, um nur 1/5 bis 1/10 der sonst benötigten Extraktmenge zu verwenden.

**Toleranzwerte**

Die Menge eines (Pflanzenschutz-) Giftes, die nach derzeitiger Ansicht der Medizin auch längerfristig aufgenommen werden darf, ohne daß bleibende Schäden hervorgerufen werden.

Üblicherweise stellt man von einem Gift die Menge fest, die während einer festgelegten Zeit keine erkennbaren Schäden ausübt, und erklärt nun den 100. Teil dieser Mengen als tolerierbar.

Die Toleranzwerte werden indes infolge steter Verbesserung der medizinischen Erkenntnisse und Untersuchungsmethoden ständig nach unten korrigiert. Es ist somit nur logisch, daß auch die heutigen Toleranzwerte zukünftig als falsch angesehen werden. Ein Toleranzwert „0" ist infolge der Luftverschmutzung heute nicht mehr erreichbar.

**Wartezeit**

Es wird die Zeit vom letzten Auftrag eines Behandlungsmittels bis zum Verzehr gerechnet, wobei man annimmt, daß in diesem Zeitintervall das Behandlungsmittel durch Umwelteinflüsse nicht mehr schädlich auf die menschliche Gesundheit wirkt. Durch die Erkenntnis, daß sich aus den Behandlungsmitteln Metabolyten (Nachfolgeprodukte, Umwandlungsprodukte) ergeben, die oft eine ähnliche Wirkung ausüben wie das ursprüngliche Mittel, sind die Wartezeiten zumindest bei bestimmten chemischen Präparaten illusorisch geworden, denn die W. bezieht sich stets nur auf das ursprüngliche Präparat, nicht auf die entstandenen Metabolyten.

# Register

# Selbstversorgung für Anfänger

Sheryl London
## Petersilie
## auf dem Dach
272 Seiten, 98 Abbildungen, geb., **DM 38.–**

Ein Gartenbuch für Großstädter. Welche Standorte sind möglich, was kann wo angebaut werden und was muß man wissen. Entdecken Sie Ihr Gartenparadies auf der Fensterbank, dem Dach oder auf dem Balkon. Öko-Nischen gibt es in jedem Haushalt.

Heinz Drake
### Das solar-beheizte Gewächshaus
184 Seiten, 98 Abbildungen, davon 12 in Farbe, geb., **DM 38.–**

*Solargewächshäuser zum Anbau von Lebensmitteln; zur Gewinnung von Heizenergie und ihre Bedeutung für ein ökologisch angepaßtes Wohnen.*

Dr. Gabriele Probst
### Wildfrüchte
164 Seiten, 52 Farbfotos, geb., **DM 38.–**

*In diesem liebevoll zusammengestellten Handbuch beschreibt die Autorin die Wildfrüchte heimischer Bäume und Sträucher, die Fundorte und Erntezeiten.*

W. R. von Rhamm
### Das große Buch für Selbstversorger
224 Seiten, 113 Abbildungen, geb., **DM 32.–**

*Angefangen bei Obst- und Gemüsekulturen über den Anbau von Getreide, die Haltung von Haustieren bis zur Vorratswirtschaft wird kein für Selbstversorger aktuelles Thema ausgelassen.*

Änderungen
vorbehalten

***Der Verlag für Natur***
Postfach 1370 · 7000 Stuttgart

**PIETSCH**